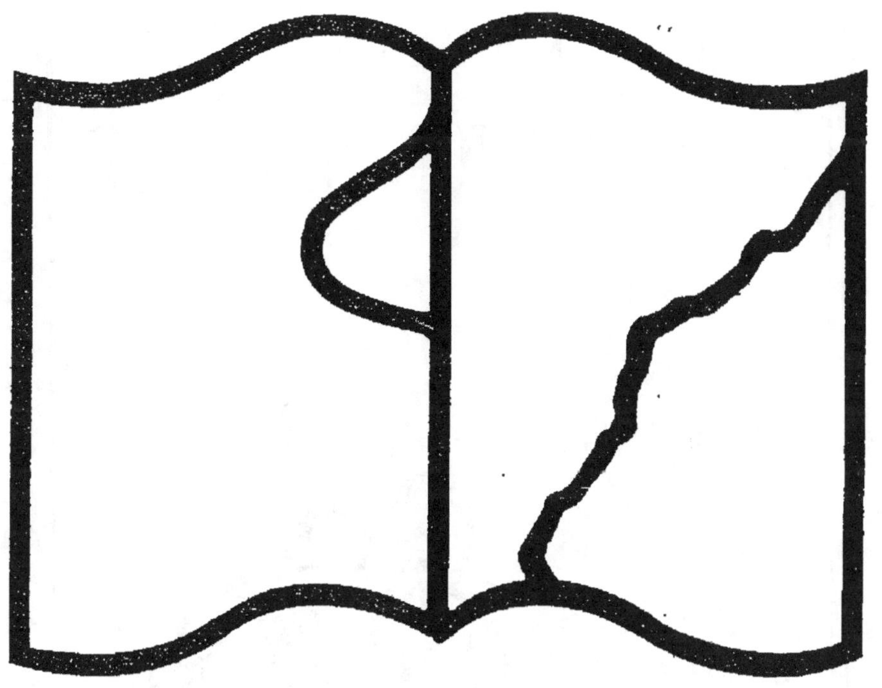

Texte détérioré — reliure défectueuse

NF Z 43-120-11

CLARISSE JURANVILLE

MANUEL
D'ÉDUCATION MORALE

ET

D'INSTRUCTION CIVIQUE

A L'USAGE

DES JEUNES FILLES

◆

40 GRAVURES

◆

LIBRAIRIE

LAROUSSE

17, rue Montparnasse

PARIS

MANUEL
D'ÉDUCATION MORALE

ET

D'INSTRUCTION CIVIQUE

Ouvrages de Mlle Clarisse JURANVILLE

LE PREMIER LIVRE DES PETITES FILLES, Historiettes morales et Leçons de choses. 160 gravures. Vol. in-12, cart. . . . . » fr. 75

LE DEUXIÈME LIVRE DES PETITES FILLES, Historiettes, Poésies. Premières notions des sciences naturelles. 320 gravures. Vol. in-12. . 1 fr. »

LE TROISIÈME LIVRE DE LECTURE, Voyage de deux jeunes filles en France. (En collab. avec *Mme Pauline Berger*.) In-12 do 396 p. 400 grav. 1 fr. 40

LE SAVOIR-FAIRE ET LE SAVOIR-VIVRE, Guide pratique de la vie usuelle, à l'usage des jeunes filles. Vol. in-12 de 336 pages, 200 gravures ; cart. 1 fr. 25

LA CIVILITÉ DES PETITES FILLES. (En collaboration avec *Mme Pauline Berger*.) Vol. in-12, cart. 45 grav. . . . . » fr. 60

JEANNE D'ARC racontée aux jeunes filles. Livre de lecture courante, illustré de 12 grandes gravures. Prix. . . . . » fr. 60

LES NEVEUX DU CAPITAINE FRANCŒUR, Livre de lecture courante (cours moyen et supérieur) 220 gravures et 3 cartes. 1 vol. in-12, cart. . 1 fr. 40

MANUEL D'ÉDUCATION MORALE ET D'INSTRUCTION CIVIQUE, à l'usage des jeunes filles ; conforme au progr. offic. In-12 de 336 p., illustré ; cart. 1 fr. 25

LE BAGAGE SCIENTIFIQUE DE LA JEUNE FILLE. Un volume in-12, illustré de 200 gravures (en collaboration avec *Mme Pauline Berger*), cart. 1 fr. 50

DICTÉES AMUSANTES, ÉLÉMENTAIRES ET GRADUÉES, à l'usage du jeune âge. Vol. in-12, cartonné, ... 1 fr. 50

DICTÉES RÉCRÉATIVES SUR L'ORTHOGRAPHE USUELLE. Exercices présentant, sous la forme de textes suivis, tous les cas où le même son et la même *finale* ont une orthographe différente. Vol. in-12. . . . . . 1 fr. 50

DICTÉES CURIEUSES sur les Difficultés, les Contrastes, les Bizarreries, les Anomalies, les Irrégularités et les Subtilités de la langue française, suivies de Dictées données dans les examens. Volume in 12. . . . . 1 fr. 50

LES PARTICIPES EN HISTOIRES, comprenant les Règles émises par nos principaux grammairiens, des Devoirs d'invention et d'imitation, des Exercices analogiques et monograp. et de nombr. Histoires servant d'application aux règles.— Livre du Maître, 1 fr. 50. — Livre de l'Elève, cart. 1 fr. »

LA CONJUGAISON ENSEIGNÉE PAR LA PRATIQUE, Textes suivis renfermant des Verbes de même terminaison, Devoirs d'invention, Dictées, Permutations, Conjugaison de tous les verbes présentant des difficultés. — Livre du Maître. 1 fr. 50. — Livre de l'Elève. . . . . » fr. 75

PREMIERS SUJETS DE STYLE (1er degré), avec Sommaires raisonnés; méthode intuitive, mise à la portée des plus jeunes enfants. — Livre du Maître, 1 fr. — Livre de l'Elève . . . . » fr. 50

MANUEL DE STYLE ET DE COMPOSITION (2e degré), méthode nouvelle, raisonnée et pratique. — Livre du Maître, 1 fr. 50. — Livre de l'Elève. » fr. 75

LE STYLE ENSEIGNÉ PAR LA PRATIQUE (3e degré), comprenant : 1o des leçons sous forme de catéchisme; 2o des exercices comparatifs destinés à former le goût et à exercer le jugement; 3o des devoirs d'invention dans lesquels les élèves doivent employer eux-mêmes toutes les figures de style; 4o des rédactions usuelles, indispensables dans la pratique de la vie ; 5o de nombreux sujets de style, avec sommaires raisonnés. — Livre du Maître, 2 fr. — Livre de l'Elève. . . . . 1 fr. »

MÉTHODE DE CALCUL ORAL, mise à la portée des jeunes enfants, renfermant plus de 250 Exercices et Problèmes variés. In-12 . . . » fr. 30

PETITE GÉOGRAPHIE DU LOIRET, avec Notions histor. et Carte » fr. 75

LA VOIX DES FLEURS, comprenant l'origine des emblèmes donnés aux plantes, les souvenirs et les légendes qui y sont attachés, les proverbes auxquelles elles ont donné lieu, les vers qu'elles ont inspirés aux poètes, enfin des pensées morales des plus grands écrivains sur les vertus ou sur les vices qu'elles représentent. Joli volume in-18, broché. . . . . 2 fr. »
Relié en percaline, titre doré. . . . . 2 fr. 50

Expédition *franco*, sans augmentation de prix, au reçu d'un mandat-poste.

MANUEL
D'ÉDUCATION MORALE

ET

D'INSTRUCTION CIVIQUE

A L'USAGE DES JEUNES FILLES

PAR Mlle CLARISSE JURANVILLE

Membre du conseil départemental du Loiret.

> Il ne suffit pas d'être disposé à faire
> son devoir, il faut le connaître.
> GUIZOT.

OUVRAGE CONFORME AU PROGRAMME OFFICIEL

---

40 Gravures.

TREIZIÈME ÉDITION

PARIS

LIBRAIRIE LAROUSSE

17, Rue Montparnasse, 17

SUCCURSALE : Rue des Écoles, 58 (Sorbonne).

Tous droits réservés.

AUX INSTITUTRICES DE FRANCE

MESDAMES,

Après avoir pris connaissance des ouvrages déjà publiés sur l'*Enseignement moral et civique*, il nous a semblé qu'il y avait place encore pour un livre destiné spécialement aux jeunes filles. Le sujet est très important, très délicat, et désormais il n'est plus permis de le laisser de côté. Un programme a été tracé par l'autorité compétente ; nous l'avons suivi de point en point et avons abordé l'une après l'autre toutes les questions qu'il renferme. Souvent, n'osant nous fier à nos idées personnelles, à nos propres inspirations, nous avons cru devoir emprunter aux auteurs ayant traité cette matière des pensées et des appréciations qui nous semblaient justes et bonnes.

Nous n'avons rien négligé pour que ce livre fût digne du but que nous voulions atteindre : vous aider, Mesdames, dans votre grande et noble tâche. Puisse cet ouvrage, qui vous est dédié, répondre à vos désirs ! Puisse-t-il contribuer au perfectionnement moral de vos élèves, leur inspirer l'amour du devoir, et développer en elles les qualités, les vertus, les sentiments qui contribueront à leur bonheur et les rendront dignes de la mission qu'elles auront à remplir un jour dans la société.

C. J.

Nota. — Le genre de nos causeries se prétant peu aux citations trop multipliées, nous nous sommes permis quelquefois d'emprunter certains passages sans nommer les auteurs. Nous avons puisé notamment dans les ouvrages suivants : *Leçons de morale*, par Henri Marion ; *Éléments de morale*, par A. Franck ; *Cours de morale*, par A. Janet : *Livre de morale pratique*, par T.-H. Barrau ; *Magasin pittoresque*.

PROGRAMME OFFICIEL

MORALE

Il y aura chaque jour, dans les deux premiers cours, une leçon qui, sous la forme d'entretien familier, ou au moyen d'une lecture appropriée, sera consacrée à l'instruction morale. Dans le cours supérieur, cette leçon sera, autant que possible, le développement méthodique du programme de morale.

(Arrêté réglant le plan d'études des Écoles primaires, 27 juillet 1882.)

COURS MOYEN

OCTOBRE

L'enfant dans la famille. Devoirs envers les parents et les grands parents. — Obéissance, respect, amour, reconnaissance. — Aider les parents dans leurs travaux ; les soulager dans leurs maladies ; venir à leur aide dans leurs vieux jours.

NOVEMBRE

Même sujet. — Devoirs des frères et sœurs. — S'aimer les uns les autres ; protection des plus âgés à l'égard des plus jeunes ; action de l'exemple.

DÉCEMBRE

Même sujet. — Devoirs envers les serviteurs. — Les traiter avec politesse, avec bonté.

JANVIER

L'enfant dans l'école. — Assiduité, docilité, travail, convenance. — Devoirs envers l'instituteur. — Devoirs envers les camarades.

FÉVRIER

La patrie. — La France, ses grandeurs et ses malheurs. — Devoirs envers la patrie et la société.

MARS

Récapitulation des matières traitées dans les mois précédents.
Devoirs envers soi-même. — **Le corps :** propreté, sobriété et tempérance ; dangers de l'ivresse ; gymnastique.

AVRIL

Les biens extérieurs. — Économie ; éviter les dettes ; funestes effets de la passion du jeu ; ne pas trop aimer l'argent et le gain ; prodigalité. avarice ; le travail (ne pas perdre de temps, obligation du travail pour tous les hommes, noblesse du travail manuel).

MAI

L'âme. — Véracité et sincérité ; ne jamais mentir. — Dignité personnelle, respect de soi-même. — Modestie : ne point s'aveugler sur ses défauts. — Éviter l'orgueil, la vanité, la coquetterie, la frivolité. — Avoir honte de l'ignorance et de la paresse. — Courage dans le péril et dans le malheur ; patience, esprit d'initiative. — Dangers de la colère.
Traiter les animaux avec douceur ; ne point les faire souffrir inutilement. — Loi Grammont ; sociétés protectrices des animaux.

JUIN

Devoirs envers les autres hommes. — Justice et charité (Ne faites pas à autrui ce que vous ne voudriez pas qu'on vous fît ; faites aux autres ce que vous voudriez qu'ils vous fissent). — Ne porter atteinte ni à la vie, ni à la personne, ni aux biens, ni à la réputation d'autrui. — Bonté, fraternité. — Tolérance, respect de la croyance d'autrui.

JUILLET-AOUT

Même sujet. — Récapitulation des matières traitées dans les mois précédents. — **Devoirs envers Dieu.**

MORALE

COURS SUPÉRIEUR

JANVIER

La famille. — Devoirs des parents et des enfants ; devoirs réciproques des maîtres et des serviteurs ; l'esprit de famille.

FÉVRIER

La société. — Nécessité et bienfaits de la société. La justice, condition de toute société.

MARS

Applications et développements de l'idée de justice ; respect de la vie et de la liberté humaine, respect de la propriété, respect de la parole donnée, respect de l'honneur et de la réputation d'autrui. La probité, l'équité, la loyauté, la délicatesse. Respect des opinions et des croyances.

AVRIL

La solidarité, la fraternité humaine. — Applications et développements de l'idée de *charité* ou de *fraternité*. Ses divers degrés, devoirs de bienveillance, de reconnaissance, de tolérance, de clémence, etc. Le dévouement, forme suprême de la charité : montrer qu'il peut trouver place dans la vie de tous les jours.

MAI

La patrie. — Ce que l'homme doit à la patrie (l'obéissance aux lois, le service militaire, discipline, dévouement, fidélité au drapeau). L'impôt (condamnation de toute fraude envers l'État). — Le vote ; il est moralement obligatoire, il doit être libre, consciencieux, désintéressé, éclairé).

JUIN

Droits qui correspondent à ces devoirs : liberté individuelle, liberté de conscience, liberté du travail, liberté d'association. Garantie de la sécurité de la vie et des biens de tous. La souveraineté nationale. Explication de la devise républicaine : Liberté, Égalité, Fraternité.

JUILLET-AOUT

Revision des matières étudiées dans les mois précédents.

INSTRUCTION CIVIQUE

COURS MOYEN

Instruction civique, Droit usuel, Notions d'Économie politique.

Notions très sommaires sur l'organisation de la France.

Le citoyen, ses obligations et ses droits ; l'obligation scolaire, le service militaire, l'impôt, le suffrage universel.

La commune, le maire et le conseil municipal.

Le département, le préfet et le conseil général.

L'État, le pouvoir législatif, le pouvoir exécutif, la justice.

COURS SUPÉRIEUR

Notions plus approfondies sur l'organisation politique, administrative et judiciaire de la France :

La Constitution, le Président de la République, le Sénat, la Chambre des députés, la loi ; — l'administration centrale, départementale et communale, les diverses autorités ; — la justice civile et pénale ; — l'enseignement, ses divers degrés ; — la force publique, l'armée.

Notions très élémentaires de droit pratique :

L'état civil, la protection des mineurs ; — la propriété, les successions ; — les contrats les plus usuels : vente, louage, etc.

Entretiens préparatoires à l'intelligence des notions les plus élémentaires d'économie politique : l'homme et ses besoins ; la société et ses avantages ; les matières premières, le capital, le travail et l'association. La production et l'échange ; l'épargne ; les sociétés de prévoyance, de secours mutuels, de retraite.—

Nous devons tous semer. (*V. page* 11)

MANUEL D'ÉDUCATION MORALE

ET

D'INSTRUCTION CIVIQUE

L'ENSEIGNEMENT MORAL

> La vie de l'homme est une grande édu-
> cation dont le perfectionnement est le
> but.
>
> DE GÉRANDO.

— Mes enfants, nous allons commencer une étude nouvelle à laquelle j'espère vous intéresser.

— Nous n'en doutons point, Madame. Et quel est donc l'objet de cette étude ?

— C'est la **morale**, chères enfants, la science du devoir. Cette science est peut-être un peu grave et sévère pour nous, mais elle est indispensable, parce qu'elle contribue à notre bonheur. La morale est la connaissance des règles auxquelles il nous importe de conformer non seulement nos actions, mais encore nos affections.

— Ainsi la morale est une science, et elle s'apprend ?

— Oui, mes petites amies, car tout s'apprend, même la vertu. Mais, comme on l'a si bien dit, cet enseignement diffère essentiellement des autres parties du programme, et vous n'en serez point fâchées : son but est moins de faire *savoir* que de faire *vouloir* ; il émeut plus qu'il ne démontre, il s'adresse au cœur plus qu'au raisonnement et à la mémoire ; il se préoccupe surtout de donner une conscience droite, d'incliner la volonté vers le bien, de donner de bonnes impressions, de saines idées, des habitudes salutaires et de nobles aspirations. En un mot l'enseignement moral tend à développer, dans l'homme, l'homme lui-même, c'est-à-dire le cœur et la conscience.

Notre âme, comme notre corps, a besoin de nourriture; or, la morale est le pain de l'âme. L'homme n'a pas été placé sur la terre uniquement pour y vivre, mais pour y grandir, pour y déployer, selon les desseins de Dieu, les richesses et les forces de sa nature. Mettons-nous donc tous à l'œuvre, donnons de bons exemples, et semons autour de nous de bons conseils.

Semer ! ce mot me rappelle les réflexions d'un penseur, qui, un jour d'automne, regardait semer du grain :

« Hier le ciel était gris, le soleil ne dorait pas les rameaux jaunis des peupliers, et les feuilles des grisarts semblaient doublées d'étain. Ce n'était pas pourtant une journée sans charme, la nature était plutôt voilée que triste. Il y avait des travailleurs partout dans les champs; on semait le blé.

« Je regardais d'abord machinalement le petit nuage de grains lancés par jets réguliers vers la terre déjà façonnée ; la charrue achevait l'œuvre du semeur, et de sillon en sillon le même travail repris sans trêve ; puis

---

1. *Grisard* ou *grisart*, variété de peuplier blanc.

divers lambeaux d'idées sans suite se présentèrent à moi, tous se rapportant, malgré leur incohérence, aux semailles que j'avais sous les yeux et au pain : pain quotidien, pain des fidèles, pain céleste. De là, mes idées, tout d'un coup changeant de sphère, passaient du réel au figuré : les semailles m'apparaissaient comme une parabole.

« La vie de l'humanité ne se soutient pas seulement par des aliments visibles ; il est une nourriture intérieure, impalpable, aussi impérieusement réclamée que le pain. La faim est un mal horrible, une mort lente ; et la *disette morale* réduit les sociétés même les mieux nourries à l'inanition, à la léthargie, à l'hébétement. Alors mes yeux se reportèrent sur la campagne pleine de salutaires aspirations ; la fatigue des semeurs ne me causait plus cette satisfaction égoïste dont j'avais rougi tout à l'heure ; elle me piquait d'honneur. Une voix me disait : il faut semer aussi ! Semer dans tous les champs de l'intelligence, dans les plus ingrats comme dans les plus riches. Point de landes ! point de jachères ! partout la vertu, la science, la dignité humaine et la fraternité. Nous qui le pouvons, semons ; qui ne sème pas laisse pousser l'ivraie.

« Riches d'or, semez l'aumône sans conditions, pour ne pas récolter l'hypocrisie. Riches de science, répandez votre trésor et multipliez-le par des millions d'âmes ; mais surtout, vous qui avez un cœur aimant et des forces pour la persuasion, renouvelez les consciences et déposez-y le germe de l'avenir.

« A l'œuvre tous !

Jeunes gens, ne vous laissez pas gagner trop tôt par la soif des richesses et ne vous épuisez pas à féconder des pièces d'or ; jetez dans le monde quelques lueurs, des étincelles ; semez le désir, l'ardeur des grandes pensées, des aspirations généreuses, du dévouement.

Hommes, ne laissez pas dormir les esprits, s'engourdir la raison dans la routine des conversations banales ; raisonnez sagement, philosophez, demandez-vous d'où vient l'homme et où il va... Semez la force juste, la virilité, semez l'amour du devoir. Sinon quittez la toge et l'épée, reprenez les hochets de l'enfance, ou faites-vous tailler déjà la douillette du centenaire.

« Et vous, femmes, ne vous retranchez pas derrière vos voiles de dentelle. Ne croyez pas que votre seule destinée soit d'être admirées et de plaire ; ne passez pas vos belles heures à souffler des bulles frivoles. Nous réclamons votre concours : n'y a-t-il pas aussi des semeuses ?

Mais prenez garde, n'allez pas chercher le grain trop loin, hors du cercle de la famille, car vous sèmeriez la zizanie. Respectez ce lien, cette union des âmes qui est le charme du foyer domestique, échangez sincèrement vos pensées, vos sentiments avec ceux qui vivent près de vous, agissez de manière que la famille n'ait qu'un cœur — et les semailles seront fécondes !

« Ah ! la femme, elle est si puissante, elle peut tant sur ceux qui l'entourent ! Sa foi fait croire à Dieu, son espérance fait croire à l'autre vie ; les inépuisables trésors de sa charité font croire au ciel et en donnent un avant-goût, et sa prière s'étend comme un ombrage protecteur sur toutes les vertus de la famille. »

SUJET DE RÉDACTION

1. Dire en quoi consiste l'enseignement moral. — 2. Montrer son utilité et dire pourquoi elle est la plus utile des sciences. — 3. Expliquer ce que chacun de nous peut et doit faire pour son perfectionnement et pour le bien de tous.

LA FAMILLE

Pour les femmes, il n'y a de bonheur
que dans la vie de famille.

Mme Ém DE GIRARDIN.

On dit souvent que cette terre est une vallée de larmes.
Il est certain, et vous l'apprendrez, hélas! plus tard, mes
enfants, que s'il est ici-bas des heures de joie, il est aussi
de longs jours de souffrance : et pourtant, combien nous
tenons tous à cette terre!

Quand la mort s'offre à nous, quand une grave maladie
nous met aux portes du tombeau, alors l'effroi nous
gagne, une tristesse indicible s'empare de notre cœur,
nous nous cramponnons pour ainsi dire à l'existence et
nous jetons un œil d'envie sur ceux qui nous entourent
et que nous ne voudrions pas quitter ; il semble que nous
aimions davantage. Ah! c'est que si la terre a ses épines,
elle a aussi ses roses : que de merveilles elle offre à nos
regards! avec quelle profusion Dieu y a répandu ce qui
pouvait nous plaire et nous charmer! Et puis, notre
cœur y a de si doux liens qu'il ne voudrait pas les rompre!
c'est si bon d'aimer et d'être aimé!

L'homme a pris possession de la terre de telle sorte
qu'elle semble avoir été faite pour lui ; sans lui, en effet,
tout y serait sans beauté, sans harmonie et sans dessein;
il fait seul le lien de tout ce qui s'y trouve, parce qu'il y
a tout soumis à son pouvoir, à son industrie, à son gouvernement.

La terre est habitée par des hommes, des femmes et
des enfants ; c'est là ce qui constitue le genre humain ou
l'humanité. Chose merveilleuse! parmi les millions
d'hommes qui peuplent notre planète, il n'y en a pas
deux qui soient exactement semblables ; il peut y avoir
entre des sœurs une ressemblance parfaite en apparence,
mais un examen attentif fera toujours constater entre

elles quelque différence, au physique comme au moral, qui empêche de les confondre. Chaque homme pris isolément, pareil à ses semblables sous bien des rapports, mais en différant par ses goûts, son caractère, sa physionomie, est ce qu'on appelle un **individu**.

Je n'ai pas besoin de vous demander ce qu'on entend par la **famille** : vous en avez une qui assure votre bonheur, et j'espère qu'en retour vous contribuerez à faire le sien.

La famille, c'est la société des personnes unies par une origine commune, je veux dire par les liens du sang. Elle se compose du père, de la mère, des enfants et de tous les autres parents : grands-pères et grand'mères, oncles, tantes, cousins et cousines.

Tous les membres qui composent une famille sont liés par l'affection, ils s'entre-soutiennent, se rendent des services, travaillent au bien commun et ne font qu'un cœur et qu'une âme. C'est là ce qui distingue la famille des autres sociétés, des autres associations.

Vous avez souvent admiré, chère enfant, les gentils nids des oiseaux, et vous avez dû suivre avec intérêt les phases intéressantes de la couvée. Vous avez vu avec quelle sollicitude la mère soigne ses petits, avec quel empressement le père apporte la nourriture à ses insatiables petits mangeurs ; eh bien, pourriez-vous me dire ce qui arrive quand les petits oiseaux sont élevés ?

— Dès qu'ils peuvent voler, ils quittent leur doux berceau et n'y reviennent plus.

— Ainsi, chère enfant, entre tous ces oiseaux que vous admiriez alors, — le père, la mère et les petits, — l'union a été éphémère ; ils n'auront plus de rapports entre eux; tandis que dans la famille les liens d'affection subsistent jusqu'à la mort et sont indestructibles. Toujours vous aimerez vos parents et toujours ils vous rendront votre tendresse.

C'est le privilège de l'homme d'être attaché par une affection constante aux êtres qui lui sont unis par le sang.

C'est Dieu qui a institué la famille, et cette origine en fait l'institution la plus touchante et la plus respectable de toutes celles qui unissent les hommes entre eux.

La famille est une institution d'une beauté et d'une valeur incomparables ; c'est le premier anneau de la grande chaîne de l'humanité, c'est la première assise de l'édifice social. Les affections de famille sont, en effet, le principe et le modèle de l'amour de la patrie et de l'amour de l'humanité : c'est par l'extension de ce sentiment primitif que les habitants d'un même pays se considèrent comme les membres d'une même famille plus grande que la famille naturelle. Il est si doux d'être non seulement juste, mais dévoué envers un père, une mère, un frère, une sœur, que le devoir nous apparaît alors lumineux et charmant. On l'accomplit tout naturellement avec joie ; on s'accoutume à y trouver son plaisir.

Quand on a ainsi contracté des habitudes de mutuelle tolérance, de dévouement affectueux dans la famille, on est tout disposé à témoigner les mêmes sentiments aux autres hommes et tout d'abord à ses **concitoyens**, à ceux qui habitent le même pays.

Une réunion d'individus habitant le même territoire, ayant les mêmes lois, les mêmes mœurs, le même langage forme une **nation**. On pourrait définir aussi la nation une association de familles, et la **patrie**, le pays qu'habite la nation.

Le degré de civilisation d'un peuple pourrait se mesurer à la solidité de l'esprit de famille et au respect de ce peuple pour les vertus domestiques.

QUESTIONNAIRE

Comment est constituée l'humanité ? — Qu'entend-on par *individu, famille, nation* et *patrie* ? — De quoi se compose une famille ? — Qu'est-ce qui distingue la famille des autres associations ? — Montrez la beauté de cette grande institution.

La Famille dans l'antiquité

Chez certains peuples de l'antiquité, la puissance du père était absolue. En l'absence de tout pouvoir public il était le législateur, le seul juge, et les femmes, les enfants, les esclaves étaient tous de même condition, car ils étaient tous sans droits devant lui. Le mari ayant acheté sa femme pouvait la vendre à son tour ; la femme étant la propriété de son mari devait, à la mort de celui-ci, faire

En Orient, la femme est tenue dans un état d'infériorité déplorable.

partie de sa succession et tomber au pouvoir de ses héritiers. Le père avait le droit de vie et de mort sur ses enfants, il pouvait les vendre, les maltraiter, leur infliger des châtiments cruels, les condamner aux plus rudes travaux, même les abandonner ou les faire périr...

De nos jours encore, en Orient, la femme est tenue dans un état d'infériorité déplorable. Mahomet, le fondateur de la religion musulmane, osa enseigner qu'un homme vaut deux femmes et qu'une femme vaut deux esclaves. Aussi, d'après ces absurdes principes, le mahométan achète sa femme comme il achèterait du bétail, la traite comme une bête de somme, en tire tout le travail manuel possible et, pour la stimuler, s'aide au besoin du bâton. Pour l'Arabe, la femme est une créature qui lui fait son pain et lui tisse son burnous.

— Ah ! les malheureuses, que je les plains ! mais nous autres, femmes françaises, à quoi devons-nous le changement opéré dans notre condition ?

— C'est au christianisme, mon enfant ; il a établi avec une entière clarté l'égalité de toutes les âmes devant Dieu, sans distinction de sexe, de classe ou de nation. Tout ce qui était faible, tout ce qui avait besoin de secours trouva en lui appui et protection. L'enfant devint l'objet des soins les plus tendres, et la femme fut proclamée l'égale de l'homme. En imposant aux deux époux les mêmes devoirs, la loi chrétienne leur imposait aussi les mêmes droits, la même autorité sur les enfants et la même responsabilité morale. Partout, du reste, la femme, soit dans la société nouvelle, soit dans l'Église, est relevée de son ancien abaissement, placée à côté de l'homme, conviée à ses honneurs comme à ses travaux et à ses souffrances. Jésus-Christ avait lui-même consacré cette égalité ; jamais il n'a repoussé la femme ignorante.

De tout ce qu'il y avait dans l'ancienne société de bien, de beau, de vrai, le christianisme n'a rien détruit, rien répudié ; il a tout recueilli, tout couronné, tout complété, et, en même temps, sans secousse, sans violence, par l'action continue de ses enseignements et de ses exemples, il a fait tomber les coutumes immorales et barbares des siècles païens.

EXERCICE

Quelle était la puissance du père dans la famille primitive ? — Quels droits avait-il sur sa femme ? sur ses enfants ? — De nos jours encore, comment la femme est-elle traitée en Orient ? — Sous quelle influence la condition de la femme et des enfants a-t-elle changé ?

La Famille dans la société moderne

(La Femme)

> La femme a plus de pénétration que l'homme, elle voit toujours vite et souvent juste ; mais on peut désirer que ses jugements soient confirmés par la réflexion avant d'être convertis en actes, en paroles même.
>
> Mᵐᵉ NECKER DE SAUSSURE.

Si, après l'influence heureuse du christianisme, les mœurs faisaient de la femme l'égale de l'homme et lui accordaient par surcroît d'autres privilèges, les lois la tenaient encore dans une sorte de dépendance, d'incapacité juridique [1] et, en outre, sacrifiaient les droits des filles à ceux des garçons. La loi de 1791, supprimant du même coup les droits d'aînesse et de masculinité, assura à tous les enfants des droits égaux dans la famille.

L'égalité civile des deux sexes est un principe fondamental de notre droit moderne. Les obligations morales sont en réalité les mêmes pour l'homme et pour la femme, et cette égalité n'exclut pas, mais suppose, au contraire, la différence des attributions.

Dans le mariage, le mari est le chef de la famille ; sa femme lui doit le respect et la soumission, mais elle a droit à sa protection. La femme doit suivre son mari dans le domicile qu'il s'est choisi ; elle ne peut sans son autorisation plaider, vendre, acheter, faire aucun contrat ; mais, comme en se mariant elle reçoit la condition de son mari, il en résulte qu'elle a même rang que lui et prend part à ses honneurs et à ses prérogatives.

En dehors du mariage, la femme, devant la loi civile, est presque l'égale de l'homme ; elle est exclue des droits

---

1. *Incapacité juridique* ; état de celui qui ne peut exercer certains droits ou accomplir certains actes relatifs à la justice.

politiques [1], il est vrai, mais elle a la libre disposition de
son bien, elle peut l'engager et le vendre, faire le commerce, se livrer à l'enseignement, etc.

La veuve a sur ses enfants la plénitude des droits de
surveillance, d'éducation et de garde ; elle peut s'opposer
à leur mariage, leur donner un tuteur par son testament.
Elle a aussi l'usufruit [2] de leurs biens et peut exercer
contre eux le droit de correction.

On sait qu'un enfant, même du vivant de ses parents,
peut posséder personnellement des biens sans en avoir
la jouissance, s'il est mineur. Ainsi une tante, en mourant, laisse, je suppose, dix mille francs à sa nièce
mineure ; cette nièce devient propriétaire de ces dix
mille francs, mais elle ne peut en jouir ou en disposer
qu'à sa majorité ; c'est la mère qui en a l'usufruit.

« Toute femme qui comprend ses véritables devoirs,
dit excellemment M. Marion, et qui est décidée à les
remplir, trouvera sa condition égale à celle de l'homme
et aussi belle, précisément parce que sa mission est différente. Si, en effet, elle avait le même rôle à remplir,
elle serait placée dans des conditions fort désavanta-
geuses, car elle n'a pas les aptitudes de l'homme, du
moins au même degré. Il serait dérisoire à elle de vouloir
lutter avec lui pour la force physique, l'esprit d'entreprise,
les aptitudes militaires, la profondeur des combinaisons.
Sa place est au foyer, où elle veille et travaille, pendant
qu'il lutte et travaille au dehors. Les soins du ménage,
l'éducation des enfants, voilà ses attributions ; si elle se
plaint que sa tâche n'est pas assez belle, c'est qu'elle ne
la comprend pas. Le respect du nom qu'elle porte, l'obéissance volontaire à une raison ordinairement plus mûre
que la sienne, l'égalité d'humeur, la bonté, l'ordre, l'économie, voilà ses vertus. Il lui appartient au moins par

---

1. *Droits politiques*, ceux qui permettent d'être électeur, élu, juré, de servir de témoin.
2. *Usufruit*, jouissance du revenu d'un capital ou d'une propriété qui appartient à un
autre.

moitié de faire le bonheur et la prospérité d'une maison, même la prospérité matérielle; car il n'est pas de fortune qu'elle ne compromette par son luxe et son manque de soin, pas d'aisance, si modeste soit-elle, qu'elle ne transforme en richesse par l'ordre et l'économie. »

« Ce sont les femmes, dit Fénelon, qui ruinent et qui soutiennent les maisons, qui règlent tout le détail des choses domestiques, et qui, par conséquent, décident de ce qui touche de plus près le genre humain. »

— Il me semble avoir vu que les Romains avaient un grand respect pour leurs épouses et leurs mères...

— En effet, ma petite amie, les Romains honoraient leurs épouses et leurs mères; mais ce respect et ces honneurs, la femme les devait à sa qualité d'épouse et de mère et non à son sexe. Il n'en était pas de même chez les Germains : c'était à la femme elle-même que s'adressaient leurs respects et leurs hommages. *Honneur à Dieu et aux femmes!* telle est la devise traditionnelle qui, durant le moyen âge, a retenti dans les combats comme dans les fêtes chez tous les peuples de race germanique. Ce sentiment est devenu l'un des traits les plus caractéristiques de la société moderne.

Et si vous me demandiez, mon enfant, comment il se fait que dans l'antiquité on voit peu de femmes remarquables par l'intelligence et le caractère, je vous répondrais que cela vient de ce qu'on traitait la femme comme un être inférieur et qu'alors on croyait inutile de développer en elle des sentiments élevés; elle vivait sans avoir aucune idée de ces grandes choses : le devoir et le sacrifice.

Comment aurait-elle pu aimer sa patrie, elle qu'on vendait à des hommes qu'elle devait suivre partout où il leur plaisait de l'emmener? Comment pouvait-elle être bonne épouse, elle qui n'était que l'esclave soumise de son dur tyran? Comment enfin pouvait-elle être bonne mère, elle à qui on refusait tout pouvoir sur ses enfants? La femme jeune et belle était un objet de luxe, une véritable poupée qu'on parait pour le plaisir des yeux. La femme vieillie n'était plus qu'un meuble inutile : on la reléguait dans des fonctions subalternes et elle devenait la servante des femmes qui lui succédaient.

QUESTIONNAIRE

Quels sont les droits de la femme dans la société moderne ? — Nommez ses principaux devoirs, ses attributions. — Quels sentiments les Grecs et les Romains avaient-ils à l'égard de la femme ?

Le Temps passé et le Temps présent

— Mais alors, notre temps vaut beaucoup mieux que les temps anciens, et la vie est plus agréable maintenant qu'autrefois ?

— Ma chère Amélie, puisque cette question se présente à nous tout naturellement, il faut en profiter, et nous allons la traiter ensemble une fois pour toutes, et bien à fond. On pourrait nous objecter que ce sujet n'est pas de la compétence des femmes, mais je ne suis pas de cet avis. La femme, comme compagne et amie de l'homme, comme mère, doit être au courant des grandes questions qui s'agitent autour d'elle ; il faut qu'elle ait des idées justes sur tout, et ses opinions personnelles.

Ce qui lui est défendu, ou plutôt ce qui ne sied ni à son caractère ni à son sexe, c'est de prendre une part active aux discussions de parti, c'est d'entrer dans le champ de la politique, c'est de vouloir imposer ses idées et faire parade de son savoir. La femme n'est bien qu'à l'ombre, et son influence ne doit pas dépasser le cercle du foyer domestique. Mais là elle est reine, et personne n'a le droit de lui enlever ses prérogatives ; son foyer est un asile inviolable et sacré.

Cela dit, entrons en matière.

La vérité, mon enfant, ne se trouve jamais dans les

extrêmes. Les personnes qui prétendent que *l'ancien régime* n'avait rien de bon; que ce que nous avons de louable et de bien ne date que d'hier; qu'avant la Révolution de 1789 il n'y avait, pour ainsi dire, ni famille, ni lois, ni justice, ni patriotisme, ni honneur national; ceux qui prétendent que nos pères n'étaient que des malheureux, de misérables esclaves, n'ayant ni liberté, ni plaisir, ni aisance, ni bonheur, ceux-là se trompent grossièrement. Nous sommes, il est vrai, mieux nourris, mieux vêtus, mieux logés que nos pères; mais qui ne sait que si les avantages matériels ne sont pas à dédaigner, ils ne constituent pas à eux seuls le bonheur? Tous les progrès matériels sont vains, si les progrès moraux ne marchent pas de pair avec eux. Rome pauvre et vertueuse a conquis le monde; riche et amollie, elle est devenue la proie des barbares.

D'un autre côté, ceux qui se plaignent sans cesse de notre époque, qui refusent de voir les progrès accomplis, les heureux changements opérés, ceux qui nient en bloc les bienfaits de la civilisation, qui regrettent amèrement le passé et voudraient retourner en arrière, ceux-là se trompent également.

Je vous l'ai déjà dit, chère enfant, les sociétés, de même que les individus, sont perfectibles; mais la perfection n'est pas le travail d'un jour, elle demande des efforts continus. Or, en lisant notre histoire, nous suivons avec le plus vif intérêt les développements successifs qui ont eu lieu dans notre pays; nous voyons les mœurs s'adoucir, la liberté grandir, les lois se perfectionner; nous suivons avec une attention émue les degrés que nos pères ont franchis pas à pas pour nous faire ce que nous sommes, c'est-à-dire les fils des Gaulois barbares transformés par la civilisation gréco-romaine, régénérés par les divins enseignements du christianisme, améliorés par les sentiments de pureté, d'honneur, de dévouement, de courtoisie, éclos au sein du moyen âge catholique et féodal.

« En France, dit Augustin Thierry, personne n'est
l'affranchi de personne ; il n'y a point chez nous de
droits de fraîche date, et la génération présente doit
tous les siens au courage de ceux qui l'ont précédée ;
nous devons donc nous montrer reconnaissants envers
nos ancêtres. »

Sans vouloir justifier le passé, il faut savoir mieux
le comprendre. Si l'ancienne société laissait à désirer,
il en est de même de la nouvelle ; toutes les deux ont
leurs défauts et leurs imperfections, rien
donc de plus injuste que d'accorder tout
le bien à celle-ci pour rejeter tout le mal
sur celle-là. Ceux qui ravalent le passé
afin d'exalter le présent ressemblent à
ces fils malappris qui se complaisent à
mettre en relief les défauts de leurs
pères afin de mieux faire valoir leurs
propres qualités.

A. Thierry.

Le vrai moyen de développer le patriotisme dans les
cœurs, dit M. Charles de Lacombe, c'est de les nourrir
dans l'admiration des hauts faits et des gloires de leur
pays ; c'est de leur montrer, à travers les abus, les souffrances, les préjugés, les excès et les crimes des temps,
la personnalité de la patrie se dégageant peu à peu sous
l'effort de ses grands hommes, son territoire formé et
étendu, ses provinces reliées les unes aux autres, son
unité fondée par la main vigoureuse et souple de ses
chefs, son génie éclatant dans les armes, les sciences, les
lettres, les arts, et dominant le monde par ses inspirations et par ses œuvres.

Ainsi l'avaient compris Rome et Sparte ; ainsi le comprennent encore les peuples étrangers, berçant leurs
enfants du récit des exploits de leurs ancêtres, les instruisant à connaître, à aimer leur pays jusque dans ses plus
lointaines origines, les entourant dans les collèges et les
universités des images des hommes illustres, poussant

même, par une injustice blâmable sans doute, mais non pas sans excuse, l'exaltation du patriotisme jusqu'à dénigrer les nations rivales et à contester en elles une gloire dont leur jalousie se trouve importunée.

La France a toujours été un pays plus libre qu'aucun autre : son nom même l'indiquait. Les Francs, nos ancêtres, étaient ainsi appelés parce qu'ils vivaient en *franchise*, c'est-à-dire en liberté. C'est la France qui la première a défendu la communauté des races chrétiennes contre les invasions barbares; c'est de son cœur qu'est parti ce mouvement de représailles et de salut qu'on appelle croisades. Durant ce long duel, l'épée de la France jette de tels éclairs, le caractère français inspire tant de sympathies, que jusqu'aux extrémités de l'Orient c'est le nom de Franc qui devient le synonyme d'Européen.

La France a toujours été à la tête des nations de l'Europe; c'est là un fait incontestable. Comment cette nation, si supérieure aux autres, aurait-elle pu rester courbée pendant quatorze cents ans sous le plus odieux esclavage?

Soyons donc justes pour le passé, mon enfant, mais aussi soyons-le pour le présent; en un mot sachons être de notre temps.

Notre temps, qui a ses vices, possède malgré tout une qualité que nous oublions trop : *il est nôtre*.

Regretter le passé, lorsqu'il s'agit des choses et non des hommes, c'est plus qu'un travers de l'esprit, c'est une faiblesse; car cela nous empêche de nous mettre résolument au travail.

J'ai connu des gens qui, les yeux obstinément fixés en arrière, dépensaient à regretter le passé les forces que leur demandaient le travail du présent et la préparation de l'avenir. Jeunes, ils regrettaient les naïfs plaisirs de l'enfance; hommes faits, ils regrettaient l'ardeur de la jeunesse; vieillards, ils regrettaient l'énergie de la virilité.

Aucun âge ne les avait trouvés de leur temps; chacun les avait vus découragés, c'est-à-dire inutiles et paresseux.

Voulons-nous pousser un vigoureux élan? n'enfonçons pas notre pied dans le vide; posons-le sur la réalité.

Être de notre temps, cela ne veut pas dire : adopter les opinions reçues quand nous les jugeons fausses; cela ne signifie pas : accepter les faits accomplis quand ils nous semblent mauvais. Être de notre temps, ce n'est pas nous accommoder au mal, c'est admettre les conditions de la vie moderne, les bases de civilisation nouvelle établies par nos contemporains; c'est prendre notre part du fardeau, c'est nous associer aux chances d'aujourd'hui, c'est préparer le progrès pour demain.

Les « regretteurs » ne sont bons à rien.

Que penseriez-vous d'un agriculteur qui, au lieu de cultiver son champ récemment acquis, s'assoirait dans un coin, et, le front dans les genoux, se mettrait à pleurer son ancien domaine, celui qu'il n'a plus? Que penseriez-vous d'un navigateur qui, au lieu de disposer sa voilure pour le temps qu'il fait, descendrait dans sa cabine et, le front dans les mains, se mettrait à pleurer la brise du mois dernier?

Entre le passé qui nous échappe et l'avenir que nous ignorons, il y a le présent où sont nos devoirs.

SUJET DE RÉDACTION

1. Dire s'il est bon, s'il est juste de décrier le passé de la France pour exalter outre mesure le présent. — 2. Dire aussi s'il est bien de toujours se plaindre de son époque, et indiquer quelle conduite il est bon de tenir entre ces deux extrêmes. — 3. Expliquer ce qu'on entend par ces mots : Il faut être de son temps.

L'ENFANT

LE DROIT D'AÎNESSE

Autrefois, la loi accordait, après la mort des parents, la presque totalité de leurs biens à l'*aîné* des enfants ; c'est ce qu'on appelaitle *droit d'aînesse*. Aujourd'hui, en France, il n'en est plus ainsi : se basant sur le principe de l'égalité des droits et des devoirs, la loi exige que l'héritage paternel soit partagé également entre tous les enfants. Si tous ont les mêmes devoirs envers leurs parents, il paraît juste que tous jouissent des mêmes droits.

Cependant, les parents peuvent disposer d'une petite part de leur fortune en dehors de leurs enfants ou en faveur de l'un d'eux. Quand il n'y a qu'un enfant, la portion disponible est de la moitié des biens ; quand il y en a deux, du tiers ; quand il y en a trois ou plus, du quart.

Cette loi empêche, d'une part, que des parents, dans une heure de mécontentement ou par une injuste préférence, ne privent leurs enfants d'une trop forte portion de leur héritage, et, d'un autre côté, en leur conservant dans une certaine mesure le droit de faire leur testament, elle leur permet de réduire la part de ceux des enfants qui ne se seraient pas montrés dociles ou respectueux.

— Cette loi du partage égal de l'héritage paternel me paraît équitable ; vous avez dit qu'elle existait en France, il n'en est donc pas de même dans les autres pays ?

— Non, chère enfant, l'Allemagne, l'Autriche, la Suède, la Norvége, le Danemark, l'Angleterre et les États-Unis ne pratiquent pas notre régime de succession.

— Ah ! cela m'étonne beaucoup ; et quelles raisons ces peuples ont-ils pour agir autrement que nous ?

— Ces peuples prétendent que notre *partage forcé* ne sauvegarde pas assez l'autorité paternelle et que, depuis la loi nouvelle qui nous régit, le respect envers les parents a été singulièrement affaibli chez nous. Ils ajoutent enfin que les enfants qui n'ont pas une sorte de droit en expectative sur les biens de leurs parents ne comptant que sur eux, sont plus actifs, plus entreprenants, plus industrieux ; on nous cite pour exemple les *cadets d'Angleterre*, qui parviennent aux positions les plus honorables et les plus lucratives.

Les débuts de cette éducation furent orageux. (V. page 5.)

On ne peut nier que notre système entraîne la dispersion des familles et quelquefois leur ruine. Ce fâcheux résultat se produit surtout quand les familles ont une exploitation agricole ou une exploitation industrielle.

Quoi qu'il en soit, et malgré les inconvénients que peut avoir dans certaines circonstances notre régime de succession, beaucoup d'économistes distingués et de savants légistes assurent que notre système est le plus juste, le plus sage, et que, vu nos mœurs, il est de beaucoup préférable pour nous à celui des autres nations.

QUESTIONNAIRE

Qu'appelait-on autrefois *droit d'aînesse* ? — En quoi consiste maintenant notre régime de succession? — Quelles sont les objections que certains peuples nous font sur ce qu'ils appellent notre *partage forcé* ?

L'AUTORITÉ PATERNELLE

Chez les parents, le *devoir* est accompagné du *pouvoir*, c'est-à-dire de l'autorité qu'ils exercent légitimement sur ceux qui leur doivent le jour. C'est ce qu'on appelle le *pouvoir paternel*. L'enfant est placé sous l'autorité paternelle jusqu'à sa majorité, vingt et un ans; avant cet âge il ne peut, sans l'autorisation de ses parents, faire aucun contrat. Cette mesure légale le préserve des entraînements et des périls auxquels l'exposerait son inexpérience. En se faisant émanciper[1] à dix-huit ans, il acquiert la capacité nécessaire pour faire quelques-uns des actes de propriété que le droit commun ne permet qu'aux individus majeurs.

L'autorité paternelle donne au père et à la mère le droit de punir leurs enfants quand ils ont commis quelque faute. Dans les cas graves, le père peut demander aux magistrats de faire détenir son fils coupable dans une maison de correction. Si l'enfant a moins de seize ans, il n'y restera qu'un mois; s'il a dépassé cet âge, la détention sera de six mois au plus.

— Voyons, mon Amélie, il me semble que vous voulez me dire quelque chose... parlez.

— En effet, madame, je suis très surprise de ce que vous venez de m'apprendre. Comment! il y a des enfants assez méchants, assez dénaturés pour causer tant de peine à leurs parents! c'est vraiment incroyable!

— Et pourtant, cela est, chère petite; mais heureusement ces faits sont rares. Oui, il y a des natures perverses dès le plus jeune âge; il est probable qu'à ces petits malheureux il a manqué l'éducation première, les bons conseils de la famille, les bons exemples et surtout.

---

1. *Émanciper*, mettre un mineur en état de jouir de ses revenus.

le cœur d'une mère. Plaignons-les. Mme Desbordes-Valmore a dit avec raison : « Les méchants sont ceux qu'on n'a jamais aimés. »

<hr>

LE TUTEUR

Le plus grand malheur qui puisse arriver à un enfant, c'est de perdre son père et sa mère, de rester orphelin. Quand je suis en présence de ces petits infortunés, je me sens prise d'une immense compassion; mais dans ce triste état les enfants ne sont point abandonnés : les oncles, les tantes et les autres parents sont les protecteurs naturels des enfants orphelins.

Lorsque l'enfant perd son père ou sa mère, c'est le survivant qui devient le *tuteur* de l'enfant. Si les deux parents sont morts la loi donne à l'enfant un tuteur et un subrogé tuteur [1] chargés de prendre soin de la personne de l'enfant et d'administrer ses biens, s'il en a. La loi donne aussi à l'enfant un conseil de famille chargé de contrôler la gestion du tuteur. Ce conseil a pour président le juge de paix du canton et pour membres six parents ou alliés de l'enfant mineur.

La mission d'un tuteur est chose grave : il doit rendre un jour un compte exact de sa gestion, et comme il doit remplir à l'égard de son pupille les obligations des parents dont il tient la place, il a droit, en retour, au respect et à la reconnaissance.

Qui pourrait lire sans un serrement de cœur ces vers mélancoliques sur les enfants abandonnés ?

Dans les promenades publiques,
Les beaux dimanches, on peut voir
Passer, troupes mélancoliques,
Des petites filles en noir.

De loin, on croit des hirondelles :
Robes sombres et grands cols blancs;
Et le vent met des frissons d'ailes
Dans les légers camails tremblants.

<hr>

1 . Le *subrogé tuteur* doit, au besoin, remplacer le tuteur et surveiller sa gestion.

Mais quand, plus près des écolières,
On les voit se parler tout bas,
On songe aux étroites volières
Où les oiseaux ne chantent pas.

Car ces êtres sont de la race
Du Vice et de la Pauvreté,
Qui font et les enfants sans grâce
Et les tristesses sans beauté.

Les berceaux ont leurs destinées
Et vous ne les avez pas vus,
Les fronts des mères inclinées
Comme la Vierge sur Jésus.

Vos sombres âmes stupéfaites,
Enfants, ne se rappellent pas
La chambre joyeuse, les fêtes
Du premier cri, du premier pas...

François COPPÉE.

EXERCICE

Quels sont les droits que l'autorité paternelle donne aux parents sur leurs enfants, et que la loi donne aux tuteurs sur leurs pupilles ?

L'Éducation et l'Instruction de l'Enfant

Le pouvoir paternel, n'ayant d'autre origine que l'intérêt de l'enfant, est limité par l'intérêt et les droits de l'enfant lui-même. Les parents doivent à leurs enfants ce qui leur est utile pour leur existence physique et morale ; par conséquent, ils doivent les loger, les vêtir, les nourrir, les soigner, jusqu'à ce que ceux-ci puissent eux-mêmes pourvoir à leurs besoins.

Mais les parents ne sont pas tenus seulement d'assurer à leurs enfants la subsistance matérielle, ils leur doivent encore l'éducation. Tout le monde reconnaît dans l'éducation des enfants deux parties distinctes : l'*instruction* et l'*éducation* proprement dite. Voici la distinction établie entre ces deux parties par Mgr Dupanloup :

L'éducation développe les facultés, — l'instruction donne des connaissances ;

L'éducation élève l'âme, — l'instruction pourvoit l'esprit ;

L'éducation fait les hommes, — l'instruction fait les savants ;

L'éducation est le but, — l'instruction n'est qu'un des moyens ;

L'éducation embrasse l'homme tout entier, — l'instruction non.

L'éducation est donc singulièrement plus haute, plus profonde et plus étendue que l'instruction.

Il ne faut pas séparer ces deux choses ; car sans instruction toute éducation est impuissante, et sans éducation morale l'instruction est dangereuse.

L'instruction a deux effets utiles : d'abord, elle augmente les ressources de l'individu, le rend apte à plus de choses diverses ; elle est donc un *capital*. En second lieu, elle relève l'homme et ennoblit sa nature ; elle est une *dignité*.

Si c'est la raison qui distingue l'homme de la brute, ce sont les lumières qui étendent et rehaussent la raison. Par là, l'instruction se confond avec l'éducation morale et en est une partie essentielle.

Les parents ont le devoir de donner à leurs enfants une éducation morale et l'instruction civique qui les mettent à même de remplir convenablement un jour toutes leurs obligations d'hommes et de citoyens ; ils doivent également leur faire donner une instruction en rapport avec leurs ressources, leur condition et la position que les enfants sont vraisemblablement appelés à occuper plus tard dans la société.

Autrefois, les parents avaient l'obligation *morale* de donner une instruction suffisante à leurs enfants, de ne pas les laisser dans une ignorance complète ; aujourd'hui est venue s'ajouter pour eux l'obligation *légale* d'envoyer leurs enfants à l'école, depuis l'âge de six ans jusqu'à l'âge de treize ans.

Les enfants qui auront obtenu le certificat d'études primaires à l'âge de onze ans seront dès lors dispensés de l'obligation légale d'aller à l'école.

Les parents ont la facilité de mettre les enfants à l'école publique, de les instruire eux-mêmes, de leur donner un précepteur ou de les envoyer dans une école libre, s'il en existe à leur portée.

SUJET DE RÉDACTION

1. Montrez la différence qui existe entre l'Éducation et l'Instruction. — 2. Dites quelles sont les obligations des parents envers leurs enfants sous le rapport de l'instruction.

Pouvoir de l'Éducation

FÉNELON ET SON ÉLÈVE LE DUC DE BOURGOGNE

« J'ai toujours pensé, a dit Leibniz[1], qu'on pouvait changer le genre humain, si l'on se rendait véritablement maître de l'éducation de la jeunesse. » Mais pour que l'éducation d'un enfant réussisse, il faut, avant tout, qu'il soit docile et appliqué : de toutes les personnes qui concourent à son éducation, celle qui joue le rôle le plus important, c'est lui-même; s'il ne seconde pas par un effort intérieur les soins qu'on lui donne, ils deviennent tous inutiles.

Vous allez voir, ma petite amie, un exemple du pouvoir de l'éducation sur les âmes; jamais ce pouvoir ne

---

1. Leibniz, illustre philosophe allemand, est le chef de l'école optimiste, qui avait pris pour devise cette phrase si souvent cité : « Tout est pour le mieux dans le meilleur des mondes possibles. »

se manifesta d'une manière plus éclatante que lorsque
Louis XIV confia son petit-fils, le duc de Bourgogne, aux
soins de l'immortel Fénelon. Il y avait beaucoup à faire,
car cet enfant était né avec un naturel violent et vicieux
que jusque-là l'on n'avait pas même essayé de combattre. Voici quel portrait fait de lui un célèbre auteur contemporain :

« Le prince héritier de la couronne naquit terrible,
et sa jeunesse fit trembler : dur et colère jusqu'aux derniers emportements et jusque contre les choses inani-
mées ; impétueux avec fureur, incapable de souffrir la
moindre résistance, opiniâtre à l'excès ; aimant la bonne
chère, la chasse, le jeu, les plaisirs ; souvent farouche,
naturellement porté à la cruauté, et impitoyable dans
ses railleries. De la hauteur des cieux il ne regardait les
hommes que comme des atomes avec lesquels il n'avait
aucune ressemblance, quels qu'ils fussent.

« Tel était le caractère qu'il fallait dompter et assou-
plir : la tâche était rude, mais les difficultés n'étaient
pas insurmontables ; car, dans l'éducation, il n'y a d'in-
curables que l'indolence et le défaut absolu d'esprit.
L'enfant avait une rare activité, une vive intelligence.
L'esprit, la pénétration brillaient en lui de toutes parts.
Jusque dans ses furies, ses réponses étonnaient ; ses rai-
sonnements tendaient toujours au juste et au profond,
même dans ses emportements. Il se jouait des connaissances les plus abstraites. L'étendue et la vivacité de son
esprit étaient prodigieuses. »

Le caractère de Fénelon, dit M. Barrau, était merveil-
leusement disposé pour cette grande tâche de l'éducation, à laquelle toutes les lumières de l'esprit ne suffisent
pas. C'était un mélange exquis de tendresse et de force,
de complaisance et de fermeté, de patience et de souplesse, où la grâce tempérait l'énergie. Il faut, avec les
enfants, du caractère et de l'âme : de l'âme pour les
attirer, du caractère pour les dominer. Ces deux qualités,

Fénelon les possédait admirablement : il en usa pour prendre sur son élève l'ascendant nécessaire,

Les débuts de cette mémorable éducation furent orageux. Dans un de ses accès de colère, l'intraitable enfant osa dire à son précepteur : « Vous oubliez qui je suis et qui vous êtes. » Fénelon ne répondit rien. Pendant tout le reste du jour, il laissa le coupable à ses réflexions. Le lendemain matin, il entra plus tôt que de coutume dans la chambre de son élève, et d'un ton grave et triste il lui dit :

Fénelon.

« Je ne sais si vous vous rappelez ce que vous m'avez dit hier, que vous saviez *qui vous êtes et qui je suis;* il est de mon devoir de vous apprendre que vous ignorez l'un et l'autre. Vous vous imaginez donc être plus que moi ? Quelques valets vous l'auront dit ; et moi, je ne crains pas de vous dire, puisque vous m'y forcez, que *je suis plus que vous*. Vous comprenez assez qu'il n'est pas ici question de la naissance, qui n'ajoute rien au mérite. Vous ne sauriez douter que je suis au-dessus de vous pour les lumières et les connaissances.

« Vous ne savez que ce que je vous ai appris, et ce que je vous ai appris n'est rien, comparé à ce qui me reste à vous apprendre. Quant à l'autorité, vous n'en avez aucune sur moi, et je l'ai moi-même, au contraire, pleine et entière sur vous ; le roi et votre père vous l'ont dit assez souvent.

« Vous croyez peut-être que je m'estime fort heureux de l'emploi que j'exerce auprès de vous ; dissuadez-vous encore : je ne m'en suis chargé que pour obéir au roi, et je vais vous conduire chez lui pour le prier de vous nommer un autre précepteur, dont je souhaite que les soins soient plus heureux que les miens. »

A ces paroles, l'enfant répondit par un torrent de

larmes. Fénelon se laissa enfin désarmer par ses prières.

Depuis ce jour, l'éducation du duc de Bourgogne alla de mieux en mieux. Les leçons de Fénelon eurent un succès qui tenaient du prodige : non seulement elles ornèrent l'esprit de son élève, mais elles opérèrent en lui une transformation morale qui frappa tous les yeux. Le jeune prince devint affable, doux, humain, modéré, patient, modeste, humble et austère pour lui-même. Tout appliqué à ses devoirs et les comprenant immenses, il ne pensa plus qu'à allier les devoirs de fils et de sujet avec ceux auxquels il se voyait destiné [1].

QUESTIONNAIRE

Quelles sont les conditions indispensables pour que l'éducation des enfants réussisse et qu'elle produise tous les fruits qu'on est en droit d'en attendre ? Citez un exemple bien remarquable du pouvoir de l'éducation.

LES PARENTS

LA MÈRE

Dans le cœur d'une mère, oh ! oui, la vie est double.
Elle voit l'avenir plein du jour et d'espoir
Du front de ses enfants rayonner sur son soir.

LAMARTINE.

Après nous être occupées de la famille en général, nous allons parler en particulier des membres qui la composent. — Claire, dites-nous le rôle de la *mère* dans la famille, ses occupations, et pour cela, tournez vos

---

1. Louis, duc de Bourgogne, petit-fils de Louis XIV et père de Louis XV, fut dauphin à la mort de son père en 1711. Il mourut en 1712 et promettait à la France un règne heureux. C'est pour lui que Fénelon composa ses *Fables* et son *Télémaque*.

regards ou plutôt votre cœur vers vôtre chère maman ; voyez ce qu'elle fait pour vous tous, à quoi se passent ses journées, et vous pourrez tracer un portrait fidèle.

— Rien n'est plus facile. Ma mère ! mais c'est une seconde Providence ! c'est notre ange gardien, c'est la grâce, la joie et le bonheur de notre maison. C'est le doux lien qui nous unit tous ensemble et fait que nous n'avons qu'un cœur et qu'une âme. Elle nous prodigue sans cesse ses soins et sa tendresse ; sa douceur, sa bonté, sa patience sont inépuisables. Lorsque nous sommes malades, elle nous soigne avec une admirable dévouement.

Tous les jours elle cultive notre cœur et notre esprit, nous fait connaître nos devoirs, nous reprend de nos défauts, développe en nous les bons sentiments. Maman est pour mon père, comme il le dit souvent, sa consolation. Lorsqu'il rentre soucieux et fatigué de ses affaires, elle a toujours pour lui un accueil affectueux, une bonne et douce parole à lui adresser, elle fait revenir vite le sourire sur ses lèvres. Elle lui donne de judicieux avis, de sages conseils, l'encourage, et le lendemain, quand il part de nouveau à son travail, il est animé d'une nouvelle ardeur.

C'est ma mère qui s'occupe du ménage, qui a la direction de la dépense de la maison. Elle veille aux approvisionnements, règle la nourriture, achète ou fait réparer les vêtements. Par son intelligence, son travail, son économie, elle trouve le moyen de suffire à tout, de donner à chacun ce qu'il lui faut. Pour prix de son dévouement, elle ne demande qu'une chose : nous voir tous heureux autour d'elle, — dans son petit royaume. Il faut avouer qu'elle y réussit admirablement.

— C'est bien, ma Claire, vous avez parlé de votre mère d'une manière qui prouve votre affection pour elle. Ce mot de *mère*, je ne le prononce jamais sans me sentir remuée jusqu'au plus profond de mon être, sans avoir les yeux remplis de larmes. Hélas ! je n'ai plus de mère, et vous, vous en avez une. Que j'envie votre bonheur !

Oh! oui, le cœur d'une mère est vraiment le chef-d'œuvre de la nature : jamais chez lui de changement, d'égoïsme, de défaillance ; il aime toujours avec la même force, le même dévouement. Après la bonté de Dieu, il n'y a rien de si patient, de si difficile à lasser, de si facile à rappeler que la bonté d'une mère.

J'ai pensé souvent que si Dieu avait permis que la mère pût souffrir pour son enfant et pût même mourir à sa place, elle aurait souffert avec joie et aurait fait volontiers le sacrifice de sa vie. Quelle que soit l'affection d'un enfant pour ses parents, elle n'égalera jamais celle dont il est l'objet de leur part. Aussi qu'ils sont amers, qu'ils sont cuisants les remords de l'enfant qui n'a pas rempli ses devoirs envers son père et sa mère !

Quant à moi, je ne me consolerais pas, si le souvenir aimé se mêlait à la pensée qu'un jour j'ai pu contrister gravement leur cœur et leur causer un vrai chagrin. Mon regret, c'est de n'avoir pas assez joui des années que j'ai passées auprès d'eux, de ne leur avoir point assez montré mon affection et ma reconnaissance. Ma mère ! s'il m'était donné de vivre auprès d'elle, comme je l'entourerais de soins et de tendresse, comme je voudrais la rendre plus heureuse encore que je ne l'ai fait!..

Voici une petite pièce de vers qui peint admirablement l'amour maternel, amour pur, sacré, qui survit à la tombe des enfants disparus :

Front pâle sur le blanc coussin,
Vous dites que la mère est morte ;
Où donc est l'enfant? Qu'on l'apporte
Et qu'on le pose sur son sein.

Sur le lit de blanche dentelle,
Voici l'enfant entre ses bras...
Si la mère ne le sent pas,
Tout est fini. Priez pour elle.

Jean AICARD.

SUJET DE RÉDACTION

1. Décrivez la mission de la mère au foyer domestique. — 2. Parlez du cœur des mères, de l'amour maternel.

LE PÈRE

— Claire, continuez, et dites-nous maintenant le rôle du *père* dans la famille.

— Le père est le chef de la famille, il en est la force, le soutien ; il pourvoit à ses besoins, la protège et la gouverne. Mon père est bon, mais c'est une autre bonté que celle de ma mère ; il nous aime beaucoup aussi, mais son affection ne se manifeste pas mille fois le jour par des paroles ou par des caresses. Sa bonté pour nous et son affection sont, pour ainsi dire, tout intérieures, il faut les deviner par ses actes. C'est pour nous, en effet, que mon père travaille constamment, qu'il s'ingénie à agrandir le cercle de ses affaires, qu'il n'épargne ni veilles ni soucis. C'est lui qui gagne, par son labeur et par son intelligence, l'argent nécessaire aux besoins de notre maison, c'est sur lui que repose notre bien-être matériel.

Maman s'occupe surtout de nous rendre heureux présentement ; papa voit plus loin, il s'occupe aussi de notre avenir. Il examine nos goûts, nos penchants, et cherche à découvrir le germe de notre vocation.

Souvent, le soir, je vois mon père harassé et l'air soucieux, et quand nous lui demandons pourquoi il se donne tant de mal, il répond : C'est pour vous, mes enfants ; je veux que vous ne manquiez de rien, ni maintenant, ni plus tard ; je ne regretterai pas mon travail si, par votre conduite, vous rendez votre bonne mère heureuse, et si un jour mes fils deviennent des hommes instruits, faisant honneur à mon nom, et vous, mes filles, de bonnes mères de famille et d'excellentes maîtresses de maison.

— C'est bien, mon enfant, laissez-moi maintenant vous citer un quatrain :

> On demandait un jour à Paul, roi des joufflus,
> (La question, je pense, était d'une commère) :

« Lequel aimes-tu plus, ton père ou bien ta mère ? »
Paul répondit très bien : « J'aime tous les deux plus ! »

RATISBONNE.

Paul avait raison : il faut aimer également son père et
sa mère. Certains écrivains, dans leurs mémoires, parlent avec reconnaissance de leur mère ; ils lui doivent,
disent-ils, tout ce qu'ils ont eu de vertu. C'est très bien ;
mais leur père ! Souvent ils n'en disent mot. Ce ne doit
pas être toujours juste : peut-être aura-t-il été moins
tendre, moins caressant ; il aura eu une autre manière
d'aimer, faut-il pour cela l'oublier ?

On a dit que c'est sur les genoux de la mère que se
forme ce qu'il y a de plus excellent au monde, un honnête
homme et une honnête femme. Mais peut-être faudrait-il
ajouter que c'est aussi sous le regard vigilant et par les
soins assidus du père, par sa prudence, sa fermeté, sa
sévérité même au besoin, que ce bien s'accomplit.

Un enfant à élever, c'est une âme à former, et il y a
là une œuvre, un chef-d'œuvre qui est bien au-dessus de
tous ceux de l'art et de la science. S'il y faut la sollicitude
de la mère, il y faut aussi celle du père ; ce n'est pas trop
de leur concours dévoué pour suffire à cette difficile tâche.

SUJET DE RÉDACTION

1. Décrivez le rôle du père dans la famille. — Dites pourquoi on doit aimer
également son père et sa mère.

DEVOIRS DES ENFANTS

ENVERS LEURS PARENTS

> Le plus saint des devoirs, celui qu'en traits de flamme
> La nature a gravé dans le fond de notre âme,
> C'est de chérir l'objet qui nous donna le jour.
> Qu'il est doux à remplir, ce précepte d'amour !
>
> FLORIAN.

L'antiquité nous a légué un beau mot pour exprimer l'amour des enfants envers leurs parents, celui de *piété filiale*. On dit « piété filiale » parce qu'il y a dans nos parents quelque chose de sacré, parce que notre amour pour eux doit être une sorte de culte, parce qu'ils ont été pour nous dans nos premiers ans la providence visible.

La piété filiale comprend tout ce que nous devons à nos parents : amour, obéissance, respect et reconnaissance.

Aimer ses parents ! quoi de plus naturel, et est-il vraiment besoin qu'on rappelle ce précepte à un enfant ? L'enfant, cet être chéri par excellence, qui concentre sur lui toutes les affections de la famille, qui fait la joie et le bonheur de la maison ; l'enfant, cet objet de tant de soins et de sollicitude, pourrait ne pas aimer ceux à qui il doit l'existence ! Est-ce possible ?

Les enfants doivent l'*obéissance* à leurs parents. En effet, mes petites amies, vous êtes faibles, vous manquez d'expérience, vous êtes incapables de vous diriger vous-mêmes, vous avez donc grand besoin des lumières et des conseils de vos parents. Soumettez-vous docilement à leur volonté et suivez ces guides excellents qui joignent à l'expérience de la vie l'ardent désir de vous faire du bien, dont l'ambition la plus vive est de vous rendre heureuses et qui entendent votre bonheur cent fois mieux que vous-mêmes.

Les enfants doivent encore à leurs parents le *respect*.

Il ne faut pas qu'ils oublient la distance qui les sépare de leurs père et mère; et malgré l'intimité journalière, malgré les rapports continuels de tendresse et d'affection, malgré les jeux partagés, les caresses échangées, il ne leur est pas permis d'agir envers eux avec sans-gêne et de les traiter en égaux et en camarades.

Au sein de notre vieille société française, dit un judi-

cieux auteur, le respect pour les parents était un des traits saillants de la famille. Dans les classes nobles, et même aussi dans les classes bourgeoises, ce même respect se manifestait par des formules de langage qui nous étonnent aujourd'hui et nous semblent exagérées, mais qui avaient l'avantage d'empêcher la familiarité, devenue de nos jours trop souvent le fléau de l'intérieur des familles.

Il arrive un âge où les enfants sont dégagés, par la loi, de l'obligation d'obéir à leurs parents en toutes choses; mais ils ne sont jamais affranchis des devoirs du respect et de la reconnaissance.

La *reconnaissance* est le premier besoin d'une belle âme; jamais, mes enfants, vous n'en aurez assez pour vos parents, car jamais elle ne pourra égaler leurs bienfaits.

« Jeune fille ! T'en souvient-il ? l'as-tu oublié ce temps où ta faiblesse était si grande, où tu ne pouvais te mouvoir sans le secours de tes parents, où tu n'aurais pas vécu deux jours s'ils ne t'avaient pas aimée ? Combien de soins et de peines pour t'enseigner à prononcer un seul mot, à former un seul pas ! Combien de soins et de peines pour te mettre à l'abri des accidents, des maladies : pour exercer tes forces, développer ta raison naissante, pourvoir à tes besoins divers ! Cette mère flétrie par l'âge et les fatigues, c'est pour toi qu'elle a consumé ses beaux jours ; c'est pour ne pas te perdre de vue qu'elle se refusait à tous les plaisirs ; c'est pour veiller à ta sûreté qu'elle interrompait son sommeil et se privait d'un repos nécessaire.

« Ce père, chargé d'années, qui n'offre plus à tes regards qu'un vieillard débile, il épuisa ses forces en travaillant pour te nourrir. Te voilà chargé d'une obligation infinie, oui, infinie ; comment t'en acquitter ? aucun salaire ne le peut ; rien n'est plus aisé par le cœur. Tu l'acquittais déjà dans ton premier âge, cette dette immense, lorsque, te rejetant dans le sein de ta mère, tu refusais de passer en d'autres bras ; elle se trouvait payée de ses veilles et de son dévouement par cette préférence.

« Ton père, au retour de ses travaux, était délassé par ton sourire, par ce mouvement ingénu avec lequel tu t'empressais vers lui et l'appelais à toi. Cette reconnaissance qui fut d'abord ton premier instinct est aujourd'hui ton premier devoir. Le même Dieu qui, pour le salut de ton enfance, avait mis dans le cœur de tes parents l'amour paternel, veut que la reconnaissance soit dans le tien pour le bonheur de leur vieillesse.

« Quel asile fortuné que la demeure d'une famille unie par la reconnaissance ! Que cette disposition à tenir compte de tout, à ne pas oublier le plus léger service, à payer tout par le sentiment, que cette disposition a de prix dans les relations intimes ! comme elle fortifie ces relations touchantes et sacrées ! comme elle nourrit l'affection maternelle ! comme elle encourage le dévouement ! et qu'il est heureux le cœur reconnaissant, satisfait de tous ceux qu'il aime ! »

Outre les devoirs que nous venons d'énumérer, les enfants, devenus assez grands et assez forts, doivent encore se faire un plaisir d'*aider* leurs parents dans leurs travaux : la jeune fille seconde sa mère dans les soins du ménage ; le fils se rend utile à son père autant qu'il le peut. Et si, par malheur, les parents viennent à être malades, les enfants doivent les soigner avec dévouement et par tous les moyens possibles chercher à alléger leurs souffrances. Dans ce cas, le cœur suggère ce qu'il y a de mieux à faire et met de l'adresse au bout des doigts. J'ai vu de toutes jeunes filles être d'excellentes gardes-malades auprès de leur maman.

EXERCICE

Énumérez les différents devoirs des enfants envers leurs parents, et donnez-en les motifs.

A propos de la Reconnaissance

UNE FÊTE CHEZ LE BON DIEU

Un jour le bon Dieu eut l'idée de donner une fête dans son palais d'azur.

Toutes les vertus furent invitées, les vertus seules ; les messieurs ne furent pas conviés, rien que des dames !

Il vint beaucoup de vertus, de grandes et de petites. Les petites vertus étaient plus agréables et plus courtoises que les grandes ; mais toutes semblaient très contentes et conversaient poliment entre elles, comme il convient entre personnes intimes et même parentes.

Mais voilà que le bon Dieu remarqua deux belles

dames qui semblaient ne pas se connaître. Le maître de la maison prit une de ces dames par la main et la mena vers l'autre.

— La *Bienfaisance*, dit-il, en désignant la première. La *Reconnaissance*, ajouta-t-il, en montrant l'autre.

Les deux vertus furent profondément étonnées; depuis que le monde est monde, et il y avait longtemps de cela, elles se rencontraient pour la première fois !

Ivan TOURGUENEF.

L'ÉCUELLE DE BOIS DE L'AÏEUL

Il y avait une fois un homme vieux, vieux comme les pierres; ses yeux voyaient à peine, ses oreilles n'entendaient guère et ses genoux chancelaient. Un jour, à table, ne pouvant plus tenir sa cuiller, il répandit de la soupe sur la nappe, et même un peu sur sa barbe.

Son fils et sa bru en prirent du dégoût et désormais le vieillard mangea seul, derrière le poêle, dans un petit plat de terre à peine rempli. Aussi regardait-il tristement du côté de la table, et des larmes roulaient sous ses paupières; si bien qu'un autre jour, échappant à ses mains tremblantes, le plat se brisa sur le parquet.

Les jeunes gens grondèrent, et le vieillard poussa un soupir. Alors ils lui donnèrent, pour manger, une écuelle de bois. Or, un soir qu'ils soupaient à table, tandis que le bonhomme était dans son coin, ils virent leur fils, âgé de cinq ans, assembler par terre de petites planches.

— Que fais-tu là? lui demandèrent-ils.

— Une petite écuelle, répondit l'enfant, pour faire manger papa et maman quand je serai marié et qu'ils seront vieux.

L'homme et la femme se regardèrent en silence; des larmes leur vinrent aux yeux. Ils firent venir à côté d'eux l'aïeul, qui désormais ne quitta plus la table de famille.

GRIMM.

LES GRANDS PARENTS

— Louise, vous qui avez le bonheur d'avoir encore votre *grand-père* et votre *grand'mère*, parlez-nous d'eux.

— Bien volontiers ; d'autant plus que je suis leur enfant *gâtée*, je dis ce mot dans le bon sens, c'est-à-dire choyée. Ainsi grand-père, d'un aspect si sévère pour tout le monde, devient enfant avec moi. Il se met à ma portée, s'occupe de tout ce qui m'intéresse, adoucit sa voix pour me parler. Quand j'arrive près de lui, sa figure devient riante, son regard attendri m'enveloppe tout entière, il trouve que je grandis, que je me fortifie et que chaque jour apporte du changement en moi. Maman prétend même que son père et sa mère n'ont jamais eu pour elle cette tendresse câline qu'ils ont pour moi.

— C'est vrai, j'en ai fait bien souvent la remarque, le cœur des grands parents devient plus tendre pour leurs petits-enfants. Au moment de quitter la vie ils se rattachent plus fortement à ces petits êtres qui les continueront, qui les remplaceront dans la société et porteront leur nom. Ils laissent au père et à la mère le soin de corriger, de réprimander, de punir; eux se réservent le droit d'aimer. Et vous, Louise, que faites-vous pour répondre à tant d'affection et de bonté?

— Je fais tout ce qui peut leur être agréable. Bonne maman dit que je suis son bâton de vieillesse. Comme elle marche difficilement, je lui donne le bras pour aller au jardin, nous nous promenons ensemble. Puis, je lui enfile ses aiguilles, je vais chercher ses lunettes, j'apporte sa boule d'eau chaude pour mettre sous ses pieds quand elle est à table. Je la remercie ainsi de ce qu'elle a fait pour moi quand j'étais toute petite. Que de fois elle m'a aidée à apprendre mes leçons et consolée dans mes petits chagrins ! que de fois elle m'a fait éviter des punitions !

Pour bon papa, c'est autre chose. Quand ses yeux sont fatigués, je lui lis des articles de journaux ou bien quelques pages d'une revue, d'un livre qui l'intéresse..... beaucoup plus que moi. C'est moi encore qui ai la confiance quand il s'agit d'aller remplir la tabatière vide ou de remettre la canne à sa place accoutumée lorsqu'il arrive de promenade. Grand-père a une conversation qui plaît à tout le monde ; il me fait un cours d'histoire, me raconte des anecdotes, me parle du temps passé, et quand j'ai des devoirs très difficiles à faire, il est mon répétiteur et m'aide un peu...

— C'est bien, chère enfant ; par vos attentions, par vos prévenances affectueuses, vous contribuez, n'en doutez pas, à rendre vos grands parents heureux ; vous embellissez leurs derniers jours, vous êtes le rayon de soleil qui échauffe et réjouit leur cœur. Aussi ces bons vieillards quitteront la vie en vous bénissant.

Quand arrive la vieillesse pour nos parents, c'est alors que nous pouvons leur rendre ce qu'ils ont fait pour nous ; notre plus grand plaisir doit être de leur procurer le repos et de les tenir à l'abri de tous besoins. Malheureusement il n'en est pas toujours ainsi, et, chose triste à dire pour l'humanité, il existe une loi qui *oblige*, qui *contraint* les enfants à nourrir, à loger, à soutenir leurs parents pauvres, âgés et infirmes. Quoi ! le législateur a dû prévoir le cas où des enfants seraient assez ingrats, assez dénaturés pour abandonner leurs parents, pour les laisser dans le dénûment et la misère ! Ah ! détournons vite la vue d'un si navrant spectacle.

LES GRANDS'MÈRES

Vous tous, petits enfants, aimez bien vos grand'mères ;
Entourez-les ; leur âge a des douleurs amères ;
Oh ! formez devant l'âtre une riante cour,

Quand votre aïeule vient au cercle de famille
Chauffer ses membres froids au foyer qui pétille,
    Son cœur à votre amour !

Votre sourire franc, qu'elle aime et qu'elle implore,
Est un rayon d'hiver qui la ranime encore ;
Son frais et vert printemps lui semble refleuri,
Quand son petit-enfant vient gazouiller près d'elle,
Comme un oiseau joyeux qui monte et bat de l'aile
    Sur un arbre flétri.

Ses mains, qu'il faut presser avec mille tendresses,
Sont pleines de jouets et pleines de caresses.
Baisez ses cheveux blancs, diadème béni ;
Qu'il souffle un peu d'amour dans ses chemins arides ;
Un seul baiser d'enfant fait oublier vingt rides
    A son front rajeuni.

Son navire est au port et va plier ses voiles ;
Hâtez-vous, de l'aimer, c'est moi qui vous le dis,
Car déjà son pied touche au seuil du paradis ;
L'ombre envahit ses jours couverts de sombres voiles ;
Nul soleil d'autrefois dans son cœur ne reluit ;
Venez y rayonner : la vieillesse est la nuit,
    Enfants, soyez-en les étoiles !

Oh ! quand vous serez tous plus tristes et plus grands ;
Quand vous saurez penser, mes petits ignorants,
Le soir, en remuant le passé plein de flamme,
De l'aïeule, avec pleurs, vous parlerez encor :
Vos souvenirs d'enfants, comme autant de fils d'or,
    L'auront enchaînée à votre âme !

Mme Anaïs Ségalas.

LES VIEILLARDS

Lorsqu'un enfant a appris au foyer domestique à honorer la vieillesse, à vénérer les cheveux blancs d'un aïeul, il est disposé à entourer d'égards toutes les personnes âgées. C'est aux attentions qu'ils ont pour les vieillards, aux soins qu'il leur rend, à la déférence qu'ils leur témoignent, qu'on reconnaît partout les jeunes gens bien élevés.

Le respect pour l'âge avancé est un de ces traits caractéristiques qui peuvent faire juger des mœurs et du bonheur d'un peuple. Honore-t-elle les vieillards ? demanderais-je à un étranger qui voudrait me faire connaître sa nation. Et, d'après sa réponse, je saurais si l'on y voit régner l'union dans les familles, la prudence dans les conseils, la circonspection dans les entreprises, la douceur dans le gouvernement, et dans l'État la subordination, la paix, l'harmonie. Là où les cheveux blancs ne sont pas en honneur, il n'y a pas même des procédés, et dès lors le charme que les hommes goûtent dans la société de leurs semblables est détruit sans retour.

Un vieillard d'Athènes cherchait place au spectacle, et n'en trouvait point. Des jeunes gens, le voyant en peine, lui firent signe de loin ; il vint, mais au lieu de lui faire une place, ils se moquèrent de lui. Il fit ainsi le tour du théâtre, fort embarrassé de sa personne. Les ambassadeurs de la république de Lacédémone, qui occupaient une place d'honneur au spectacle, s'en aperçurent, et, se levant aussitôt, firent asseoir le vieillard au milieu d'eux. Cette action fut remarquée de toute l'assemblée et accueillie par des applaudissements universels.

LA VIEILLESSE

Quand le soleil de sa carrière
Atteint le terme radieux,
Il a fertilisé la terre
Et prêté sa splendeur aux cieux.

Quand l'arbre antique se couronne,
On se souvient qu'on a goûté
Ses fruits pendant plus d'un automne,
Et son ombre plus d'un été.

Le vieillard que la vertu guide
Ainsi lève un front satisfait,
Où l'on croit lire à chaque ride
La trace du bien qu'il a fait.

Mme A. Tastu.

QUESTIONNAIRE

Quelle conduite doivent tenir les enfants envers leurs grands parents ? — Quels services peuvent-ils leur rendre ? — Pourquoi doit-on honorer les vieillards ?

FRÈRES ET SŒURS

Combien on doit aimer ses frères et ses sœurs
Que ces liens sont doux ! Ensemble dès l'enfance
Unis par les devoirs, unis par la naissance,
Où trouver des amis et plus sûrs et meilleurs !

— Claire a fort bien parlé du père et de la mère, et Louise des grands parents ; Marie va nous parler des *frères* et des *sœurs*. Voyons, Marie, combien avez-vous de frères et de sœurs ?

— J'ai deux frères et une toute petite sœur.

— Les aimez-vous bien, mon enfant ?

— Oh ! oui, madame, de tout mon cœur. Papa dit qu'il est très heureux, parce que ses enfants sont unis comme les cinq doigts de la main. Nous nous plaisons ensemble et nous nous entendons tous les trois pour gâter notre petite Lili, le Benjamin de la famille. Elle est si gentille, si mignonne ! c'est à qui l'aura dans ses bras et lui fera le plus de caresses. Je suis l'aînée, et ce qui m'ennuie un peu, c'est que maman me répète toujours : « Tu es la plus âgée, Marie, tu dois être la plus raisonnable, » et je crois bien que les autres en abusent.

— Votre mère a raison : les aînés doivent de bons exemples aux plus jeunes ; ils doivent les protéger, les aider, s'interposer au besoin dans les dissentiments journaliers et empêcher les taquineries, les querelles, les jalousies. S'aimer entre frères et sœurs, mes petites amies, est un des plus grands charmes de l'existence, et quand l'homme se fait vieux, quand l'expérience de la vie lui a enlevé bien des illusions, il aime à retourner en arrière, à reporter ses pensées vers le foyer paternel, vers les joies pures de son enfance. Il se rappelle comme dans une vision enchantée, ces mille riens qu'on ne pourrait pas raconter et qui font tressaillir. Il aime à se revoir au milieu de ses frères et de ses sœurs, partageant leurs jeux de même qu'il partageait la tendresse de ses parents.

Comme il n'y a pas de religion sans temple, il n'y a pas de famille sans l'intimité du foyer domestique. « C'est un malheur de n'avoir ni frères ni sœurs, dit M. Chaumeil, on est ainsi privé de l'amitié la plus forte, la plus dévouée, la plus inaltérable. L'apprentissage de la vie se fait dans de moins bonnes conditions ; les parents sont portés à gâter un enfant unique, à céder à tous ses caprices, à lui donner des soins amollissants, à prendre de vaines alarmes. L'éducation ainsi énervée ne produit que des âmes égoïstes, des caractères irritables et sans force, incapables de soutenir la lutte de la vie, d'en comprendre les devoirs et surtout de les remplir, également inhabiles à supporter la bonne fortune sans enivrement et la mauvaise avec courage et dignité. »

L'amour fraternel est la plus forte des amitiés. Tous les liens tissus par le bonheur léger sont incertains, mobiles et sans force. Le caprice dénoue ce que le caprice a noué ; la nature seule est sincère ; elle seule repose sur une ancre éternelle, quand tout le reste vacille sur les vagues orageuses de la vie.

Le penchant vous donne un ami, l'intérêt un compagnon ; heureux celui à qui la naissance donne un frère. La fortune ne peut le lui donner. C'est un ami qui est créé avec lui, et il possède un second lui-même pour résister à un monde plein de guerres et de perfidies (1). Quelle douceur ineffable n'y a-t-il pas dans cette pensée : « Nous sommes les enfants d'une même mère, et à peine venus en ce monde nous avons trouvé les mêmes objets à vénérer et à chérir entre tous ! » Les familles divisées ne réussissent pas, celles qui sont unies prospèrent, et Dieu les bénit.

QUESTIONNAIRE

Quels sont les devoirs des frères et des sœurs les uns envers les autres ? — Quelle conduite doivent tenir les aînés envers les plus jeunes ?

L'AMITIÉ

> O divine amitie, félicité parfaite,
> Seul mouvement de l'âme où l'excès soit permis.
> **VOLTAIRE.**

L'amitié! Oh ! mes enfants, que ne suis-je poète pour chanter ce doux sentiment, qui a fait le bonheur de ma vie ! Par elle, j'ai eu mes plaisirs les plus chers, mes joies les plus douces, mes jours les plus beaux. Dieu a fait de l'amitié la grande compensation aux peines et aux chagrins de l'existence. Oui, quelles que soient les épreuves qui nous attendent ici-bas, quelle que soit la rigueur du sort à notre égard, ne nous plaignons pas si nous avons rencontré un ami véritable.

Avoir un cœur qui est vôtre, sur lequel on peut compter toujours, dans la bonne comme dans la mauvaise fortune,

---

1. Schiller.

qui s'associe à nos peines pour les soulager, à nos plaisirs pour les accroître en les partageant, un cœur à qui nous pouvons découvrir nos plus secrètes pensées, à qui nous pouvons dire ce qui se passe au plus intime de l'âme, quoi de plus désirable, quoi de plus précieux ? Aussi, répétons avec Mlle de Scudéry : « La seule rose sans épines dans ce monde, c'est l'amitié. » — Si je vous demandais, Clémence, les devoirs que l'amitié impose, que me répondriez-vous ?

— Je vous dirais d'abord, madame, qu'il faut défendre ses amis quand ils sont absents et qu'on les attaque injustement. Il faut, vous dirais-je ensuite, procurer à ses amis tous les plaisirs possibles et leur être fidèle. Parmi nos compagnes, il y en a qui vous font bon accueil pendant huit jours, quinze jours, et puis passent à d'autres : elles vous quittent et vous reprennent sans cesse.

— Ceci, mon enfant, n'est pas de l'amitié, c'est du caprice, un lien éphémère de camaraderie ; l'ami de tout le monde n'est l'ami de personne. Ne nous lions pas trop facilement, choisissons nos amis entre mille, et quand une fois nous les avons éprouvés, gardons-les. Vous connaissez sans doute ces vers de La Fontaine :

> Chacun se dit ami. Bien fou qui s'y repose !
> Rien n'est si commun que le nom,
> Rien n'est plus rare que la chose.

L'amitié, Clémence, impose encore d'autres devoirs dont vous n'avez pas parlé, par exemple :

Résister à ses amis quand ils veulent le mal, et se bien garder de favoriser leurs défauts, de flatter leurs mauvais penchants ;

Leur donner de bons conseils, et chercher à les remettre dans le bon chemin s'ils s'en sont écartés ;

Les secourir généreusement dans leurs besoins et, ce qui est encore plus parfait, prévenir leurs besoins et leurs désirs. On a dit très délicatement : Lorsque mon ami rit, c'est à lui à m'apprendre le sujet de sa joie ; lorsqu'il pleure, c'est à moi à découvrir la cause de son chagrin.

Il ne faut pas se croire dispensé avec ses amis des marques de prévenance, de politesse et de reconnaissance

Les trois amis (*V. page* 56)

qu'on donne aux autres personnes avec lesquelles on est en relation.

J'ajoute qu'il est bon de chercher ses amis dans un rang ni trop au-dessus, ni trop au-dessous de soi, l'amitié ayant pour condition essentielle une égalité sociale qui ne laisse place à aucun calcul d'intérêt.

Les méchants n'ont que des complices, le commun des hommes oisifs a des liaisons, les hommes vertueux ont seuls des amis. De là cette belle parole du poète :

Pour les cœurs corrompus l'amitié n'est pas faite.

De là ce précepte rigoureux de Massillon : « N'ayez jamais pour amis les ennemis de Dieu. »

L'Amitié d'après les écrivains.

Un jour, sous le charme de l'amitié, je voulus savoir ce que les écrivains en avaient dit et je trouvai des définitions charmantes que je veux vous communiquer. Commençons par ces beaux vers de La Fontaine :

> Qu'un ami véritable est une douce chose !
> Il cherche vos besoins au fond de votre cœur ;
>   Il vous épargne la pudeur
>   De les lui découvrir vous-même.
>   Un songe, un rien, tout lui fait peur
>   Quand il s'agit de ce qu'il aime.

Voici ce que Ducis dit de son côté :

> Un ami ! ce nom seul me charme et me rassure.
> C'est avec mon ami que ma raison s'épure,
> Que je cherche la paix, des conseils, un appui :
> Je me soutiens, m'éclaire et me calme avec lui.

Il dépeint non moins bien l'amitié :

> Noble et tendre amitié, je te chante en mes vers :
> Du poids de tant de maux semés dans l'univers,
> Par tes soins consolants, c'est toi qui nous soulages.
> Trésor de tous les lieux, bonheur de tous les âges,
> Le ciel te fit pour l'homme, et tes charmes touchants
> Sont nos premiers plaisirs, sont nos derniers penchants.

Fréville a écrit ce joli distique :

> Aucun bien n'est égal à la tendre amitié ;
> Un homme sans amis n'existe qu'à moitié.

Après la poésie, la prose ; nous n'avons ici que l'embarras du choix :

Le plus beau présent qui ait été fait aux hommes après la sagesse, c'est l'amitié.

L'amitié ressemble a ces arbres toujours verts qui portent à la fois des fleurs et des fruits.

Aimer, c'est sentir une double existence, posséder une double vie. Un ami, c'est un autre soi-même : en effet, quand je suis avec mon amie, je ne suis pas seule et nous ne sommes pas deux. Mme Swetchine a dit à ce propos : « L'idéal de l'amitié est de se sentir un et de rester deux. »

Il n'est rien de plus délicieux qu'une amitié douce et fidèle. Quel bonheur de trouver une compagne dont la conversation calme nos inquiétudes, dont les avis nous décident pour le parti le plus sage, dont la sagacité dissipe notre tristesse, dont la seule présence nous cause de la joie !

La véritable amitié est un ange consolateur que le ciel a laissé sur la terre pour adoucir les amertumes de la vie.

L'amitié est une bienveillance réciproque, qui rend deux êtres également soigneux du bonheur l'un de l'autre.

Mme Geoffrin nous conseille avec raison « de ne laisser pas croître l'herbe sur le chemin de l'amitié »; et Gœthe prétend que « l'amitié est comme les vieux titres, la date la rend précieuse ». C'est la même pensée que celle-ci : Le nouvel ami est comme un vin nouveau, ce n'est que lorsqu'il vieillit qu'on le goûte avec plaisir.

A côté des amis véritables, il y a les *faux amis*, ceux que l'on compare à des oiseaux de passage, qui viennent à la belle saison et s'en vont à la mauvaise. On dit aussi que ces sortes d'amis ressemblent à l'ombre du cadran solaire, qui s'évanouit avec le soleil. Ponsard a donc eu raison de dire :

> Heureux, tu compteras des amitiés sans nombre,
> Mais adieu les amis si le temps devient sombre.

Horace a dit sans figure : « Quand les tonneaux sont à sec, les amis s'en vont au plus vite. »

———

LES TROIS AMIS

Ne crois pas au dévouement de ceux qui se disent tes amis avant de les avoir mis à l'épreuve ; car tu auras toujours plus d'amis autour de ta table bien servie qu'à la porte d'un cachot.

Un homme avait trois amis. Deux lui étaient surtout très chers ; le troisième lui était indifférent, quoique celui-ci lui apportât un attachement sincère.

Un jour, il fut appelé en justice, accusé, bien qu'innocent, d'un grand crime : « Qui d'entre vous, dit-il, veut venir avec moi et témoigner en ma faveur? car une grande accusation pèse sur moi, et le roi est en colère. »

Le premier de ses amis s'excusa à l'instant de ne pouvoir l'accompagner, retenu par d'autres affaires. Le second le suivit jusqu'aux portes du palais de justice ; là, il s'arrêta et retourna sur ses pas, redoutant la colère du juge. Le troisième, sur lequel il avait compté le moins, entra, parla en sa faveur, et témoigna de son innocence avec tant de conviction, que le juge le renvoya absous et le récompensa.

L'homme a trois amis en ce monde : comment se comportent-ils à l'heure de sa mort, lorque Dieu l'appelle devant son tribunal? L'*argent*, son ami chéri, le délaisse d'abord et ne va pas avec lui. Ses *parents* et *amis* le suivent jusqu'aux portes du tombeau, et retournent dans leurs demeures. Le troisième, dont il s'est souvent le moins inquiété dans la vie, ce sont ses *bonnes œuvres* ; elles seules l'accompagnent jusqu'au trône du juge ; elles le précèdent, parlent en sa faveur, et trouvent miséricorde et grâce.

HERDER.

BEAUX TRAITS D'AMITIÉ

Eudamidas, de Corinthe, touchait à sa dernière heure, et laissait sa mère et sa fille dans la plus grande indigence. Il n'en fut nullement alarmé, et jugeant du cœur de deux fidèles amis par le sien propre, il fit ce testament : « Je lègue à Aréthus le soin de nourrir ma mère et de l'entretenir dans sa vieillesse ; à Calixène, celui de doter ma fille et de la marier. Et si l'un des deux vient à mourir, je lui substitue l'autre. » Ces deux citoyens généreux remplirent scrupuleusement les dernières intentions de leur ami.

*
* *

Pechméja, littérateur distingué, et Dubreuil, médecin célèbre, étaient unis par une tendre amitié. Dubreuil, atteint d'une maladie grave, dit un jour à son ami : « Pourquoi tout ce monde dans ma chambre ? il ne devrait y avoir que toi, puisque mon mal est contagieux ? »

Ames sublimes! toutes deux également admirables! car on ne sait qui portait le plus loin l'héroïsme de l'amitié, ou celui qui pouvait tenir un tel langage, ou celui qui s'était rendu digne de l'entendre.

*
* *

Mme de La Sablière recueillit La Fontaine vingt années chez elle. Le célèbre fabuliste était de la plus grande insouciance sur ses affaires ; Mme de La Sablière s'en occupait pour lui. Elle ne fut pas seulement son amie, elle fut son économe : elle réglait toutes ses dépenses, et se faisait un plaisir d'entrer dans tous ces détails minutieux que l'amitié ennoblit. Quand La Fontaine perdit une amie si précieuse, M. Hervart la remplaça. « J'ai appris, dit Hervart à La Fontaine, que vous avez perdu Mme de La Sablière, et je viens vous proposer de venir vous établir chez moi. — J'y allais, » lui répondit il. Ce mot fait l'éloge de tous deux.

Le célèbre avocat Patru, pressé par la nécessité, sur ses vieux jours, se vit obligé de vendre sa bibliothèque. Boileau l'acheta, la paya et exigea que son ami en gardât la jouissance jusqu'à sa mort.

SUJET DE RÉDACTION

1. Décrire ce doux sentiment qu'on appelle l'amitié. — 2. Charmes de l'amitié et devoirs qu'elle impose. — 3. Ce qu'il faut observer dans le choix des amis. — 4. Citer quelques jolies définitions de l'amitié empruntées aux écrivains.

LES SERVITEURS

> Pour être content de tous points du
> serviteur, le plus sûr serait de se servir
> soi-même.
>
> FRANKLIN.

Dans l'antiquité, la famille comprenait tout ce qui vit sous le même toit, tout ce qui se groupe sous le même foyer; pour que notre étude soit complète, il nous reste donc à parler des *domestiques*, ou attachés à la maison, suivant l'étymologie[1]. — Voyons, Juliette, il y a chez vous des servantes, des femmes qui viennent en aide à

---

1 *Domestique* vient, en effet, du latin *domesticus*, de *domus*, maison

votre mère pour tout le travail de l'intérieur; eh bien! quelles sont les qualités qui vous semblent le plus utiles dans ces personnes?

— Il me semble que la première qualité d'un serviteur, en général, est l'honnêteté, je veux dire la probité. C'est un supplice que de vivre dans une méfiance continuelle sous ce rapport.

La seconde qualité indispensable est l'obéissance. Le serviteur, en effet, doit se soumettre à la volonté de ses maîtres pour tout ce qui regarde son service. Il faut aussi qu'il soit poli, laborieux, actif, et qu'il ne gaspille, en un mot, ni le temps, ni l'argent de ses maîtres. Je ne parle pas ici de la propreté, de la discrétion, de l'exactitude,— toutes qualités que devraient posséder domestiques... et maîtres !

— Oui, voilà bien le résumé des devoirs des serviteurs; maintenant il est bon de parler des obligations des maîtres, car le devoir dérive du droit : pas de droit sans devoir.

Pour nous porter à être justes envers nos domestiques, il faut nous rappeler qu'ils sont nos égaux devant Dieu; nous devons les considérer comme des ouvriers qui ont engagé leur travail en échange d'un salaire, du vivre et du couvert; les maîtres s'engagent aussi à les traiter avec égards, comme leurs semblables et non comme leurs esclaves.

Je demandais un jour à une dame, entourée d'un nombreux personnel, quel était son secret pour avoir de bons domestiques ; elle me répondit en souriant : « J'étudie avec soin les sujets qui se présentent, je les prends à l'essai, je fais mes remarques, je renvoie sans pitié ceux qui me semblent entachés de vices, qui ont des défauts marquants, capitaux. Mais quand j'ai mis la main sur une bonne nature, — quoique nécessairement imparfaite, — je la forme, je m'en fais aimer, et le reste n'est rien.

— Justement, voici la difficulté : comment s'en faire aimer ?

— Ce n'est pas aussi difficile qu'on pourrait le croire ; je suis cette règle de conduite :

« Je ne commande à mes serviteurs que des choses justes ;

« Je leur parle sans hauteur, sans rudesse ; je les traite même avec bienveillance, tout en évitant la familiarité ;

« Je les remercie poliment chaque fois qu'ils me rendent un service direct ;

« Je ne les gronde jamais sans motifs sérieux, et je me garde bien de les réprimander devant des étrangers, pour ne pas les humilier ;

« Je ne leur demande que le travail qu'ils peuvent faire dans une journée, sans se fatiguer à l'extrême ;

« Je les paye exactement et m'occupe un peu de leurs intérêts matériels, du placement de leurs petites économies ;

« Quand ils sont souffrants ou malades, je me plais à leur donner des soins et à leur prouver en toute circonstance l'intérêt que je leur porte. Aussi, tout va à merveille dans ma maison, et je ne puis m'empêcher de croire que, sauf quelques exceptions, les bons maîtres font les bons serviteurs. »

Vous êtes-vous jamais demandé, mes enfants, combien la position des domestiques est pénible ? Ils ont à se soumettre aux volontés de leurs maîtres, à accepter leurs réprimandes ; ils ne sont pas libres de faire ce qu'ils veulent, d'aller où bon leur semble. Soyons donc indulgents, ne montrons pas une exigence exagérée pour leur service et conduisons-nous envers eux comme nous voudrions que l'on se conduisît envers nous si nous étions dans la condition où ils se trouvent.

Souvent les maîtres croient être quittes envers leurs serviteurs quand ils leur ont payé leur salaire ; c'est une

erreur. C'est encore une obligation pour eux de leur
donner le bon exemple, de veiller sur leur conduite et
leur moralité. Mais, en retour, si les domestiques veulent
être traités comme faisant presque partie de la famille,
il faut qu'ils s'en rendent dignes par leur fidélité et un
véritable attachement aux intérêts de leurs maîtres.

Choix et direction des domestiques.

Le choix des domestiques est d'une grande importance.
Comme ce sont eux qui traitent au dehors et font la dépense, le trésor de la maison est, en quelque sorte, entre
leurs mains. Sans doute, de grandes malversations ne
leur seraient guère possibles ; mais une suite de petites
négligences peut porter à la longue des atteintes assez
graves à un budget modeste et strictement suffisant.
Mais ce n'est là qu'un des moindres côtés de l'influence des serviteurs dans une maison ; le point le plus
grave, c'est leur familiarité avec les enfants : or, sans
abandonner en aucune façon les enfants, il est impossible
qu'une mère de famille n'ait pas souvent besoin de se
faire suppléer ou remplacer par des domestiques ; de là,
la nécessité d'exiger les garanties les plus sérieuses
d'honnêteté, de fidélité, de bonne conduite des personnes
auxquelles on confie les enfants.
Mais il ne sert de rien de bien choisir ou de bien rencontrer, si l'on ignore l'art de diriger et de gouverner. C'est un art très difficile et qui est loin d'être
commun. La maîtresse de maison doit sans doute avoir
l'œil toujours ouvert ; mais elle doit savoir aussi qu'aucune créature n'apprend à bien faire si on ne la laisse
agir avec une certaine liberté. Surveillance et confiance,
tels sont les deux principes d'un sage gouvernement do-

mestique. Sans la première, on est trompé ; sans la seconde, on se trompe soi-même en privant le serviteur du ressort le plus énergique de l'activité humaine, la responsabilité et l'honneur.

Quelque sagesse qu'une maîtresse de maison apporte dans le choix et la direction des domestiques, il est un principe qu'elle ne doit pas oublier : c'est que ces personnes, malgré l'humilité de leur condition, sont des créatures humaines et raisonnables, qui doivent être traitées avec bienveillance.

Certaines femmes ne veulent pas supporter que les domestiques aient des défauts ; elles ne veulent pas même comprendre que l'infériorité d'éducation soit déjà une source d'idées fausses qui doivent avoir leurs conséquences dans le caractère. Il semble que le travail de la domesticité soit une chose facile. Comme rien n'est plus aisé que d'avoir des fantaisies, on trouve que rien ne doit être plus facile aux autres que de les deviner et de les satisfaire. C'est une grande erreur ; et pour s'en convaincre, il suffit de se demander à soi-même si l'on accomplit scrupuleusement et minutieusement toutes ses obligations [1].

LA COUPE DE L'ÉCHAFAUD

Le duc de Norfolk, parent et héritier du trône de la reine Élisabeth, avait conspiré avec ses vassaux pour enlever la reine Marie Stuart de son cachot et pour lui rendre son trône. Élisabeth découvre le complot, fait arrêter et condamner Norfolk à avoir la tête tranchée sur

---

1 P Janet *La Famille.*

un échafaud dressé dans la tour de Londres. Le duc, accompagné de ses amis, à qui il était permis alors de faire cortége au mourant, s'avance fièrement vers le lieu du supplice. Arrivé au pied de l'échafaud, il a soif et demande à boire. Une femme âgée et voilée, qui l'avait suivi tout en pleurs, lui présente une coupe que le duc

Une femme âgée lui présente une coupe

reconnut aussitôt : c'était sa propre coupe, celle de ses ancêtres, et cette femme prévoyante et attentive jusqu'à la mort était sa nourrice, la servante de ses châteaux. Elle versa de l'ale dans la coupe ; le patient y trempa ses lèvres. Lorsqu'il rendit la coupe vide à la pauvre femme, elle saisit et baisa en pleurant la main de son maître. « Que Dieu te bénisse ! lui dit le duc, et que nos enfants te vénèrent à cause de ce que tu as fait ! » Puis, comme il sentait qu'il s'attendrissait à l'heure où l'homme a besoin de sa force, il monta rapidement les degrés de l'échafaud, appuyé sur le bras du doyen de Saint-Paul.

L'antiquité n'a rien de plus naïf, rien de plus touchant

que cette coupe reconnue à l'heure où on laisse tout sur la terre, et cette main de servante tendant au seigneur la coupe de l'échafaud.

LAMARTINE.

LA FEMME DE CHAMBRE

Un homme très riche, ayant éprouvé les plus grands revers de fortune, se vit obligé de se restreindre à la plus sévère économie. « Je viens, dit-il à sa femme, de me défaire de tout le luxe que nous permettait autrefois la fortune que nous avons perdue, et je ne puis me dispenser de vous prier de m'imiter en cela. Vous avez une femme de chambre à laquelle vous êtes attachée, et c'est avec peine que je vous demande de la remercier, mais ce sacrifice est nécessaire. »

Quelque pénible que lui fût cette séparation, la maîtresse en sentit la nécessité et s'y résigna. Elle appela sa femme de chambre, lui annonça ses intentions et lui témoigna une vraie tristesse de cette séparation. « Madame, lui répondit cette fille, veuillez me permettre de vous continuer mes services ; j'espère qu'ils équivaudront aux frais de ma nourriture, je ne veux d'autre rétribution que le bonheur d'être auprès de vous. »

Quelque temps après, on annonce que le dîner est servi. Le maître de la maison, à qui cette conversation avait été racontée, passe dans la salle à manger et fait mettre un troisième couvert. Attendez-vous quelqu'un ? lui dit son épouse. — Non ; faites venir, s'il vous plaît, votre femme de chambre. On l'appelle, elle vient ; il la prend par la main et lui dit : Mademoiselle, la noblesse de vos sentiments, la bonté de votre cœur vous font notre amie ; prenez place à côté de nous, et dorénavant vous n'en aurez point d'autre.

QUELQUES ANECDOTES

— Êtes-vous là, Victorine ?
— Oui, Madame.
— Que faites-vous ?
— Rien, Madame.
— Et vous, Annette, êtes-vous là ?
— Oui, Madame.
— Que faites-vous ?
— Madame, j'aide Victorine.
— Quand vous aurez fini, vous viendrez me coiffer.

* * *

— Lorsque je rentre, disait Mme B*** à sa femme de chambre, je vous trouve souvent à dormir. — Madame, c'est que je n'aime pas rester à ne rien faire.

* * *

— Julie, qu'avez-vous fait de la lettre que j'ai laissée ce matin sur mon secrétaire ? — J'ai été la jeter à la poste. — Comment ! vous ne vous êtes donc pas aperçue que l'adresse n'y était pas ? — Si, Madame ; mais j'ai pensé que vous ne vouliez pas que je susse à qui elle était adressée.

QUESTIONNAIRE

Quelles sont les qualités qu'on aime à rencontrer dans un domestique ? — Comment s'y prendre pour avoir de bons serviteurs ? — Quelle règle de conduite faut-il tenir envers eux ?

L'ENFANT DANS L'ÉCOLE

Ce sont les sots qui disent que l'âge de la jeunesse est fait pour qu'on s'amuse : le jeune âge est fait pour qu'on y prenne de bonnes habitudes qui puissent être utiles pendant la vie.

J.-B SAY.

Nous avons parlé longuement de la famille et des devoirs qu'elle nous impose ; aujourd'hui, nous allons nous entretenir de l'école, c'est-à-dire du lieu où les enfants sont admis pour recevoir l'éducation et l'instruction. J'ai lu quelque part cette gracieuse définition : « L'école, c'est une autre maison commune, c'est l'asile de l'étude et de la vertu, c'est le refuge contre l'oisiveté et les vices qu'elle engendre. L'école, c'est un nid bien recueilli, bien caché, tout enveloppé de caressantes ailes, sous lesquelles gazouille l'incessant murmure d'une grande couvée, qui bientôt doit prendre son vol au milieu de la société.

— L'école, ce n'est pas encore l'atelier des travailleurs, mais c'en est le vestibule ; ce n'est pas encore le rude labeur au bras vigoureux qui gagne le pain de la famille, mais c'est l'indispensable enseignement des connaissances variées sans lequel on ne peut rien plus tard. L'école, c'est l'arène où de jeunes enfants, l'amour de la religion, la joie de la famille, l'espoir de la société, viennent préluder aux luttes qu'ils auront à soutenir dans le cours de leur vie. »

Voyons l'utilité de l'école.

Dans un beau jour de printemps, un père de famille, avec sa petite fille, visitait un jardin. L'enfant contemplait avec attention les arbres et les autres plantes. — Pourquoi cet arbre est-il si beau et si droit, disait Léonie à son père, et pourquoi l'autre ne l'est-il pas ? — C'est, répondit le père, qu'on a ainsi dressé celui-ci dans le principe, qu'on l'a palissé [1] et taillé ; tandis qu'on a laissé croître celui-là sans aucun soin. — Et pourquoi ces fleurs sont-elles déjà si belles, tandis que les autres, de la même espèce, sont à peine ouvertes ? — Parce qu'elles sont mieux cultivées que les autres. — Tout dans un jardin dépend donc des soins et de la culture ? dit Léonie. — Oui, mon enfant, répond le père.

Ceci est une leçon pour nous. Pour qu'un jardin soit agréable à la vue, pour qu'il donne de belles fleurs et produise de bons fruits, il faut nécessairement le cultiver, sans quoi les mauvaises herbes l'envahiraient, il n'y aurait plus que des épines et des ronces ; de même, si l'on veut que l'homme soit ce qu'il doit être, vertueux, instruit, bon et honnête, il est indispensable de cultiver son cœur et de développer en lui toutes les facultés qui ne sont qu'en germe.

Quand nous sortons des mains de la nature, nous sommes comme un bloc de marbre. Pour nous rendre tels que nous devons être, il faut qu'on nous redresse, qu'on nous instruise, qu'on nous éclaire, ainsi qu'on travaille et qu'on polit le marbre pour en avoir une belle statue. Voilà pourquoi les enfants doivent aimer l'école et ne pas ressembler à l'écolier dont parle M. Tournier dans les vers suivants :

> — Qu'il fait sombre dans cette classe !
> Rien qu'un mur gris, un tableau noir,
> Et puis toujours la même place,
> Et toujours le même devoir !
> Toujours, toujours ce même livre,
> Et toujours ce même cahier !
> Peut-on appeler cela vivre ?
> Moi, je l'appelle s'ennuyer !
> Ainsi parlait, dans son école,
> Un petit écolier mutin.

---

1. Palisser, étaler et fixer en espalier les branches d'un arbre.

> Le maître alors prit la parole
> Et lui dit : — Quoi ! chaque matin,
> Toujours de cette même chaire
> Répéter la même leçon,
> Enseigner la même grammaire
> A ce même petit garçon,
> Qui reste toujours, quoi qu'on fasse,
> Ignorant, distrait, paresseux !
> Lequel devrait, dans cette classe,
> S'ennuyer le plus de nous deux ?
> Tu le vois, l'élève et le maître
> Ont chacun son joug à charger,
> Mon enfant ; mais veux-tu connaître
> Le vrai moyen de l'alléger ?
> Accepte-le du Seigneur même,
> En le portant pour le servir ;
> Aime ton maître comme il t'aime :
> C'est tout le secret d'obéir.

Le bon écolier, loin de se plaindre d'aller en classe, s'y rend chaque jour avec empressement, avec exactitude ; il ne la manque jamais sans une raison grave, car alors il ne serait plus au courant des leçons et ne pourrait plus lutter avec ses camarades ; il y porte un air de contentement qui fait plaisir à voir, sa physionomie est ouverte et gaie.

En classe, il se montre travailleur, docile, appliqué. Il a de la persévérance, ne se laisse pas rebuter par les difficultés qu'il rencontre, et ne perd jamais courage, car il sait qu'on n'obtient rien sans peine. Il reçoit les réprimandes sans murmurer, convient simplement de ses torts et en a du regret. Le bon écolier écoute attentivement ce que dit le maître, accomplit ses devoirs avec ponctualité, apprend ses leçons en conscience ; il reçoit bientôt sa récompense : il acquiert de l'instruction, contente son maître et fait le bonheur de ses parents, car l'une des plus grandes joies qu'un enfant puisse procurer à son père et à sa mère est de bien étudier et d'être ce qu'on est convenu d'appeler *un bon écolier*. Le bon écolier s'appellera plus tard un honnête homme, un homme honorable, ayant l'affection de sa famille et l'estime de ses semblables. Il n'en sera pas de même du mauvais écolier.

On a remarqué que la plupart des hommes qui n'arrivent à rien, qui végètent dans la position qu'ils occupent, ou sont dans la misère, ont été des enfants paresseux, de mauvais écoliers. Quand une flèche est mal lancée, elle ne peut arriver au but ; or, ces enfants, pendant leurs cinq ou six années d'école, ont gaspillé leur temps, et le temps perdu ne revient pas ! Ils ont ri, ils ont joué, ils se sont amusés, ils ont troublé les classes, dissipé leurs camarades, fatigué leurs maîtres, désespéré leurs parents ; mais où cela les a-t-il menés ? à l'état misérable où ils se trouvent ; et maintenant, ils répètent avec tristesse : Pourquoi n'ai-je pas écouté mes maîtres ? Ah ! si j'avais su !

Et moi, pour compléter l'adage, j'ajoute : Si jeunesse savait ! si vieillesse pouvait !

La jeunesse est l'âge de l'enthousiasme, de l'illusion, des rêves ; elle croit volontiers que les choses se passeront comme elle le désire, elle va de l'avant sans s'inquiéter du résultat, sans prévoir les conséquences. Si elle savait..., que d'actions dont elle s'abstiendrait, que de paroles elle tairait et aussi que de chutes elle éviterait !

Si vieillesse pouvait... Ah ! souvent elle retournerait en arrière pour recommencer une vie nouvelle, elle agirait tout différemment, elle profiterait de l'expérience acquise. Mais, hélas ! il est trop tard ; regrets inutiles, le temps passé ne revient plus ; les eaux vont à l'Océan, les jours à l'éternité !

SUJET DE RÉDACTION

1 Expliquez pourquoi les enfants doivent aimer l'école. — 2. Nommez les qualités du bon écolier. — 3. Comparez le bon écolier au mauvais et dites quel est le plus heureux.

Devoirs envers les maîtresses

> L'éducation de la jeunesse est une sorte
> de sacerdoce ; sans s'élever à la sublimité
> de la tendresse paternelle, celle d'un maître
> peut cependant en approcher.
>
> B

— Nous avons vu, mes petites amies, le beau résultat que Fénelon a obtenu auprès de son élève le duc de Bourgogne ; mais si cet enfant n'avait pas eu un précepteur aussi vertueux, aussi capable, on se demande avec effroi ce que serait devenu le petit-fils du grand roi.

— Que de peines il a dû donner à son précepteur ! et si les maîtres n'avaient que de semblables élèves, je les plaindrais.

— En effet, ma chère Yvonne ; mais je vous ferai remarquer que le royal enfant aimait et respectait son maître, qu'il admirait ses vertus, reconnaissait son mérite, que les enseignements de chaque jour tombaient tous en bonne terre et portaient des fruits. Comme je vous l'ai déjà dit, ce n'est pas tout que d'ensemencer, il faut que la semence soit fécondée. Or, le duc de Bourgogne répondait aux soins de son maître, et, malgré son caractère altier, il mettait à profit les leçons qui lui étaient données. Il conserva pour son maître l'affection la plus tendre et se montra le plus reconnaissant des élèves.

— Quand nous réfléchissons, madame, à vos bontés pour nous, à la peine que vous vous donnez pour nous instruire, nous en sommes bien touchées ; nous trouvons que la tâche des maîtres et des maîtresses n'est pas facile et qu'il leur faut bien du dévouement.

— Yvonne a raison, madame ; vos journées se passent dans un travail continuel, jamais vous n'avez un moment de repos : le matin avant la classe vous préparez les devoirs de la journée ; pendant la récréation, vous nous surveillez ; le soir, lorsque nous pouvons nous reposer et prendre nos ébats, vous vous occupez de nouveau des leçons du lendemain.

— La peine n'est rien pour moi, mes chères enfants, c'est avec bonheur que je vous consacre tous les instants de ma vie. Vous m'aimez et vous m'obéissez, c'est là ma récompense. Je vous aime aussi, vous le savez ; c'est pourquoi rien ne me coûte, et si la tentation me vient de me plaindre de la fatigue, je pense, mes amies, que je travaille pour votre bien, que vous me ferez honneur en devenant d'abord d'aimables jeunes filles, plus tard de bonnes épouses, de bonnes mères de famille, et alors . je reprends courage, je ne sens plus de fatigue.

— Puisque nous parlons des maîtres et des élèves, résumez-moi donc, Yvonne, les devoirs des enfants envers leurs maîtres, en général.

— Il me semble que nos devoirs envers nos maîtres sont à peu près les mêmes que nos devoirs envers nos parents : nous leur devons le respect, l'obéissance, la reconnaissance et l'affection.

— Parfait, mon Yvonne ; mais donnez les raisons de ces devoirs.

— C'est bien simple. Nous devons obéir à nos maîtres et les respecter, parce qu'ils sont revêtus de l'autorité de notre père et de notre mère. Nous devons les aimer et avoir pour eux une sincère reconnaissance, parce qu'ils nous prodiguent leur dévouement.

— C'est bien, ma petite amie ; en effet, pendant que l'enfant est à l'école, le maître représente auprès de lui les parents et en exerce l'autorité ; il a pour un temps une partie de leurs obligations et, par suite, une partie de leurs droits. Voilà pourquoi l'enfant doit à son maître le respect et l'obéissance qu'il devrait à ses parents mêmes ; ce sont ses premiers devoirs d'écolier.

« La reconnaissance pour ceux qui ont travaillé à notre éducation, dit Rollin, fait le caractère d'un honnête homme et est la marque d'un bon cœur. Qui de nous a été instruit avec quelque soin, à qui la vue ou même le simple souvenir de ses précepteurs, de ses maîtres et du lieu où il a été nourri ou élevé ne fasse un singulier plaisir? Que les jeunes gens conservent toujours un grand respect pour leurs maîtres, aux soins desquels ils sont redevables de s'être corrigés de leurs défauts et d'avoir pris des sentiments d'honneur et de probité.

Leur exactitude et leur sévérité déplaisent quelquefois dans un âge où l'on est peu en état de juger des obligations qu'on leur a; mais, quand les années ont mûri l'esprit et le jugement, on reconnaît que ce qui nous donnait de l'éloignement pour eux, je veux dire les avertissements, les réprimandes et la sévère exactitude à réprimer les passions d'un âge imprudent et inconsidéré, est précisément ce qui les doit faire estimer et aimer. »

Si la moindre de nos actions s'agrandit lorsque ses conséquences peuvent s'étendre sur les générations futures, si la société doit quelque reconnaissance au cultivateur qui plante un arbre, afin qu'il offre un jour son ombre au voyageur fatigué, celui qui forme à la vertu de jeunes citoyens qui en formeront d'autres à leur tour, celui qui met dans leur cœur des germes heureux qui fructifieront après lui et passeront à la postérité la plus reculée, n'est-il pas le bienfaiteur, le restaurateur de la patrie ?

En apprenant la mort d'Aristote, son ancien précepteur et son ami, Alexandre le Grand témoigna un regret aussi vif et aussi profond qu'à la mort même du roi Philippe son père, et comme on en paraissait surpris : « A qui dois-je le plus de reconnaissance, s'écria-t-il ? Mon père m'a donné la vie ; mais mon précepteur m'a enseigné à en faire un bon usage. »

L'empereur Théodose le Grand, en confiant l'éducation de son fils Arcadius à un homme de mérite nommé Arsène, lui dit ces belles paroles : « Vous serez désormais son père plus que je ne le suis moi-même. » Mais, peu content de tenir ce langage, il voulut que son fils en fît la règle de sa conduite. Étant entré un jour dans une chambre où Arsène instruisait Arcadius, il vit le maître debout pendant que le disciple était assis. Il en témoigna sa surprise et fit même au maître des reproches de ce qu'il ne conservait pas assez de supériorité. Arsène s'excusa de ce qu'il n'était pas de la bienséance qu'un prince revêtu de la pourpre restât debout devant lui. Théodose, qui voulait inspirer à son fils un grand respect pour son maître, lui fit aussitôt quitter les marques de sa dignité, et lui ordonna de se tenir debout, la tête découverte devant son précepteur.

EXERCICE

Dites quels sont les devoirs des élèves envers leurs maîtres et expliquez-en la raison. — La sévérité des maîtres, les punitions qu'ils infligent doivent-elles influer sur l'affection de leurs élèves ?

Les Camarades

Un jour, je reçus la visite d'une mère accompagnée de sa fille ; elle me dit ces mots, qui me frappèrent beaucoup alors : « Madame, je désire mettre ma fille en pension ; elle a treize ans, j'aurais pu sans difficulté continuer son éducation moi-même à la maison ; mais ce serait l'isoler, la priver d'un des grands plaisirs de la vie, et je m'en garderai bien. Je veux que Berthe ait des amies de pension, des compagnes avec lesquelles elle aura vécu plusieurs années et qu'elle retrouvera dans le monde. »

Je n'avais jamais réfléchi à cette raison, donnée par une mère de famille, d'un des bienfaits de la pension : raison que je trouvai juste et bonne.

L'école, la pension, c'est en effet, en petit, une société : on vit en commun, on reçoit les mêmes leçons, on travaille de concert et on s'amuse ensemble, les relations s'établissent et l'amitié naît. Ces affections de l'aurore de la vie se conservent toujours. Quand, après de longues années, deux femmes, anciennes amies de pension, se rencontrent par hasard dans le monde, leur figure s'épanouit, elles s'embrassent avec joie, et, au bout de quelques instants, on dirait qu'elles ne se sont jamais quittées.

Au milieu de mille et une questions, on entend invariablement ces mots : « Vous rappelez-vous, Marie, nos jeux sous les tilleuls de la grande allée ? — Oui, je m'en souviens, et aussi de vos cent vingt tours de corde tandis que je ne pouvais arriver qu'à soixante...» Puis, cette première expansion passée, on se regarde plus attentivement, on se trouve, non pas précisément vieillies, mais un peu changées... Il y a si longtemps qu'on ne s'était vues ! Puis, la physionomie prend parfois un air de tristesse. « J'ai eu bien des malheurs depuis, j'ai perdu un enfant, dit l'une. — Je n'ai plus de mère, » reprend l'autre, et, naturellement, cette phrase vient sur les lèvres : « Quels bons jours nous avons passés ensemble ! quel heureux temps que celui de la pension ! »

Oui, vous avez raison, mesdames, la jeunesse est le plus beau temps de la vie, celui où l'on a le plus de bonheur. Nul au matin d'un beau jour d'été ne peut prévoir les tempêtes du soir.

Il n'y a que les mauvais élèves qui osent se plaindre des années passées au pensionnat. Comment, en effet, goûter des plaisirs quand on est toujours en révolte avec ses maîtres, toujours réprimandé ou puni, toujours en querelles avec ses camarades et en guerre ouverte avec sa conscience ?

Lorsqu'on a été pour toutes ses compagnes de classe
ce qu'on devait être, on les revoit toujours avec plaisir.
Aussi est-il bon de donner de soi, dès l'enfance, une impression favorable. Rien n'est plus ennuyeux que d'entendre dire : « Ah! Louise, oui, je me la rappelle.
Qu'elle était donc orgueilleuse! quel caractère détes-

— Je me souviens de vos cent vingt tours de corde. (V. page 7.)

table! Euphémie, ah! quelle paresseuse, jamais on n'a
pu rien en tirer, elle était invariablement la dernière
dans toutes les compositions... » Louise a pu changer
depuis et être devenue une femme charmante, mais la
mauvaise impression reste toujours. Euphémie a pu
acquérir quelque science, mais elle ne passera pas moins
pour une ignorante. Une première faute grave décide
souvent de la réputation de toute la vie; un grand écrivain a dit à ce sujet :

Le premier pas... que l'on fait dans le monde,
C'est celui dont dépend le reste de nos jours :
Imprudent une fois, on vous le croit toujours;

> L'impression demeure. En vain, croissant en âge,
> On change de conduite, on prend un air plus sage,
> On souffre encor longtemps de ce vieux préjugé,
> On est suspect encor lorsqu'on est corrigé ;
> Et l'on a vu souvent payer dans la vieillesse
> Le tribut des défauts qu'on eut dans la jeunesse.

Soyez donc, mes chères petites, de bonnes camarades dans toute l'acception du mot; montrez-vous indulgentes, complaisantes les unes pour les autres. Vous pouvez avoir vos préférences, mais cela n'empêche pas d'être aimables pour toutes vos compagnes. Mille fois l'occasion se présente de leur être utile : c'est une plume à prêter, un crayon à tailler, un bon conseil à donner. Évitez les taquineries, les moqueries, les jalousies. Si vos compagnes ont du succès, tâchez d'en avoir de même et travaillez en conséquence.

Comme je vous le disais tout à l'heure, la vie dans l'école, dans la pension, est le prélude de la vie dans la société; et si vous avez été bonnes et gracieuses vis-à-vis de celles qui ont partagé vos jeux, vous récolterez dans votre vie entière ce que vous aurez semé, et vos compagnes d'autrefois seront heureuses de devenir vos amies de l'heure présente.

EXERCICE

Décrivez pour les enfants quelques avantages de la vie de pension ou de l'école. — Nommez les qualités voulues pour être une bonne camarade.

LA PATRIE

— Si je vous demandais, mon Amélie, de me définir la Patrie, que me répondriez-vous?

— Madame, je ne trouverais rien de mieux que de

dire ces vers de Mme de Girardin, que vous m'avez fait apprendre autrefois.

> . . . . La patrie est le lieu
> Où l'on aima sa mère, où l'on connut son Dieu ;
> Où naissent les enfants dans la chaste demeure,
> Où sont tous les tombeaux des êtres que l'on pleure.
> En vain l'on nous condamne à n'y plus revenir,
> Notre pieux instinct l'habite en souvenir ;
> Nous l'aimons, malgré tout, même injuste et cruelle.
> Et pour ce noble amour il n'est point d'infidèle.

Je sais aussi des vers de M. Violeau ; il me semble qu'ils complètent parfaitement la définition de Mme de Girardin. — Eh bien, chère enfant, répétez-les ; nous les entendrons avec plaisir :

> La patrie est le toit, le foyer, le berceau,
> Le clocher d'une église, un verger, un ruisseau,
> Une fleur, un ramier qu'on écoute à l'aurore.
> Mais, ne l'oublions pas, elle est bien plus encore,
> Elle est le souvenir ! le souvenir pieux
> Qui transmet aux enfants la gloire des aïeux !
> Saint Louis, Henri Quatre, orgueil de la couronne,
> Les guerriers, les savants dont le monde s'étonne,
> Du Guesclin et Bayard, Bossuet et Pascal,
> Turenne et Catinat, Corneille et son rival,
> Tous ces hommes géants qu'on révère et qu'on aime
> Ne sont point des Français, c'est la France elle-même.

— Pour parler en prose, je vous dirai simplement que la patrie est le pays où l'on est né. Le mot *patrie* signifie littéralement « le pays de nos pères » ; c'est le sens le plus expressif qu'on puisse lui donner, car il relie le présent au passé et, nous rappelant que la patrie d'aujourd'hui était la patrie d'hier, il semble nous convier à l'union et au respect de nos ancêtres.

La patrie, dirai-je encore, c'est la commune mère,

l'unité dans laquelle se pénètrent et se confondent les individus isolés; c'est le nom sacré qui exprime la fusion volontaire de tous les intérêts en un seul intérêt, de toutes les vies en une seule vie perpétuellement durable.

Les anciens ne séparaient pas, dans leurs affections publiques, Dieu et le sol, la religion et la patrie. Ils vivaient et mouraient pour leurs autels et leurs foyers, *pro aris et focis*. Pour un Grec ou un Romain, n'avoir pas de patrie était un sort pire que la mort. On peut dire que l'amour de la patrie était poussé à l'excès par les peuples de l'antiquité; le christianisme lui a donné sa véritable mesure : il en a fait un amour principal et non un amour exclusif : avant tout, il nous ordonne d'être justes; il veut que nous chérissions la famille humaine tout entière, puisqu'elle est la nôtre, quoique nos concitoyens aient le premier droit à notre attachement.

On l'a dit avec raison : si Dieu n'avait point imprimé au fond du cœur humain cet amour du sol natal, beaucoup de régions trop glacées ou trop brûlantes seraient restées sans habitants. Chacun aurait voulu demeurer dans les contrées où la vie est plus agréable et plus facile. Grâce à l'instinct de la patrie, le nègre aime ses déserts d'Afrique, l'Esquimau aime ses glaces éternelles.

Un jeune insulaire avait été amené des forêts de l'Océanie dans la capitale de la France. Le souvenir de la patrie l'avait suivi sur un autre hémisphère, et ce souvenir occupait toutes ses pensées; rien ne pouvait dissiper la tristesse profonde qui le consumait.

Pour l'arracher à sa mélancolie, on l'avait un jour conduit au Jardin des Plantes; et là aussi il promenait des regards distraits et indifférents sur des objets qui n'avaient pour lui aucun charme. Que lui importaient ces fleurs brillantes, ces ondes prisonnières, ces avenues alignées? Il n'y retrouvait point l'aspect sauvage de la

savane, ses torrents impétueux, ses forêts échevelées.
Mais tout à coup ses yeux s'animent; il pousse un cri
perçant : il a aperçu un palmier! Il s'élance vers l'arbre
qu'il a vu sous d'autres cieux; il l'étreint avec transport,
et des larmes de joie inondent son visage. Ce feuillage,
qui jadis ombrageait le toit de sa cabane, a réveillé tous
ses souvenirs; son âme s'est élancée vers sa patrie; il a
cru la revoir encore, et, pour un moment, il a rêvé le
bonheur. Hélas! ce doux mensonge fit bientôt place à la
triste vérité : ses yeux se portèrent autour de lui, et il se
vit isolé sur la terre étrangère, isolé comme le palmier
qui venait de le rendre heureux.

Encore un souvenir. Dernièrement arriva dans une
école des environs de Colmar un de ces savants en *us*
envoyés des bords de la Sprée pour germaniser l'Alsace.
Il interrogea les élèves en toute chose et finalement sur
la géographie, que les Prussiens ont la réputation de
savoir si bien. Après quelques questions générales, notre
savant indiqua du doigt une carte d'Europe pendue au
mur, et dit ironiquement à un élève à la mine éveillée et
intelligente : — Où est la France? — Ici, répondit l'enfant sans hésiter, en posant vivement la main sur son
cœur. Et soudain sa physionomie prit une expression
triste et grave.

SUJET DE RÉDACTION

1. Définir le beau mot de Patrie; développer ce qu'on entend par là. —
2. Parler de l'amour de la patrie chez les peuples anciens et chez les modernes. — 3. Effets que l'amour de la patrie produit dans les cœurs.

La France.

Je demandais un jour à un homme qui a beaucoup voyagé, s'il avait vu de plus beaux pays que la France, et il me répondit avec émotion : « Oh! non, je vous l'affirme, aucune contrée n'est comparable à la nôtre, et pour aimer la France comme elle doit l'être, il faut la quitter et pouvoir établir des points de comparaison. C'est vraiment la terre privilégiée, le plus beau pays qu'éclaire le soleil. »

En effet, mes petites amies, quand on jette les yeux sur la carte du monde, entre deux masses énormes, opaques et lourdes, l'une qui s'appelle l'Asie, l'autre l'Afrique, on aperçoit un fragment de terre délicat, découpé, alerte et vif, qui semble vivre, s'agiter, et, comme on l'a, si bien dit, scintiller sur la carte : c'est l'Europe. Et, au centre de l'Europe, en formant pour ainsi dire le cœur, quelle est cette contrée qui attire le regard par la beauté de sa position, le rythme harmonieux de ses grandes lignes, la netteté précise et ferme de ses limites? Le plus grand géographe de l'antiquité, le Grec Strabon, l'ayant considérée, poussa un cri d'admiration; il déclara qu'il suffisait de la voir pour croire à la providence des dieux, et pour présager au peuple fortuné qui l'habiterait les plus splendides destinées.

Regardez, en effet, et dites si une main délicate et paternelle n'a pas dessiné nos frontières, pour y enfermer un grand peuple dans la sécurité et dans l'honneur. Tandis que la belle Italie semble jeter sans défense au milieu de la Méditerranée une proie à toutes les ambitions; tandis que l'Angleterre ressemble à un nid de vautours perdu dans les brouillards, difficile à aborder sans doute, mais qui peut périr dans un coup de main, la France a l'aspect d'une vaste forteresse, entourée par des remparts inaccessibles et par de gigantesques fos-

sés. Ici le mur prodigieux des Pyrénées, tout couvert de
fleurs et tout ruisselant d'eau du côté de la France,
inaccessible et à pic du côté de l'Espagne. Et au delà
des Pyrénées, pour continuer le rempart sous une
autre forme, l'Océan qui enveloppe tout l'Ouest et une
partie du Nord de ses mugissements et de ses tempêtes :

Tournez-vous de l'autre côté : voici les gorges profondes et les cimes sublimes des Alpes; et dans cet
espace, que Dieu, comme un grand artiste, a ménagé
entre les Pyrénées et les Alpes, pour varier les perspec-
tives et augmenter la beauté, voilà les belles eaux de la
Méditerranée qui viennent à la fois caresser nos rives et
les défendre. Il n'y a qu'un point vulnérable dans
cette forteresse à six fronts, c'est celui qui regarde le
nord, et ce n'est pas sans un dessein providentiel que
Dieu y a fait passer la ligne profonde du Rhin [1].

Entre ces quatre ou cinq horizons, qui luttent de
beauté, de grandeur et de force, s'épanouit comme
un jardin de fleurs et de fruits ce sol français où Dieu
semble avoir voulu réunir tous ses dons; les plus belles
montagnes le traversent en tous sens, assez hautes pour
aider aux mouvements des eaux, pas assez pour gêner
le mouvement des peuples. Ces quatre grands fleuves,
une foule de rivières, de ruisseaux, de cascades, de torrents l'arrosent dans toutes les directions et répandent
partout la fécondité.

Tous les terrains géologiques s'y associent dans un
équilibre admirable et y portent à la fois les fleurs et les
fruits des climats les plus variés. Les céréales et les
vignes, les premières vignes du monde, s'y étendent sur
des zones immenses. Les fruits des pays chauds, l'olive,

---

[1]. *La force primant le droit* nous a fait perdre le Rhin; mais restant liés de cœur à
nos frères d'Alsace et de Lorraine, nous maintenons cette limite naturelle avec le légitime
espoir qu'elle nous reviendra.

la figue, l'orange mûrissent sur les collines. Les grands arbres des pays froids, le châtaignier. le chêne robuste, le sapin et le pin couvrent ses montagnes, et pendant que son sol bienveillant s'ouvre à toutes les cultures, ses flancs cachent tous les trésors ; peu d'or, il est vrai, et peu de marbre ; mais ce qui vaut mieux, beaucoup de houille, et du fer, autant qu'il y en a dans aucune région de l'Europe, c'est-à-dire précisément ce dont a besoin un peuple guerrier, industrieux et fier.

Voilà ce sol, tel que Dieu l'avait fait, lorsqu'une de ces courses hardies qui étaient à la fois leur bonheur et leur gloire y amena nos pères. Ils virent cette terre, ils furent ravis, ils y déployèrent leurs tentes, et peu à peu notre pays devint le plus beau royaume du monde.

Aussi la France a toujours été chère au cœur de ses enfants. C'est la terre charmante, agréable, heureuse, admirée, l'honneur de la zone tempérée, qui nulle part ailleurs ne dispense plus équitablement le soleil et la pluie ; c'est le verger des meilleurs fruits, le grenier d'abondance, et, pour tout dire, la patrie du peuple le plus gai du monde : la France est le plus humain des séjours.

La France (Suite).

Ce n'est pas tout, mes enfants ; la France est, entre toutes les nations, une nation vaillante, généreuse, courtoise et aimable, amie des arts, des lettres, des sciences, amie de toutes les grandes et belles choses.

NATION VAILLANTE : Ses fondateurs, les Francs de Mérovée et de Clovis, n'étaient que de hardis batailleurs. Nous sommes toujours restés une race guerrière : nos chevaliers ont illustré de leurs faits d'armes tous les champs de l'Europe et de l'Orient. Nos soldats ont remporté des victoires dans toutes les parties du monde : Charles Martel, Charlemagne, Roland, les héros des croisades et de la guerre de Cent ans, les brillants jouteurs des guerres d'Italie, les maréchaux fameux de Louis XIV, les soldats et les généraux de la Révolution et de l'Empire.

Quels souvenirs, quels noms, quelle auréole de vaillance et de gloire !

NATION GÉNÉREUSE : Elle est toujours prête à défendre les faibles, à protéger les opprimés, à prendre en main les causes nobles et justes. Ainsi elle a lutté pour sauver la Grèce, pour délivrer les côtes de la Méditerranée des ravages causés par les pirates d'Alger. Que n'a-t-elle pas tenté en faveur de l'Irlande et de la Pologne ? « Mais, s'écriaient en gémissant les Polonais, Dieu est trop haut, et la France est trop loin ! »

NATION COURTOISE ET AIMABLE : C'est en France que les étrangers accourent, pour se distraire, pour se reposer, se guérir. Ils sont si gracieusement accueillis, qu'ils se plaisent chez nous mieux que chez eux, pour ainsi dire. Combien de Russes, d'Anglais qui ne veulent vivre qu'en France ! Ils s'y sentent à l'aise : ils y rencontrent des sympathies cordiales ; ils y obtiennent un épanouissement plus complet de leurs facultés physiques, morales et intellectuelles. Un de nos poètes a cru pouvoir exprimer cette pensée :

> Tout homme a deux pays : sa patrie et la France.

NATION AMIE DES ARTS, DES LETTRES ET DES SCIENCES : Elle a produit des artistes d'un talent hors ligne, dans tous les genres : peinture, sculpture, architecture ; aussi a-t-elle orné ses grandes villes et ses résidences princières de monuments et de palais riches en tableaux et en statues ; elle s'est parée d'églises admirables, de cathédrales magnifiques, qui attestent son génie artistique non moins que sa religion et sa foi.

Ses littérateurs, ses poètes, ses orateurs, ses philosophes peuvent être cités auprès des plus grands noms de la Grèce et de Rome ; aucune nation moderne ne nous surpasse en poésie, en éloquence, en bon goût, en logique lumineuse et saisissante ; aucune n'a produit des chefs-d'œuvre littéraires aussi nombreux et aussi variés. Grâce à ses chefs-d'œuvre, notre langue française est devenue la langue préférée de l'Europe politique et de l'Europe savante.

Dans les sciences, nous avons eu des hommes doués d'aptitudes merveilleuses. Nos mathématiciens, nos astronomes, nos géologues, nos physiciens, nos naturalistes ont fait les plus étonnantes découvertes. La plupart des grandes inventions que nous admirons aujourd'hui ont eu pour premier auteur un Français.

Voilà, mes enfants, ce que la France a été jadis ; voilà, j'en ai la confiance, ce qu'elle restera toujours. Elle a eu dans le passé des épreuves redoutables : toujours elle en est sortie victorieuse. Aujourd'hui elle subit les funestes conséquences de désastres inouïs ; elle a assez d'énergie, assez de sève pour se relever grande et fière. Ne craignons pas de redire ces beaux vers qu'un de nos poètes met dans la bouche de Charlemagne :

> O France ! douce France ! O ma France bénie !
> Rien n'épuisera donc ta force et ton génie !
> Terre du dévoûment, de l'honneur, de la foi,
> Il ne faut donc jamais désespérer de toi !

BAILLEUX et MARTIN.

SUJET DE RÉDACTION

1 Décrire la France au point de vue physique. — 2. Parler de ses frontières, de son climat, de ses productions. — 3. Montrer que la France est vaillante, généreuse, amie des arts, des lettres et des sciences.

« Parle, ou tu seras fusillée ». (V. page 90)

La Patrie et les Femmes

Il y a plusieurs manières de servir son pays; mais il n'y a qu'une manière de l'aimer, et les femmes doivent l'aimer autant que les hommes. Ceux-ci la défendent avec leurs bras, celles-là avec leur cœur. Ce sont les femmes qui forgent les meilleures armes, car ce sont elles qui apprennent à leurs fils à chérir la patrie : elles font naître en eux des idées de dévouement, d'abnégation et de sacrifice; elles déposent dans leur âme des sentiments de pur patriotisme qui, au jour voulu, transforment les soldats en héros. Écoutez le soldat-poète :

Femme, si l'être en qui tu mets ton espérance
Ne met son espérance et son bonheur qu'en toi;
Si, Français, il peut vivre étranger à la France,
Ne connaissant partout que son amour pour toi;
Si, sans le croire indigne et sans se croire infâme,
Quand tout son pays s'arme, il n'accourt pas s'armer,

O femme, la tendresse a déformé cette âme,
S'il ne sait pas mourir, tu ne sais pas aimer !

Mère, si ton enfant grandit sans être un homme,
S'il marche efféminé vers son devoir viril ;
Si, d'un instinct pratique et d'un sang économe,
Sa chair épouvantée a l'horreur du péril :
Si, quand viendra le jour que notre honneur réclame,
Il n'est pas là, soldat, marchant sans maugréer

O mère, ta tendresse a mal formé cette âme :
S'il ne sait pas mourir, tu n'as pas su créer !

— Ils sont bien beaux, ces vers !

— En effet, chère enfant, ils sont empreints du plus ardent patriotisme. M. Paul Déroulède, qui a si bien tracé le devoir aux femmes pour ce qui regarde la patrie, en avait le droit, car sa mère, — une vraie Romaine, — n'avait pas hésité, en 1870, d'envoyer ses deux fils combattre les ennemis de la France ; et tous deux en revinrent blessés. C'est ce que le jeune poète a raconté dans une autre pièce de vers intitulée : *A ma mère.*

— Oh ! de grâce, faites-la-nous connaître, puisque cela nous regarde spécialement.

— La voici, un peu abrégée.

Eh bien, oui ! si puissant que soit le ridicule,
Si mauvais air qu'on ait à bien parler de soi,
C'est assez qu'on hésite, et trop que l'on recule,
Lorsque l'orgueil est juste et que le cœur est droit.
Oui ! cette femme, au cœur français, à l'âme fière,
Qui mena vaillamment ses deux fils aux combats,
Oui ! cette femme-là, cette femme est ma mère,
Et c'est mon frère et moi qu'elle a créés soldats.
Quels sarcasmes d'ailleurs effraîraient ma franchise ?
Ceux-là seuls me liront pour lesquels seuls j'écris ;
Et mes vers ne vont pas, comme un jouet qu'on brise,
Des mains des esprits forts aux mains des beaux esprits.
Non, non ! tous ces récits pleins de deuil et de larmes,
Moins écrits que pensés, moins pensés que vécus,
S'en vont toujours tout droit, marchant toujours en armes,
De ceux qui sont conquis à ceux qui sont vaincus.

Et c'est devant ceux-là, mère, que je t'honore,
Devant eux qu'à genoux je tends vers toi les bras,
Et que, d'un accent fier comme un clairon sonore,
Je viens jeter ton nom, ma mère, à mes soldats.
Je veux leur révéler ton cœur et ton courage.
Ils disent que tes fils ont fait tout leur devoir :
Le devoir qu'ils ont fait, mère, c'est ton ouvrage.
L'honneur qu'ils en ont eu, c'est toi qui dois l'avoir.
Ils ne sont pas partis furtifs pour les batailles,
S'arrachant sans adieux à des bras révoltés,
Ils ne t'ont pas volé le sang de tes entrailles,
C'est toi, mère, c'est toi qui leur as dit : « Partez.
« Partez, ils sont vaincus les soldats de la France !
« Mon cœur pour conquérir ne vous eût pas prêtés,
« Ce n'est plus la conquête, enfants, c'est la défense.
« Le sol est envahi, je vous donne ; partez ! »

Et voilà que vieillie et qu'infirme avant l'heure,
Ta main tremble à jamais, qui n'a jamais tremblé,
Voilà qu'encor plus haute et que toujours meilleure
L'âme seule est debout dans ton être accablé...
Tu sentais tout cela pourtant à l'heure sainte
Où tes yeux dans nos yeux mettaient ta volonté,
Tu le sentais sans peur, tu t'en ressens sans plainte

Et c'est pourquoi j'en puis parler avec fierté.

Honneur, n'est-ce pas ? mes petites amies, honneur aux mères qui savent inspirer de tels sentiments à leurs fils ! elles ont droit à notre admiration, et la patrie leur doit de la reconnaissance.

———————

Citons quelques autres traits de *patriotisme* des femmes, empruntés encore à la guerre de 1870-71.

MADEMOISELLE JULIETTE DODU

Pithiviers, petite ville du département du Loiret, était tombée aux mains des Allemands. Comme toujours lorsqu'ils arrivaient dans une ville, leur premier soin fut, à Pithiviers, d'occuper la poste et le télégraphe ; ils trouvèrent une jeune directrice âgée de vingt ans, Mlle Juliette Dodu. Ils s'emparèrent des appareils et reléguèrent Mlle Dodu dans sa chambre. De la sorte, ils pensaient pouvoir manœuvrer secrètement eux-mêmes. Mais le fil de la station traversait la chambre de la directrice, il suffisait d'y attacher un autre fil et de mettre ce second fil en communication avec d'autres appareils — qu'elle avait cachés à l'avance dans sa chambre — pour connaître les secrets que le fil emportait.

Oser pareille action, c'était risquer sa vie. Mlle Dodu savait qu'elle serait fusillée si sa noble ruse était découverte ; pourtant, elle n'hésita point, elle déroba plusieurs fois à l'ennemi d'importantes dépêches, de graves confidences militaires, qu'elle communiquait au sous-préfet de Pithiviers et que celui-ci, à son tour, transmettait par des exprès à l'armée française. Un jour, une brigade de notre armée, qui devait être enveloppée et rejetée sur Orléans, put, avertie à temps, échapper à l'ennemi.

Cependant ce dernier, soupçonnant la vérité, parvint à force de menaces, à faire parler une malheureuse servante, qui dénonça la directrice. Mlle Dodu fut arrêtée, traduite devant une cour martiale et condamnée à mort. La sentence allait être exécutée, lorsque l'armistice survint et lui sauva la vie.

Le prince Frédéric-Charles voulut voir cette courageuse jeune fille, et comme il paraissait surpris de son acte audacieux : « Je suis Française, » lui répondit-elle.

Mlle Dodu a été décorée de la Légion d'honneur et de la médaille militaire. L'Académie française lui a décerné le prix Montyon.

SUZANNE DIDIER

> Ceux qui pieusement sont morts pour la patrie
> Ont droit qu'à leur cercueil la foule vienne et prie,
> La voix d'un peuple entier les berce en leurs tombeaux,
> Entre les plus grands noms leurs noms sont les plus beaux.
>
> V. Hugo.

Pendant la guerre de 1870, une jeune paysanne restait avec son frère, âgé de cinq ans, gardienne d'une ferme isolée du hameau de Villedieu, près de Metz. Un jour on frappe à la porte avec violence. La jeune fille garde le silence. Les coups redoublent et des voix en colère ayant l'accent étranger, crient :

— Ouvrez, ou nous enfonçons la porte.

Suzanne Didier ouvre, et voit entrer avec terreur plusieurs soldats prussiens.

— Donnez-nous à manger, lui dirent-ils. Elle s'empresse d'obéir. — A boire ! Elle leur sert ce qu'ils demandent.

— Maintenant vous allez répondre à toutes nos questions. Un régiment français, commandé par un maréchal de France, a passé ici il y a quelques heures ; d'où venait-il, et quelle direction a-t-il prise ? A ces mots, la jeune fille pâlit. Elle avait dans l'armée son frère. Elle savait que les ennemis espionnaient la marche de nos troupes, et que, s'ils pouvaient se rendre compte de leurs manœuvres, ils leur infligeraient par surprise un nouveau désastre.

— Est-ce à moi, dit-elle, qu'il faut demander ce que font nos soldats ?

— Oui, c'est à vous ; car ce que nous vous demandons, vous le savez.

— Je suis Française, et ce n'est pas à moi de vous dire ce qui peut perdre les Français.

— Si tu ne parles pas, nous saurons bien t'arracher ton secret par force.

— Je suis femme; est-ce donc aux femmes que vous faites la guerre?

— Les femmes révèlent bien aux Français les marches des Allemands. Parle, ou prends garde à toi.

— Je suis seule; vous ne voudriez pas vous déshonorer en abusant de ma faiblesse.

— Assez de paroles. Nous n'avons pas un instant à perdre. Suis-nous au dehors... Maintenant, appuie-toi contre cet arbre. Vous, soldats, couchez en joue. Si tu ne réponds pas à nos questions, tu seras fusillée. Parle !

Suzanne regarda les soldats avec terreur, puis baissa la tête et réfléchit. Une image passa devant ses yeux, celle de la France à feu et à sang, jonchée de morts, plongée dans le deuil. Puis elle songea à son frère, à tant de jeunes gens qui s'exposaient comme lui pour le salut de leur patrie; et alors, relevant la tête, sentant combien la vie a peu de prix au milieu de tels désastres, elle regarda en face les fusils braqués sur elle, et se tut.

— Une seconde fois, parle !

Elle se tut.

— Une troisième fois, je te l'ordonne, parle !

Elle se tut.

— Soldats, feu !

Et l'héroïque jeune fille tomba percée de balles,

Autres souvenirs :

C'était pendant le siège de Paris, à la porte Daumesnil; une voiture rentrait. Une mère reconnut son fils assis à côté du cocher; elle court à lui, le regarde anxieusement et lui adresse ces mots dignes d'une Spartiate : « Pourquoi reviens-tu? Tu es blessé, n'est-ce pas? » Et le soldat, en souriant, montra son bras ensanglanté...

La mère eut presque un soupir de joie; elle avait craint que son enfant eût manqué de cœur.

A la même époque, on a cité aussi les adieux qu'une mère de Nogent-le-Rotrou fit en ces termes à son fils, officier dans la garde mobile :

« Mon cher enfant, je suis bien malheureuse de te voir partir, parce que tu cours au péril et peut-être à la mort. Mais souviens-toi des conseils de ta mère : ne fuis pas, car, vois-tu, je mourrais de honte. Fais ton devoir. Si tu meurs, je le sens, je mourrai de chagrin. Mais fais ton devoir, et que Dieu nous protège ! »

PATRIOTIQUE VENGEANCE DES FEMMES D'ALSACE

Une dame de Strasbourg logeait chez elle deux officiers prussiens. Ces messieurs se plaignirent, comme des maîtres se plaignent, de ne pas avoir accès dans les salons de cette dame, et insistèrent pour être engagés à ses réunions d'amis. Le lendemain, ils reçoivent une invitation. Ils arrivèrent à huit heures ; le salon était assez obscur, et, à la lueur de la lampe unique qui l'éclairait, ils entrevirent dix femmes vêtues de noir et assises au fond.

La maîtresse de la maison, les voyant entrer, va à eux, les amène à la première de ces dames, et la leur présentant : « Ma fille, qui a eu son mari tué pendant le siège. » Les deux Prussiens pâlissent. Elle les amène à la seconde dame : « Ma sœur, qui a perdu son fils à Frœschviller. » Les deux Prussiens se troublent. Elle les amène à la troisième : « Madame Spindler, dont le frère a été fusillé comme franc-tireur. » Les deux Prussiens tressaillent. Elle les amène à la quatrième : « Madame Browin, qui a eu sa vieille mère égorgée par les uhlans. » Les Prussiens reculent. Elle les amène à la cinquième : « Madame Coulmann, qui... »

Mais les deux Prussiens n'ont pas la force de la laisser achever, et, balbutiant, éperdus, ils se retirent précipi-

tamment, comme s'ils eussent senti tous ces crêpes de
deuil tomber sur leur tête. Connaissez-vous une plus terrible et plus patriotique vengeance?

E. Legouvé.

SUJETS DE RÉDACTION

Les femmes doivent-elles aimer la patrie ? — De quelle manière peuvent-
elles manifester cet amour ? — Citez des actes de patriotisme accomplis par
des femmes pendant la guerre de 1870-71.

Loin de la Patrie

Oh! n'exilons personne! oh! l'exil est impie.
Victor Hugo.

La Patrie n'est pas seulement une idée, un principe,
un symbole; c'est un être qui existe, que l'on voit, auquel on s'adresse; dirait-on « la patrie absente » sans
cela? Voilà pourquoi la nostalgie est une maladie si dou-
loureuse.

O Patrie ! ô doux nom que l'exil fait comprendre!

Oui, c'est surtout lorsque nous sommes éloignés de
notre pays que nous sentons l'amour qui nous y attache.
A défaut de réalité, on cherche à se repaître de songes :
le cœur est expert en tromperies.

Pour peindre cette langueur d'âme qu'on éprouve hors
de sa patrie, le peuple dit : « Cet homme a le mal du
pays. » C'est véritablement un mal, et un mal qui ne peut
se guérir que par le retour. A l'époque où des régiments
suisses étaient à la solde de la France, on fut obligé de
défendre, sous peine de mort, de jouer le ranz des vaches,

air que les bouviers suisses jouent sur la cornemuse en gardant leurs troupeaux. Quand par hasard ces Suisses l'entendaient, ils étaient plongés dans une profonde mélancolie et beaucoup désertaient.

Mme de Staël était à Coppet, où Napoléon l'avait exilée. « Vous devez avoir bien envie de retourner en France! lui disait un jour un de ses amis. —La France? répondit-elle, les yeux à demi fermés et comme plongée dans une douce extase, comment y retournerais-je?... Je ne l'ai jamais quittée. » C'est encore cette femme célèbre qui, au milieu des splendeurs de sa résidence de Coppet, répondait à ceux qui lui faisaient valoir le plaisir qu'elle devait goûter à considérer les beautés pittoresques de la Suisse : « *Il n'y a pas pour moi de rivière qui vaille mon petit ruisseau de la rue du Bac.* »

Les douleurs de l'exil ont inspiré une belle page à Lamennais; je veux, mes petites amies, vous la faire connaître et admirer.

« Il s'en allait errant sur la terre. Que Dieu guide le pauvre exilé!

« J'ai passé à travers les peuples et ils m'ont regardé. Je les ai regardés et nous ne nous sommes point reconnus. L'exilé partout est seul!

« Lorsque je voyais au déclin du jour s'élever du creux du vallon la fumée de quelque chaumière, je me disais : Heureux celui qui retrouve le soir le foyer domestique et s'y assied au milieu des siens. L'exilé partout est seul!

« Où vont ces nuages que chasse la tempête? Elle me chasse comme eux et n'importe où. L'exilé partout est seul!

« Ces arbres sont beaux, ces fleurs sont belles; mais ce ne sont point les fleurs ni les arbres de mon pays. Ils ne me disent rien. L'exilé partout est seul!

« Ces chants sont doux, mais les tristesses et les joies qu'ils réveillent ne sont ni mes tristesses ni mes joies. L'exilé partout est seul!

« On m'a demandé : Pourquoi pleurez-vous? Et quand je l'ai dit, nul n'a pleuré, parce qu'on ne me comprenait point. L'exilé partout est seul !

« J'ai vu des vieillards entourés d'enfants comme l'olivier de ses rejetons ; mais aucun de ces vieillards ne m'appelait son fils, aucun de ces enfants ne m'appelait son frère. J'ai vu des jeunes filles sourire, d'un sourire aussi pur que la brise du matin : mais aucune ne m'a souri. J'ai vu des jeunes hommes s'aimer tendrement, mais pas un ne m'a serré la main. L'exilé partout est seul.

« Il n'y a d'amis, d'épouse, de mère, de frères que dans la patrie. L'exilé partout est seul !

. . . .

« Il s'en va errant sur la terre. Que Dieu bénisse le pauvre exilé !

LE CAPTIF ET LES HIRONDELLES

Un poète chansonnier de grand talent, Béranger, a mis sur les lèvres d'un captif des paroles bien touchantes. Un jour, le captif aperçoit des hirondelles. A cette vue son cœur se serre, ses yeux se remplissent de larmes. D'où viennent ces hirondelles? De la France sans doute. Aussi, comme il les trouve heureuses, comme il envie leur sort! Que n'a-t-il des ailes pour s'envoler vers la contrée qu'elles viennent de quitter !

> Captif au rivage du Maure,
> Un guerrier, courbé sous ses fers,
> Disait : Je vous revois encore,
> Oiseaux ennemis des hivers.
> Hirondelles, que l'espérance
> Suit jusqu'en ces brûlants climats,
> Sans doute vous quittez la France :
> De mon pays ne me parlez-vous pas ?

Mais, dans cette France aimée, il y a un coin de terre
qui lui est plus cher encore que le reste : c'est son pays,
c'est la maison où il est né. Comme il la trouvait jolie,
et quelle poétique description il en donne! A ce souvenir

émouvant, le captif s'adresse directement aux oiseaux
voyageurs et leur fait de doux reproches :

> Depuis trois ans, je vous conjure
> De m'apporter un souvenir
> Du vallon où ma vie obscure
> Se berçait d'un doux avenir.
> Au détour d'une eau qui chemine
> A flots purs, sous de frais lilas,
> Vous avez vu notre chaumine :
> De ce vallon ne me parlez-vous pas?

Qui sait? Parmi ces hirondelles, n'y en a-t-il pas qui
aient établi leur nid au toit de sa chaumière? peut-être
même l'une d'elles y est née... Alors, elle a vécu près de
sa mère, de cette mère qui pleure chaque jour l'absence
de son fils chéri et qui, au moindre bruit, tressaille,
retourne la tête pour voir si ce n'est pas lui qui revient...

> L'une de vous peut-être est née
> Au toit où j'ai reçu le jour ; !
> Là, d'une mère infortunée
> Vous avez dû plaindre l'amour.
> Mourante, elle croit à toute heure
> Entendre le bruit de mes pas ;
> Elle écoute, et puis elle pleure.
> De son amour ne me parlez-vous pas ?

Mais la mère n'était pas seule quand l'infortuné captif est parti. Il vivait au foyer paternel avec une sœur bien-aimée, son amie d'enfance, la compagne de ses jeux ; est-elle encore près de sa mère, ou est-elle mariée ? Puis, pensée amère ! son village n'a-il pas été envahi, le pied maudit des étrangers n'a-t-il pas foulé le sol sacré de la France ? et, ses camarades, partis comme lui pour défendre le pays, sont-ils tous revenus ?

> Ma sœur est-elle mariée ?
> Avez-vous vu de nos garçons
> La foule, aux noces conviée,
> La célébrer dans leurs chansons ?
> Et ces compagnons du jeune âge
> Qui m'ont suivi dans les combats,
> Ont-ils revu tous le village ?
> De tant d'amis ne me parlez-vous pas ?

> Sur leurs corps l'étranger peut-être
> Du vallon reprend le chemin ;
> Sous mon chaume il commande en maître ;
> De ma sœur il trouble l'hymen.
> Pour moi plus de mère qui prie,
> Et partout des fers ici-bas.
> Hirondelles de ma patrie,
> De ces malheurs ne me parlez-vous pas ?

CONSOLATIONS A LA PATRIE MALHEUREUSE

Quelques années après nos malheurs un écrivain adressait à la France meurtrie et ensanglantée ces touchantes consolations :

A brebis tondue Dieu mesure le vent.

Pauvre petite brebis ! te voilà donc nue et grelottante, dépouillée par les ciseaux de ton épaisse toison. Cela s'est fait gaiement au milieu des chants et des rires. « Comme elle est belle, celle-là ! disait la bergère, en plongeant sa main tout entière dans ta laine ; à elle seule elle donnera de quoi faire un habillement complet pour la Saint-Martin. » Oui, avec ta dépouille les hommes se réchaufferont à la prochaine saison d'hiver ; et toi, pauvre petite ! que deviendras-tu ?

Ne crains rien : avant que la neige ait blanchi l'herbe verte, avant que le givre revienne se suspendre aux branches des buissons, ta toison aura repoussé plus épaisse et plus belle, et tu pourras braver l'hiver. Jusque-là, le ciel te sera clément, le soleil te réchauffera, la bise aigre ne soufflera point sur toi. Ne crains rien, pauvre petite : *A brebis tondue Dieu mesure le vent.*

— Que fais-tu, pauvre âme en deuil, et pourquoi pleures-tu ainsi devant Dieu ? Pourquoi t'affliges-tu comme ceux qui n'ont pas d'espérance ?

— Hélas ! peut-on remonter du fond de l'abîme de la douleur ? Tout ce que j'ai aimé est mort et perdu sans retour. Que me reste-t-il, sinon les larmes et l'éternité du malheur ?

— Ne pleure pas ainsi : à toi, comme à tous les malheureux, il reste encore l'espérance. Il n'est pas dans la vie deux jours semblables ; si le passé ne t'a apporté que des chagrins, l'avenir peut t'apporter des joies. Va,

« Dieu n'écrase pas le roseau brisé, il n'éteint point la mèche qui fume encore. » Espère donc : *A brebis tondue Dieu mesure le vent.*

Pauvre grande nation abattue, que de ruines autour de toi! Ruines dans les cités, ruines dans tes campagnes, ruines aussi dans les âmes, hélas! et te voilà, étendue sur la terre, triste et sans force, voilant tes blessures sous les lambeaux de ton drapeau jadis glorieux. Pauvre grande nation! comment en es-tu venue là?

— Oui, il fut autrefois glorieux par la victoire, mon drapeau aujourd'hui déchiré; mais ce n'est pas sur lui que je pleure, car il est encore glorieux dans la défaite, et je puis sans rougir le serrer contre mon cœur. Mais j'entends dire tout près de moi, comme auprès d'une morte qui ne peut plus entendre, que ma destinée est finie et que je ne me relèverai jamais; j'entends dire que mes enfants sont dégénérés, et que l'égoïsme, l'amour effréné du luxe malsain, de la vanité des plaisirs frivoles, a remplacé les hautes vertus, l'esprit de sacrifice, l'amour de la patrie, de la famille, du travail et de Dieu! Et c'est sur mes enfants que je pleure; car eux seuls pourraient me relever et ils ne le feront pas!

— Rassure-toi, pauvre France, et relève la tête de la terre où dorment tant de braves morts pour toi! N'écoute pas les mauvaises paroles mensongères. Regarde : la vie renaît; le travail fécond a commencé dès le lendemain de tes désastres, et les moissons couvrent ton sol; peu à peu les ruines se relèvent dans tes villes et dans tes champs : les âmes se relèveront aussi. Reprends courage, France, et souris à ces jeunes têtes qui se pressent autour de toi; entends ces jeunes voix, les voix de l'avenir qui te disent avec amour : « O mère! nous voici pleins de courage et de bonne volonté; nous serons braves et austères, dévoués et laborieux pour toi, parce que nous t'aimons, et que nous sommes fiers d'avance qu'il nous soit réservé de guérir tes maux. Aie donc patience, France chérie, et laisse-nous grandir avec l'aide de Dieu ; tu as assez souffert, espère des jours meilleurs : *A brebis tondue Dieu mesure le vent.*

Magasin pittoresque.

Les nations, comme les individus, sont sujettes à de continuelles vicissitudes : elles ont leur époque de force et de faiblesse, de grandeur et de décadence ; mais quel que soit le sort réservé à notre patrie, nous devons, en tout temps, l'aimer avec la même fidélité et le même dévouement. L'aimer dans son passé comme dans son présent, dans sa gloire comme dans ses abaissements, dans ses joies comme dans ses douleurs, et de même qu'une mère chérit plus un enfant malade et infirme, afin de le dédommager de ses souffrances, de même la patrie malheureuse doit nous être encore plus chère. Rien donc de plus faux que cet adage souvent répété : « La patrie est où l'on est bien, » car on aime en proportion des sacrifices qu'on a faits, des maux qu'on a soufferts ensemble. Un héritage de regrets et de souvenirs douloureux vaut un héritage de gloire.

Avoir souffert ensemble contribue autant à faire l'unité nationale qu'avoir vaincu ensemble, car la souffrance en commun unit encore plus que la joie. En fait de souvenirs nationaux, les deuils valent mieux que les triomphes, car ils imposent des devoirs et commandent l'effort commun.

MORT EN REVOYANT SON CLOCHER

Il y a quelques années un brick de commerce français, le *Golfe-Jouan*, capitaine Carbonel, venant d'Alger, en destination d'Antibes, entrait en relâche sur rade de Toulon, pour débarquer le corps d'un passager, mort de joie et d'émotion en revoyant les côtes de France.

C'était un vieux brigadier des douanes, qui, admis à la retraite après trente-cinq ans de service en Algérie, venait finir ses jours dans le pays natal, qu'il n'avait pas revu depuis longtemps.

Le bâtiment, refoulé par un coup de vent d'est, n'ayant pu attraper le port d'Antibes, fuyait devant le temps à proximité du littoral, et c'est en voyant défiler ce panorama, en regardant ces sites et ces localités qui lui rappelaient des souvenirs d'enfance, que le cœur du pauvre douanier se remplissait d'allégresse. Il ne pouvait se lasser d'admirer la verdure des collines, le feuillage des arbres et jusqu'aux rochers du rivage, comme si tous ces objets lui eussent été nouveaux. Son trouble augmentait de minute en minute, il parlait seul, il pleurait, et quand enfin il aperçut le clocher de son village, il éprouva une syncope et tomba inanimé.

Le capitaine du navire voulut rendre les honneurs funèbres à cet ancien serviteur, victime de l'amour de la patrie et du toit paternel.

SUJETS DE RÉDACTION

1. Dépeindre les douleurs de l'exil. — 2. Commenter la chanson de Béranger intitulée : *les Hirondelles.* — 3. Répondre à ceux qui désespéreraient de la France. — 4. Montrer qu'il faut aimer la patrie dans ses douleurs comme dans ses joies.

DEVOIRS ENVERS SOI-MÊME

La Propreté

« Le corps, dit fort justement M. Pellissier, a été donné à l'homme comme le premier serviteur de l'âme. Or un bon serviteur doit être robuste ; voilà pourquoi nous devons entretenir la vigueur du corps par l'hygiène et développer ses forces par la gymnastique. La science de la santé fait partie de la morale. »

Nous avons donc des devoirs à remplir envers notre corps, et en première ligne nous placerons la **propreté**.

Il existe une jolie définition de la propreté : on l'a appelée « une demi-vertu ». Et ce qu'il y a d'agréable, c'est qu'il est on ne peut plus facile de pratiquer cette vertu dans toutes les conditions de la vie. Quoi de plus charmant qu'un enfant aux vêtements propres, aux mains nettes, à la figure bien claire, aux cheveux bien peignés ! Comme on a du plaisir à l'embrasser ! C'est dans ce cas qu'on peut dire avec le poète que ses joues appellent des baisers...

La propreté embellit et transforme tout ; elle rend la pauvreté moins pénible et rapproche de l'aisance. Entrez dans la maison d'un ouvrier ayant pour femme une bonne ménagère, vos yeux se reposeront avec plaisir dans cet intérieur modeste où tout est reluisant de propreté. La fenêtre a des rideaux blancs, les vitres sont transparentes, les meubles sont cirés, les ustensiles du foyer et la batterie de cuisine resplendissent, le plancher a été soigneusement balayé. Quand le père de famille rentre et trouve son foyer dans de telles conditions, il ressent un bien-être qui le rend joyeux et le délasse de ses pénibles travaux.

Habituez-vous donc, mes petites amies, à la plus rigoureuse propreté ; ayez un soin particulier de votre corps, de vos vêtements, de votre chambre et de tous les objets qui sont à votre usage.

Être propre, c'est donner de soi une bonne impression, c'est faire penser que cette qualité extérieure est en nous accompagnée de beaucoup d'autres. En d'autres termes, la propreté est l'indice de vertus plus élevées. Elle est au corps ce que l'amabilité est à l'âme ; elle annonce l'amour de l'ordre, le respect de soi-même et des autres, la régularité de la conduite, la décence des mœurs ; elle répand une certaine sérénité dans l'esprit, elle est la toilette de la vieillesse et l'élégance du pauvre.

Sans la propreté, la beauté n'est qu'un diamant dans une ignoble gangue ; on la devine à peine, mais on ne la prise pas : elle ne trouve son prix qu'avec cette véritable parure. La propreté plaît, elle attire la bienveillance, elle facilite le commerce de la vie ; elle est un lien de sociabilité. Faisons donc en sorte, quand nous nous présentons devant nos semblables, que tout dans notre personne et dans notre tenue les dispose en notre faveur.

Envisageons la propreté au point de vue de la santé, dont elle est une des conditions essentielles.

Les anciens Grecs avaient compris que l'eau est, après l'air, l'agent le plus important de la vie et de la santé ; on lit, en effet, dans Homère, que le bain était une des obligations de l'hospitalité. Les Romains faisaient un usage extrêmement fréquent des bains. Partout où ils s'établissaient, ils avaient pour habitude de construire des thermes admirablement disposés, et l'on en voit encore de curieux vestiges.

Les bains et les lotions agissent puissamment sur la peau, ils entretiennent la fraîcheur, facilitent le jeu des organes et permettent à la respiration cutanée, c'est-à-dire de la peau, de s'exercer librement.

Notre linge, nos habits, nos draps, nos couvertures

doivent être nettoyés, parce qu'ils absorbent toute la sueur.

La malpropreté est pour le corps ce qu'est la rouille pour le fer : elle l'use et le détruit. En effet, les vêtements sales, en contact avec la peau, empêchent la transpiration ; ils irritent la peau et sont la cause de diverses maladies. La malpropreté favorise la contagion des maladies pestilentielles ; elle les suscite même dans les hôpitaux et dans les prisons.

La propreté doit donc être observée pour tout ce qui se rapporte au corps humain, aux vêtements, à la préparation et à la consommation des aliments et des boissons, aux meubles et à l'habitation.

EXERCICE

Quels sont les devoirs que nous avons à remplir envers nous-mêmes ? — Montrez la nécessité de la propreté et son influence sur la santé.

Tempérance. — Sobriété

Cherche à suivre en tous points la sage tempérance,
Un corps robuste et sain en est la récompense.

Du Resnel.

Les devoirs que nous avons à remplir envers nous-mêmes nous amènent à parler de la tempérance et de la sobriété.

La **tempérance** est une vertu qui éloigne des excès et modère les passions ; elle retient dans de justes bornes nos désirs et nos sentiments. On la compare à un arbre qui a pour racine le contentement de peu, et pour fruit le calme et la paix. On peut dire encore que la tempérance est le frein salutaire qui aide l'homme à dompter ses mauvais penchants et à se rendre maître de lui-même.

D'après le célèbre philosophe grec Platon, il y a dans l'âme de l'homme deux parties, l'une supérieure, l'autre inférieure. Quand la partie supérieure commande à l'autre, on dit d'un homme qu'il est maître de soi-même, et c'est un éloge. Mais quand, par le défaut d'éducation, ou par quelque mauvaise habitude, la partie inférieure prend l'empire sur la partie supérieure, on dit de cet homme qu'il est déréglé dans ses désirs, qu'il est esclave de lui-même, ce qui est un terme de blâme et de mépris.

La conséquence à tirer, c'est que nous devons rester toujours maîtres de nous-mêmes, et faire en sorte que la partie inférieure de notre être, que Xavier de Maistre appelle *la bête*, ne domine jamais la partie supérieure appelée *l'esprit*.

— Et quelle différence y a-t-il entre la tempérance et la sobriété?

— Mon enfant, la **sobriété** est la tempérance dans le boire et dans le manger ; elle consiste à donner au corps simplement la nourriture qui lui est nécessaire pour la vie. La sobriété est regardée par tous les moralistes comme la mère de la santé et de la sagesse ; elle donne les plaisirs les plus purs et les plus constants, elle est la grande recette des personnes qui parviennent à un âge très avancé. « Être sobre, a dit la reine Christine de Suède, n'est pas une grande vertu ; mais c'est un grand défaut que de ne l'être pas. »

C'est à leur frugalité que les anciens Perses, les Lacédémoniens et les Romains furent longtemps redevables de leur activité, de leur vigueur et de leurs victoires : devenus intempérants, ils s'énervèrent et furent esclaves. Alexandre le Grand, doué d'une excellente constitution, l'altéra bientôt par l'intempérance, et mourut à la fleur de l'âge après avoir souillé sa gloire.

Rappelons cette maxime: « Il faut manger pour vivre

et non vivre pour manger. » Chose triste à dire ! L'homme est le seul, parmi les êtres vivants, qui abuse de ses organes digestifs. Les animaux ont un instinct plus sûr qui les avertit et les guide : un brin d'herbe ou de feuillage suffit au chameau asiatique ; le bœuf se modère au sein de nos plus gras pâturages ; l'aigle a beau être vorace, s'il est rassasié, il n'achève pas sa victime : il s'arrête toujours à temps.

Il n'y a que les hommes civilisés, — triste don de la civilisation ! — qui se rassemblent autour d'un même festin pour s'exciter, pour se provoquer mutuellement à tous les excès de l'intempérance. Qu'est devenu ce temps où l'on servait un repas sans apprêt, au milieu d'un champ ou d'une prairie ; où l'on se contentait de quelques fruits cueillis sur l'arbre le plus voisin, et aussi d'un brouet clair, comme le faisaient les Spartiates ? — Oui, chère enfant, ce temps est loin de nous où de simples légumes, le miel des abeilles, un pain cuit à la hâte, venaient calmer la faim du laboureur fatigué ; où l'on buvait fraternellement dans la même coupe un peu de vin frais ! Aujourd'hui, l'homme se gorge de substances malfaisantes ; c'est un automate dévorant, on dirait qu'il est pressé de consumer le peu de jours que la Providence lui accorde.

Dangers de l'Intempérance

L'intempérant est l'ennemi de lui-même et le bourreau de son propre corps. Combien il est coupable, et quelle grande responsabilité lui incombe quand il se rend malade, qu'il est à charge aux autres, qu'il se met dans l'impossibilité de travailler, de remplir ses devoirs, d'être utile à sa famille ou à ses concitoyens !

— Il faut reconnaître, à la louange de notre sexe, que ce défaut est assez rare chez les femmes.

— Cela est vrai, ma chère Louise, il existe fort peu de femmes intempérantes, et celles qui ont le malheur de se livrer à l'ivrognerie ne méritent plus le nom de femmes. Ah! l'ivrognerie, quel vice honteux et dégradant! Il abêtit l'homme, le ravale au-dessous de la brute et le conduit à la démence, à la folie.

On prétend que l'ivrognerie fait périr plus d'hommes que la guerre; c'est une calamité sociale. En Russie, cent mille personnes succombent chaque année aux ravages de l'alcool. En Angleterre, malgré les sociétés de tempérance, l'ivrognerie tue cinquante mille hommes annuellement. Il n'est pas etonnant que la moitié des aliénés, les deux tiers des pauvres et les trois quarts des criminels de ce pays se trouvent parmi les gens adonnés à la boisson. L'ivrognerie est beaucoup moins commune en France qu'en Russie, aux États-Unis et en Angleterre; elle l'est toutefois assez pour être considérée comme l'une des principales causes des maux qui accablent la classe ouvrière; c'est chez elle une véritable plaie, dont il serait bien à souhaiter qu'on pût la guérir.

Mais si les jeunes filles ne sont pas intempérantes, elles sont quelquefois gourmandes, ou plutôt friandes.

— Quelle différence y a-t-il, Madame, entre ces deux mots?

— La devise du gourmand est : Grande et bonne chère; celle du friand : Mets fins et délicats. Une personne friande cherche plutôt ce qui plaît à son goût que ce qui est bon pour la santé. Ainsi, il n'est pas rare de voir des enfants, et même de grands enfants, qui recherchent par-dessus tout les sucreries, les bonbons, les pâtisseries, et qui ne passent point devant un confiseur sans avoir la tentation d'y entrer... Il n'y a pas grand mal à user modérément de bonbons et de friandises; mais ce qu'il faut éviter, c'est que leur usage dégoûte des aliments simples et bons.

ANECDOTES

Le médecin Hecquet, en visitant ses malades opulents, allait souvent à la cuisine remercier les cuisiniers et les

chefs d'office : « Mes amis, leur disait-il, je vous dois de la reconnaissance pour tous les bons services que vous nous rendez à nous autres médecins. Sans vous, sans votre art empoisonneur, la Faculté irait bientôt à l'hôpital. »

*

Un sage médecin disait à ses malades : « De l'exercice, de la gaieté, surtout point d'excès, et moquez-vous de moi. »

*

Le savant Boerhaave disait à son lit de mort : « Je laisse après moi trois grands médecins, qui préviendront plus de maladies que je n'en ai jamais guéries : l'exercice, l'eau et la diète. »

« Lorsque je vois, disait Addison, célèbre littérateur anglais, ces tables couvertes de tant de mets, je m'imagine voir la goutte, la fièvre, l'hydropisie et la plupart des autres maladies cachées en embuscade sous chaque plat. »

LE SERMENT DE CHARLES XII

Charles XII, roi de Suède, avait un jour, dans l'ivresse, perdu le respect qu'il devait à la reine son aïeule; elle se retira, pénétrée de douleur, dans son appartement. Le lendemain, comme elle ne paraisait pas, le roi en demanda la cause, car il avait tout oublié. On le lui dit. Il alla trouver la princesse : « Madame, lui dit-il, je viens d'apprendre qu'hier je me suis oublié à votre égard ; je viens vous en demander pardon; et afin de nè plus tomber dans cette faute, je vous déclare que j'ai bu hier du vin pour la dernière fois de ma vie. » Il tint parole. Depuis ce jour-là, il ne but que de l'eau, et fut d'une sobriété qui ne contribua pas moins que l'exercice à rendre son tempérament fort et robuste. Jamais il ne se plaignit que ses mets fussent peu délicats et mal apprêtés. Après un repas frugal, il faisait à cheval de longues courses, et le soir, en campagne, il couchait sur de la paille étendue par terre, tête nue, sans draps, couvert seulement d'un manteau. Il acquit par là un tempérament de fer, que les fatigues les plus violentes ne purent abattre.

BONNE LEÇON DE TEMPÉRANCE

Tandis que le jeune Cyrus était à la cour du roi Astyage, son grand-père, il remplit un jour la fonction d'échanson; mais avant de verser à boire, il ne goûta

point, comme c'était l'usage, la liqueur qu'il servait.
Astyage s'en aperçut et lui en demanda la raison. « Je
craignais, dit Cyrus, que cette liqueur ne fût du poison,
et voici ce qui me le faisait croire : j'ai remarqué l'autre
jour, pendant le repas que vous avez donné aux sei-
gneurs de votre cour, qu'après en avoir un peu bu vous
étiez, vous et eux, tout différents de ce que vous êtes
habituellement. Vous ne faisiez pas de difficulté de vous
permettre ce que vous nous défendiez, à nous qui ne
sommes que des enfants. Vous criiez tous à la fois, et
vous ne vous entendiez pas. Vous chantiez de la façon
la plus ridicule, et vous croyiez pourtant chanter le
mieux du monde. Bien plus, lorsque vous vous êtes levés
pour danser, non seulement vous ne dansiez pas en mesure, mais vous ne pouviez pas même vous soutenir. En
un mot, vous paraissiez avoir oublié, vous, que vous étiez
roi, et les convives, qu'ils étaient vos sujets. — Dites-
moi, mon fils, reprit Astyage, n'arrive-t-il pas la même
chose à votre père ? — Jamais, répondit Cyrus ; quand il
a bu, il cesse seulement d'avoir soif. »

L'Innocence

Au soin du corps se rattache une vertu d'une délicatesse exquise : la décence, la pudeur. Dans les actes,
dans les paroles, dans les vêtements, nous devons garder
une convenance délicate. « Soyez décents, disait un philosophe grec, parce que vous n'êtes pas des animaux. »

« Aimable Innocence, fille du ciel, écrivait Mlle Lucile
de Chateaubriand, sœur de l'illustre écrivain, si j'osais
essayer de dépeindre tes traits, je dirais que tu tiens lieu
de vertu à l'enfance, de sagesse au printemps de la vie,
de beauté à la vieillesse et de bonheur à l'infortune ;
qu'étrangère à nos erreurs, tu ne verses que des larmes

pures, et que ton sourire n'a rien que de céleste. Belle innocence ! Mais quoi? les dangers t'environnent, l'envie t'adresse ses traits : tremblerais-tu ? Mais non, je te vois debout, endormie, la tête sur un autel. »

Saint Grégoire de Nazianze raconte comment, tout jeune encore, il reçut les célestes visites de la Vertu, et et comment il s'engagea dès lors à son service :

« J'étais dans mon lit d'enfant, quand deux sœurs du même âge se penchèrent vers moi. Elles étaient également belles, mais d'une beauté qui ne devait rien à la parure. Elles ne portaient point autour de leur cou des colliers d'or, ni les délicats tissus de soie et de pourpre. On ne voyait point leurs cheveux flotter sur leurs épaules au souffle des vents; une ceinture, rattachait leur robe qui descendait jusqu'aux pieds, et un voile couvrant leur tête cachait leurs joues, que colorait une modeste rougeur. Elles baissaient les yeux à terre.

« J'étais ravi de les voir, car jamais je n'avais vu de personnes plus belles. Toutes deux s'approchèrent de moi, et comme j'osais leur demander leur nom :

« Moi, je suis la *Pureté*, et moi, la *Tempérance*, me « dirent-elles tour à tour. Nous sommes auprès du trône « du roi du ciel, et nous faisons notre bonheur de la « beauté des âmes célestes. Toi, mon fils, sois avec nous, « joins ta pensée aux nôtres, allume ton flambeau au « nôtre, afin que, t'emportant dans les espaces sublimes, « nous te placions parmi les clartés de la Trinité éternelle.»

« Disant ceci, elles s'envolèrent. Mon regard suivait leur essor, tandis que mon cœur charmé s'attachait pour toujours à la pureté sainte. »

L'INNOCENCE ET LE REPENTIR

On dit que la Vertu dans son palais un jour
    Voulut réunir sa famille.
Dès le matin paraît l'Innocence, sa fille,
Qu'accompagnent de loin le Respect et l'Amour.

De ses simples grâces ornée,
De roses blanches couronnée,
Et tenant un lis à la main,
Elle entre... Quel œil pur! Quel front calme et serein!
En la voyant aussi parfaite,
La Vertu tendrement sourit,
Et tout le palais retentit
De chants de triomphe et de fête.
Le soir, arrive un inconnu,
Pâle, qui lève au ciel une paupière humide,
Et s'avance d'un pas incertain et timide,
Comme s'il redoutait de n'être pas reçu,
Sur ses traits est empreinte une douleur amère.
— Ah! c'est le Repentir si longtemps attendu,
Dit avec douceur la Vertu ;
Ne le rebutez pas, je suis aussi sa mère.

Le Bon Génie.

EXERCICE

Dites en quoi consistent la tempérance et la sobriété, et faites voir les dangers de l'intempérance.

La Gymnastique

> La gymnastique donne au corps, par des exercices appropriés, de la force, de la souplesse, et en rétablit au besoin l'équilibre et l'harmonie.

« La *gymnastique* bien comprise est une partie essentielle du perfectionnement de notre être, elle n'est donc point un jeu; elle procure, il est vrai, aux jeunes corps qui s'y livrent un plaisir très vif; et il suffit d'avoir vu une seule fois, par une belle journée, des enfants s'exercer dans un gymnase, pour savoir l'amusement qu'ils y trouvent et l'ardeur passionnée que presque tous ils y portent. Mais les jeux ordinaires, avec leurs mouvements désordonnés et sans suite, ne sauraient remplacer la gymnastique, et réciproquement, la gymnastique, régulière et disciplinée comme elle l'est, ne doit point exclure les jeux, où les enfants se livrent à tous les ébats de leur âge.

C'est ainsi qu'après les heures d'étude et d'application on permet aux élèves de nos écoles de faire des lectures moins sérieuses, qui n'ont pour but que de les distraire, tout en les instruisant encore.

C'est à la gymnastique de provoquer, dans la constitution corporelle de l'enfant, tout le développement qu'elle comporte, de même que l'instruction littéraire doit assurer à l'intelligence de cet enfant tous les progrès dont ses facultés sont capables.

Voilà le but spécial de la gymnastique.

Comment l'atteindra-t-elle?

Par des exercices réguliers, qu'elle aura soin de combiner habilement, de façon que chaque partie du corps subisse le genre particulier de mouvement qui est le plus convenable pour la développer dans toute sa vigueur et son adresse. Si les exercices ont été bien conduits, si la succession en a été prudente et continue, un temps viendra bientôt où la fatigue et les courbatures ne seront même plus possibles. Les muscles alors auront acquis assez de résistance et de souplesse pour affronter les exercices les plus rudes sans le plus léger inconvénient, et même avec un sentiment de bien-être très prononcé.

D'ailleurs, il va sans dire qu'il faudra mesurer les exercices et les graduer suivant les forces de chaque enfant, suivant son âge, sa conformation personnelle et sa constitution. Tel enfant a les muscles des bras très faibles; chez un autre, ce sont les muscles des jambes qui manquent de force. La poitrine de celui-ci est très vigoureuse, tandis que celui-là est presque sans haleine. C'est aux parents, c'est aux professeurs, aux médecins surtout de juger de ces différences et de varier l'espèce et la durée des mouvements selon les tempéraments divers. Voici la règle générale pour les exercices de gymnastique : Il en faut faire assez pour bien développer le corps dans les conditions si variées où il se présente; il n'en faut pas faire trop de peur de nuire à ce développement, de même qu'on nuit aux progrès de l'esprit en l'accablant de travaux excessifs. »

— Mais il me semble que la gymnastique convient surtout aux hommes.

— C'est une erreur, mon enfant; les exercices gymnastiques sont aussi utiles aux femmes qu'aux hommes. Parmi ces exercices, il en est qui, sans compromettre en aucune façon le maintien et les manières qui conviennent aux jeunes personnes, sont nécessaires à leur éducation physique, et peuvent être d'un grand secours pour prévenir des difformités qui font le désespoir des familles.

Au point de vue de l'hygiène, on a fait jusqu'ici trop abstraction de l'exercice musculaire dans l'éducation des jeunes filles.

Les Grecs et les Romains réservaient une grande place à la gymnastique dans l'éducation. Aucun peuple plus que les Grecs ne se pénétra du fameux axiome : *Mens sana in corpore sano*, Ame saine dans un corps sain. Partisans de la beauté corporelle, les Grecs s'appliquaient à la rendre parfaite et ne la séparaient pas de la beauté morale. Il y avait à Athènes dix gymnasiarques, un par tribu; ils remplissaient alternativement les fonctions de leur charge et avaient, entre autres insignes, un manteau de pourpre et des chaussures blanches.

La gymnastique a encore une application qui n'est pas la moins importante. C'est dans les exercices de gymnase que les sapeurs-pompiers acquièrent l'adresse, l'agilité, le sang-froid nécessaires à des hommes sur qui reposent la vie et la fortune de tant d'autres. Dernièrement, les feuilles publiques racontaient le fait suivant : Une nuit d'hiver, un jeune garçon âgé d'environ quinze ans est réveillé par des crépitements et par une lueur qui illuminait sa chambre située à un premier étage. Il se lève précipitamment, ouvre la fenêtre et voit qu'une partie des bâtiments, occupée par ses deux petites sœurs et où se trouve l'escalier, est en feu. Il donne l'alarme, vole dans la pièce où se troùvent les enfants, les emporte dans ses bras, et, comme il est habitué aux exercices de gymnastique, il dispose quelques cordes le long du mur, parvient à force d'adresse à descendre ses sœurs et les sauve ainsi d'une mort affreuse...

SUJET DE RÉDACTION

Énumérez les avantages de la gymnastique et faites connaître son influence sur notre développement physique.

LES BIENS EXTÉRIEURS

L'Ordre et l'Économie

> Donnons tout au besoin, rien à la fantaisie
> On se soutient par l'ordre et par l'économie.
>
> F. DE NEUFCHATEAU.

L'homme, si pauvre qu'il soit, a toujours quelque chose qui lui appartient. Par son travail et son industrie il acquiert des **biens extérieurs**. Or, dans la gestion de ses biens, il lui faut apporter de l'*ordre* et de l'*économie*.

L'ordre est l'arrangement régulier des choses ; il consiste à donner une place convenable à chaque objet, et à faire chaque chose en son temps, à son heure. L'ordre a deux grands avantages : il économise le temps et la place. Avez-vous besoin d'un objet, vous ne perdez jamais un moment à le chercher; il n'y a ni trouble, ni embarras; l'objet se trouve sous votre main comme par enchantement, et quand vous vous en êtes servie, vous le remettez sur-le-champ à sa place. D'ailleurs la place qu'on donne à chaque chose étant celle qui lui convient le mieux, non seulement pour la bonne grâce et le plaisir des yeux, mais encore pour sa conservation, elle s'y use moins qu'ailleurs; elle y est même entretenue proprement, car l'esprit d'exactitude qui fait ranger fait aussi nettoyer.

Donc, Mesdemoiselles, établissons l'ordre dans les choses, dans les occupations, dans la manière de vivre, et l'habitude l'entretiendra.

D'après Mme de Staël, l'ordre dans une maison doit être comme les machines de l'Opéra, dont le jeu produit un grand effet, mais dont il faut que les cordes soient cachées.

— Thérèse va nous dire ce qu'on entend par l'économie.

— Selon moi, l'économie est une qualité qui consiste à régler sagement sa dépense et à la proportionner à son revenu. Que de fois maman m'a dit : « Dépense bien ordonnée, maison bien réglée, voilà l'économie. Dans un ménage, l'homme doit représenter le travail, la femme l'économie. »

— Votre mère a raison, chère enfant, c'est vainement que l'homme travaille et gagne de l'argent si la femme est dépensière. On voit les plus belles fortunes péricliter par le manque d'ordre et le gaspillage des maîtresses de maison.

L'économie est indispensable dans toutes les situations de la vie; elle consiste à savoir user des choses sans en abuser, à épargner sans se montrer avare, à ménager pour avoir assez, à conserver enfin pour avoir toujours. Sans l'économie il n'y a point de grandes richesses, avec l'économie il n'en est point de petites. L'économie est vertu dans la pauvreté, sagesse dans la médiocrité et vice dans l'opulence; elle est le plus riche revenu, la source de la libéralité et de l'indépendance, — l'indépendance, ce bien si précieux qui nous permet d'envisager la vie sans crainte, avec calme et sérénité.

L'économie nous empêche de contracter des dettes. Que je serais heureuse, mes enfants, si je parvenais à vous inspirer pour plus tard l'horreur des dettes! Une personne soucieuse de son bonheur les évite avec le plus grand soin, car elles abrègent la vie; jamais on n'en contracterait si on pouvait se douter des tourments qu'elles font éprouver.

Plutarque trace un tableau saisissant des inconvénients que les dettes entraînent après elles. « Si vous ne payez pas votre créancier, dit-il avec malice, il vous presse; si vous avez à votre disposition la somme nécessaire pour vous libérer, il entend n'être payé qu'à sa convenance. Il devient le bourreau de votre tranquillité, le fléau de votre existence. Vous oblige-t-il à vendre vos biens pour le satisfaire? il essayera de les avoir pour rien ou pour peu de chose. Allez-vous chez lui? il vous fait fermer sa porte; restez-vous chez vous? sans cesse il vient frapper à la vôtre. » Ah! certes, mieux vaut supporter des privations que d'emprunter.

La Pratique de l'Économie

Selon le célèbre professeur Rollin, auteur du *Traité des Études*, voici les principes les plus essentiels de l'instruction qu'une mère doit donner à sa fille, une maîtresse à ses élèves, sur l'économie :

1° Régler sa dépense sur ses revenus et sur son état, sans jamais se laisser emporter au delà des bornes d'une honnête bienséance par la coutume et l'exemple, dont le luxe ne manque pas de se prévaloir;

2° Ne prendre rien à crédit chez les marchands, mais payer argent comptant tout ce qu'on achète. C'est le

La gymnastique est fort utile aux femmes. (*V. page* 113)

moyen d'avoir tout ce qu'ils ont de meilleur et de l'avoir à moindre prix;

3° S'accoutumer à regarder comme une grande injustice de faire attendre les ouvriers et les domestiques pour leur payer ce qui leur est dû;

4° Se faire représenter et arrêter les comptes régulièrement tous les mois, les clore sans manquer à la fin de chaque année;

5° Dans le règlement qu'on fera des dépenses, qui doivent toujours être proportionnées aux revenus, mettre à la tête de tout la portion destinée et due aux pauvres. Le moyen le plus sûr et le plus aisé de s'acquitter fidèlement de ce devoir, c'est de faire cette séparation dans le moment même que l'on reçoit quelque somme de ses revenus, et de les mettre à part comme un dépôt. La libéralité coûte moins quand on a de l'argent devant soi.

LE SECRET DE CATHERINE II

Impératrice de Russie (1763-1796).

Sémiramis du Nord, la fière Catherine
Fit au loin respecter le titre de czarine,
Arrêta les Anglais, battit les Ottomans,
Encouragea les arts, fonda des monuments,
Et d'un éclat nouveau décora sa puissance.
« Mais à quel art magique, ignoré dans les cours,
Il faut, lui disait-on, que vous ayez recours ?
Comment soutenez-vous tant de magnificence ?
— Comment ? de mes moyens chacun a connaissance,
Dit-elle ; mon secret, *c'est de compter toujours.* »
Ce mot, en lettres d'or, mérite qu'on l'affiche.
Barême est un bon livre ; il sert tous les états.
Qu'on soit dans un palais ou dans un galetas,
Il faut compter, partout où le destin nous niche :
Qui ne sait pas compter ne sera jamais riche ;
Qui sait compter, du moins, ne s'appauvrira pas.
    O toi, qui tiens ménage,
    Retiens bien ma leçon :
    Réparer un dommage
    Ne ruine la maison ;
Mais dépense en plaisirs petite et journalière
Tout doucement vous mène à la ruine entière.

F. DE NEUFCHATEAU.

Les petits ruisseaux font les grandes rivières

— Vous connaissez ce proverbe, Léonie : *Les petits ruisseaux font les grandes rivières.* Eh bien, dites-nous ce qu'il signifie au propre et au figuré.

— Voici comme je le comprends : Au sens propre, le

cours d'eau qu'on appelle « rivière » serait souvent fort peu de chose s'il ne recevait tout le long de son parcours d'autres petits cours d'eau qui le grossissent, l'augmentent progressivement jusqu'à ce qu'il se jette dans la mer.

Au sens figuré, on peut dire très justement que les petits ruisseaux font les grandes rivières, en ce sens que les plus petites économies souvent répétées finissent par former une grosse somme.

— C'est bien cela, et comme application je veux vous raconter le fait suivant dont j'ai été le témoin :

Un cultivateur, père d'une nombreuse famille, avait une toute petite propriété, qui suffisait à peine aux besoins de tous. Il aurait voulu pouvoir acheter quelques hectares de terre et une maisonnette qui se trouvaient près de son enclos et qu'on appelait « le Moulinet ».

Dans les longues soirées, il en parlait devant ses enfants, il leur expliquait le parti qu'il en pourrait tirer ; mais hélas ! impossible à lui, malgré son industrie et son travail, de mettre de côté la somme nécessaire à cette acquisition ! Aussi que de regrets ! quel crève-cœur ! Les enfants grandissaient, il fallait payer leur apprentissage et les établir ; ce projet n'était donc pas réalisable.

Pauline, l'aînée des enfants de cet homme, avait un bon cœur et montrait déjà de grandes qualités ; elle connaissait le désir de son père, et plusieurs fois elle s'était dit en elle-même : Il faudra qu'un jour ou l'autre j'arrive à pouvoir procurer ce bonheur à mes parents. Toutes ses idées se tournèrent vers ce but. Ses petites études terminées, Pauline entra dans une maison de commerce; elle sut par son travail et sa bonne conduite s'attirer la confiance de ses patrons ; elle fut nommée caissière, eut bientôt de bons appointements, qui s'augmentèrent chaque année. Elle plaça ses économies à la caisse d'épargne ; ils firent boule de neige.

Quelques années plus tard, le jour de la Saint-Jean,

fête de son père, Pauline arriva chez ses parents, mit sa mère dans la confidence, et le soir au dîner, le père, en se mettant à table, trouva dans son assiette quatre rouleaux d'or, avec ces mots : « J'apporte à mon bien-aimé père l'argent nécessaire pour acheter le Moulinet ; qu'il l'accepte comme un témoignage de ma reconnaissance et de mon affection. »

Le père regardait et lisait d'abord sans comprendre ; puis, la lumière se fit dans son esprit, il se leva, prit sa fille dans ses bras, l'embrassa avec effusion, et leurs larmes se confondirent..., larmes de joie et de bonheur !

***

Lætitia Ramolino, mère de Napoléon, morte à Rome à l'âge de quatre-vingt-huit ans, était extrêmement économe, par esprit de prévoyance. Au temps de la plus grande prospérité de sa famille, elle disait souvent : « Tout ceci peut finir, et alors, que deviendront mes enfants, dont la générosité imprudente, quand elle donne à pleines mains, ne regarde ni en avant ni en arrière ? Alors ils me trouveront ; il vaut mieux qu'ils aient recours à leur mère qu'à des étrangers. » Les événements donnèrent raison à la prudente mère, et plus d'une fois elle vint en aide à ses fils, qui avaient porté la couronne.

***

Un fils disait un jour à son père, qui était devenu fort riche : « Comment, mon père, avez-vous fait pour acquérir une si grande fortune ? Pour moi, j'ai peine à atteindre le bout de l'année avec tous les revenus des propriétés que vous m'avez données en mariage. — Rien n'est plus facile, lui répondit le père en éteignant une des bougies qui les éclairaient, c'est de se contenter du nécessaire et de ne brûler qu'une bougie quand on n'a pas besoin d'en brûler deux. »

La Caisse d'épargne

> *L'épargne, qui crée le capital, est le seul remède efficace au paupérisme.*

La caisse d'épargne est une institution destinée à faire fructifier les sommes qui lui sont confiées ; elle les rend à la volonté des déposants avec les intérêts accumulés.

Un livret de caisse d'épargne est un certificat de moralité et de travail. Il procure au *déposant* la sécurité dans le présent et l'aisance dans l'avenir ; il lui donne le sentiment du respect de soi-même et assure son indépendance. Deux francs économisés et placés chaque semaine, pendant dix ans, forment un capital de 1,200 francs. Quarante centimes épargnés chaque jour et placés à la caisse d'épargne produisent au bout de trente ans 10,000 francs.

Pour réussir à épargner, il suffit de commencer, et pour cela, il ne faut pas un courage extraordinaire. La bonne volonté des premiers jours se change vite en habitude et l'habitude en plaisir. Voilà pourquoi on a introduit dans les écoles, comme moyen d'éducation, les *Caisses d'épargne scolaires;* en quelques années plus de 15,000 ont été établies en France.

Dans l'école, l'épargne n'est rien. la bonne habitude est tout. Un enfant reçoit de ses parents quelques sous, qu'il est libre de dépenser à sa guise : il peut en disposer pour se passer une fantaisie, se procurer un petit plaisir; mais il les verse à la caisse d'épargne de son propre mouvement, c'est là un acte méritoire qui portera ses fruits s'il devient une habitude.

Les Maximes de la grand'mère

— A propos de travail, d'économie, de ménage, etc., ma grand'mère a une collection de maximes, de proverbes, tout un arsenal, comme dit malicieusement mon frère Georges. Bonne maman, en effet, nous décoche continuellement des traits empruntés au bonhomme Franklin et toujours avec un grand à-propos. Ainsi, par exemple, ce matin ma petite sœur ne voulait pas marquer du linge ; bonne maman lui a dit : *Celle qui ne veut pas travailler ne doit pas manger*. Comme on était à l'heure du déjeuner, cet argument a produit son effet. — L'autre jour, j'hésitais à faire un travail le soir, elle me dit : *Ne remets jamais à demain ce que tu peux faire aujourd'hui*. J'ai écouté l'avis, et j'en ai été heureuse, car le lendemain je n'aurais pu faire ce que je désirais. — Une autre fois, je me plaignais de manquer de temps pour écrire une lettre ; elle me dit : *Le temps est comme l'argent : ne le dépense pas mal à propos, tu en auras assez.* — Un jour, elle m'aperçut levée de meilleure heure que d'habitude : Bravo, Clémence, me dit-elle ;

> A qui se lève de bon matin
> Dieu aide et prête main ;
> Qui se lève tard, dîne tard.

— Maman lui montrait un jour un vêtement qu'elle venait de raccommoder pour papa ; grand'mère lui a dit en souriant : *L'habit rapiécé fait honneur à la femme de celui qui le porte.* — Nous voyions passer un jour un homme jeune encore, mal habillé et paraissant très misérable ; grand'mère me dit alors avec tristesse : *Le nécessaire ne manque jamais à l'homme laborieux ; la faim regarde à sa porte, elle n'ose pas entrer. La bonne fileuse ne manque pas de chemises, ni le bon travailleur de pain.* Elle nous cite souvent ce vieux dicton :

> Qui à vingt ans ne sait,
> A trente ans ne peut,
> A quarante ans n'a,
> Jamais ne saura, ne pourra, n'aura.

— Faites-nous voir, Clémence, que vous comprenez bien la signification de ce proverbe.

— Il me semble qu'il signifie ceci : l'homme qui à vingt ans n'est pas instruit, qui à trente ans n'a pas acquis les capacités nécessaires pour remplir convenablement les charges de son état, alors qu'il est en pleine force, et qui à quarante ans n'a pas encore tiré profit de sa position et fait des économies, restera toute sa vie un homme ignorant, incapable et pauvre.

— J'approuve beaucoup votre grand'mère, mon enfant; les maximes, les sentences sont des vérités qui pénètrent comme des clous aigus dans notre mémoire, et l'on a raison de dire que les proverbes sont la sagesse des nations. En voici quelques-uns d'excellents :

1. Un sou épargné est un sou gagné.

2. Celui qui achète le superflu vendra bientôt le nécessaire.

3. Les enfants et les fous s'imaginent que 20 ans et 20 francs ne finissent jamais.

4. Femme économe est un trésor, et femme alerte vaut son pesant d'or.

5.   Bonne épargne dans la jeunesse
   Se retrouve dans la vieillesse.

6. Il ne faut qu'une petite voie d'eau pour faire couler un vaisseau.

7.   Un petit trou à la barrique et le vin est bas ;
   Un petit gaspillage à la maison, richesse s'en va.

8. Veux-tu être riche? dépense un sou de moins que ce que contient ta bourse.

9. Celui qui achète le superflu dans la prospérité vendra le nécessaire dans l'adversité.

10. Qui paye ses dettes s'enrichit.

11. Il vaut mieux s'endormir sans souper que de se réveiller avec des dettes.

QUESTIONNAIRE

En quoi consiste l'ordre ? — Quelle est son utilité ? — Comment une femme de ménage doit-elle pratiquer l'économie ? — Qu'est-ce qu'on entend par Caisse d'epargne scolaire ? — Quelles sont les principales maximes de Franklin sur le travail, l'ordre et l'économie ?

LE JEU

Funestes effets de la passion du jeu

— Vous savez, mes petites amies, que si je réclame de vous un travail consciencieux, je demande aussi que vous vous amusiez de tout cœur l'heure venue. Un bon élève se livre avec autant d'ardeur au jeu qu'au travail.

Mais, s'il est des distractions utiles et mêmes indispensables, s'il y a des amusements innocents et permis, il est des jeux défendus et qu'il faut absolument s'interdire, ce sont les jeux intéressés. Ces distractions, heureusement peu communes chez les femmes, peuvent quelquefois reposer l'esprit ; mais elles n'ont, le plus souvent, d'autre effet que de le soustraire au poids du temps, si lourd pour les esprits futiles.

Absorber toutes les facultés de l'homme, étouffer tous ses sentiments, remplacer toutes ses nobles espérances, tous ses vastes projets, toutes ses généreuses aspirations par l'idée fixe d'amener un valet de cœur, un double six, de faire sauter la banque, c'est-à-dire de ruiner un ou plusieurs malheureux, tel est l'effet naturel de la passion du jeu.

Le joueur, quand il atteint le dernier degré de sa passion, ne pense plus, ne sent plus, si ce n'est dans le cercle étroit de trente-deux morceaux de carton. Les pleurs de sa femme et les plaintes de ses enfants s'il perd, le désespoir de ses victimes s'il est heureux, lui sont également indifférents. *S'il est heureux!* Qu'ai-je dit? Un joueur ne l'est jamais, non seulement parce qu'on ne peut jouir en paix d'un bien mal acquis, mais parce qu'on n'a jamais connu un joueur enrichi par son gain et demeurer riche après avoir gagné.

Entendons les moralistes et les écrivains nous parler du jeu. Voici d'abord deux appréciations sévères : Le jeu n'a été inventé que pour les imbéciles et les escrocs. Le goût du jeu, fruit de l'avarice et de l'ennui, ne prend que dans un esprit et dans un cœur vides.

Continuons par des réflexions non moins justes, mais moins brutales. Le jeu nous dérobe trois excellentes choses : le temps, l'argent et la conscience. Le jeu est un gouffre qui n'a ni fond ni rivage ; il est le dissipateur du bien, la perte du temps, l'écueil de l'innocence, la destruction des sciences, l'ennemi des muses et le père des querelles.

Quant au joueur, on le montre tour à tour agité par la crainte et l'espérance, le visage enflammé, les yeux ardents, transporté de colère s'il perd, et ressemblant plutôt à un insensé qu'à un être raisonnable.

Précautions à prendre contre le jeu

— N'y a-t-il pas, pour se préserver des excès du jeu, des précautions à prendre, des règles à observer ?

— Oui, chère enfant ; d'abord il ne faut consacrer au

jeu que peu de temps ; quand on y passe des heures entières, on y prend le dégoût de l'étude et l'habitude de l'oisiveté, de sorte qu'au lieu de donner de nouvelles forces à l'esprit, le jeu l'énerve et l'amollit. Il est bon que le jeu soit désintéressé, car dès que l'intérêt et l'amour du gain commencent à s'y mêler, il devient une occupation sérieuse qui fatigue l'esprit, agite le cœur et excite les passions cupides.

— Alors, on ne doit jamais jouer d'argent ?

— Je ne prétends pas, mon enfant, que ce soit un mal de jouer de l'argent pour intéresser un peu les parties, quand on le fait sans arrière-pensée de gain, pour s'amuser simplement et avec une sage réserve. Ce qui est dangereux pour les hommes, les jeunes gens, c'est de contracter l'habitude des jeux de hasard. Cette habitude devient passion et jette le joueur dans de terribles et funestes écarts.

Enfin, j'ajoute qu'il faut toujours en jouant faire preuve d'un bon caractère, et se comporter d'une manière honnête et polie ; s'interdire toute réflexion désobligeante, toute brusquerie, toute saillie de mauvaise humeur quand on perd, comme tout excès de gaieté quand la chance vous favorise.

Mme Deshoulières a composé cette petite pièce de vers sur le jeu :

> Les plaisirs sont amers d'abord[1] qu'on en abuse.
>> Il est bon de jouer un peu ;
> Mais il faut seulement que le jeu nous amuse.
>> Un joueur, d'un commun aveu,
>> N'a rien d'humain que l'apparence.
> Et d'ailleurs, il n'est pas si facile qu'on pense
> D'être fort honnête homme et de jouer gros jeu.
> Le désir de gagner, qui nuit et jour occupe,
>> Est un dangereux aiguillon.
>> On commence par être dupe,
>> On finit par être fripon.

---

1. *D'abord que*, vieille locution signifiant « dès que ».

ANECDOTES

Casimir, roi de Pologne, jouant un jour avec un de ses gentilshommes qui perdait tout son argent, en reçut un soufflet dans la chaleur de la dispute. Ce gentilhomme fut condamné à perdre la tête; mais Casimir révoqua la

Un des gentilshommes perdit tout son argent.

sentence et dit : « Je ne suis point surpris de la conduite de ce gentilhomme : ne pouvant se venger de la fortune, il n'est pas étonnant qu'il ait maltraité celui qu'elle favorisait à son préjudice. Le seul coupable qu'il y ait dans cette affaire, c'est moi. Je ne devais point encourager, par mon exemple, la funeste passion du jeu ; mais les malheureuses suites de la faute que je viens de faire seront pour moi une leçon qui m'apprendra à ne plus la commettre. »

Un joueur, qui avait déjà perdu une grande partie du patrimoine de sa famille, était un jour sur le point d'engager une grosse partie. Comme de coutume, il tire sa tabatière de sa poche et allait la mettre sur la table avant de prendre les cartes, lorsqu'il s'arrête tout à coup et regarde étonné. Sur le couvercle de cette tabatière, il voit les portraits de sa femme et de ses deux enfants, l'air triste et inquiet, avec ces mots en légende : *Pense à nous.* Il se leva très ému, rentra chez lui et ne joua plus, grâce à l'ingénieuse et touchante substitution de tabatière qu'avait imaginée sa femme.

RÉDACTION

Nommez les distractions permises. — Montrez les funestes effets de la passion du jeu. — Indiquez les précautions à prendre contre le jeu.

Amour du gain. — Avarice. — Prodigalité

> La bonne économie est le milieu entre
> la prodigalité et l'avarice.

L'amour du gain n'est pas défendu quand il est contenu dans de justes bornes. Nous pouvons chercher à acquérir l'aisance, la richesse même, pourvu que nous nous servions de moyens loyaux et honnêtes. Oui, c'est un sentiment très louable que celui qui consiste à amasser de l'argent pour en faire un noble usage : être utile à ceux qui nous entourent, suffire à nos besoins et à ceux de notre famille, nous procurer l'indépendance pour le temps de la vieillesse.

Ce qui serait mal, ce serait de désirer la richesse uniquement pour se procurer toutes les jouissances matérielles ou bien d'amasser de l'or pour le seul plaisir d'amasser; cela serait de l'*avarice*.

— Est-ce que de notre temps il y a encore des avares ?

— Ils sont peut-être plus rares qu'autrefois, chère

enfant, mais il en existe encore. De nos jours, il est vrai, l'amour du luxe et du bien-être porte plus à la prodigalité qu'à l'avarice. Mais ces deux défauts ne se rencontrent guère dans l'enfance. Il y a pourtant des enfants un peu trop intéressés quelquefois, qui font la sourde oreille quand il s'agit d'ouvrir leur petite bourse pour une œuvre de charité ou un acte de bienfaisance.

On voit par contre des enfants *prodigues*, en ce sens qu'ils dépensent sans utilité l'argent que leur remettent leurs parents, qui l'ont gagné à la sueur de leur front ; les enfants sont encore prodigues quand ils n'ont pas soin de leurs vêtements, de leurs livres, des différents objets à leur usage, ce qui oblige leur mère à leur en fournir d'autres plus tôt qu'elle n'aurait dû.

— Quelle est l'acception véritable des mots *avarice* et *prodigalité* ?

— La prodigalité consiste à dépenser sans mesure et sans règle. Le prodigue dissipe son bien en folles dépenses, on le compare à ce fou qui allume sa lampe en plein midi et qui n'y trouve plus d'huile quand la nuit est venue. Il ne connaît le prix de la fortune que lorsqu'il l'a perdue.

— Ainsi l'avarice est le contraire de la prodigalité ?

— Oui, chère enfant; c'est l'attachement excessif aux richesses, l'amour immodéré des biens de la terre et principalement de l'argent. La passion de l'avare est un abîme sans fond qui ne dit jamais : C'est assez. S'il amasse, ce n'est pas pour satisfaire ses besoins, il se refuse souvent le nécessaire ; son argent lui est plus précieux que sa santé, que sa vie, que lui-même; toutes ses actions, toutes ses vues, toutes ses affections ne se rapportent qu'à cet indigne objet, l'argent. L'âge et les réflexions guérissent d'ordinaire les autres passions, au lieu que l'avarice semble se ranimer et reprendre de nouvelles forces dans la vieillesse. L'infortuné avare jette encore en mourant des regards éteints sur un argent qui va lui être arraché, mais dont la mort n'a pu extirper l'amour de son cœur.

Il n'est rien de plus propre à nous endurcir que l'avarice. Quand une fois elle domine, plus d'amitié, plus de fidélité, plus d'humanité; on oublie tous les devoirs, on s'accoutume aux plus honteuses lâchetés, on se fait une âme de bronze pour résister aux plus vifs remords de la conscience et de l'honneur. Opposons à l'avarice la charité et l'aumône; à la prodigalité, la prudence et la sagesse, qui donnent l'économie.

> De tous les vices des humains,
> Le plus moqué c'est l'avarice;
> C'est aussi le plus fou ; bernez-le, c'est justice.
> Quant à moi, j'y donne les mains.

En effet, les plaisanteries pleuvent sur l'avare ; on dit de ce malheureux qu'il ne commence à ère utile qu'après sa mort. On le compare à une tirelire dont on n'obtient quelque chose qu'en la brisant. On lui adresse cette question ironique :

> Avare, quel est ton dessein ?
> Tes désirs secondent les nôtres :
> Tu te laisses mourir de faim
> Pour laisser de quoi vivre aux autres.

— Allons, bon ! disait un avare : je sors avec un parapluie tout neuf, tout frais, et voilà qu'il pleut ! Je n'ai vraiment pas de chance !

* * *

> Ci-gît, dessous ce marbre blanc,
> Le plus avare homme de Rennes,
> Qui mourut tout exprès le dernier jour de l'an
> De peur de donner des étrennes.

* * *

— On prétend que je ne dépense rien, disait un avare ; mais je paye vingt mille francs d'impôts !

***

Sire Harpagon[1], confondu par le prône
De son pasteur, dit : Je veux m'amender ;
Rien n'est si beau, si divin que l'aumône,
Et de ce pas je vais... la demander.

QUESTIONNAIRE

Dans quelles conditions l'amour du gain est-il permis ? — Qu'entend-on par avarice et prodigalité ? — Quels sont les tristes fruits de l'avarice ?

LE TRAVAIL

Obligation du travail. — Noblesse du travail

Par le travail, nous renverrons bien loin
Trois maux affreux : l'ennui, le vice et le besoin.

— Nous voici arrivées à un sujet bien important, le travail.

— Ah ! sujet bien ennuyeux parfois. Quoi de plus agaçant que d'entendre la voix criarde et perçante de la cloche qui vous oblige à quitter immédiatement le jeu pour aller travailler ?

— Mais, petite paresseuse, bien loin de vous plaindre de la cloche, vous devriez la bénir : c'est elle qui partage votre temps en travail et en amusements, et le fait passer ainsi plus agréablement et plus vite ; le charme de la récréation est de venir après le travail et d'en être la

---

1. *Harpagon*, ladre, personnage de *l'Avare*, comédie de Molière.

récompense. Le meilleur délassement est celui qui a été bien gagné.

— Moi, je me figure pourtant que ceux qui n'ont rien à faire sont heureux.

— Vous vous trompez, Louise ; si vous voulez trouver des gens à plaindre, des gens ennuyés et ennuyeux, des gens égoïstes, maussades, de mauvais caractère, vous n'avez qu'à regarder les oisifs, les désœuvrés, en un mot, ceux qui ne font rien ; ils sont à charge aux autres et à eux-mêmes, ce sont de véritables fardeaux dans la société. Sachez, mon enfant, que l'oisiveté est la mère de tous les vices, et que l'ennui est entré dans le monde par la paresse. Malheureux celui qui ne connaît pas le charme du travail, il ne connaîtra que trop tôt le dégoût des plaisirs !

— Il y a plusieurs sortes de travail ; mais tous les travaux sont-ils aussi méritoires, aussi honorables les uns que les autres ?

— Certainement, ma Berthe. La grande loi de l'humanité, c'est le travail ; donc, d'après les desseins de Dieu, tous les hommes, sans exception, doivent travailler, et le paresseux ne mérite pas de vivre. Toute activité employée d'une manière utile est un travail, et tout travail est noble et légitime, qu'il soit manuel ou intellectuel. Dites-moi la différence qui existe entre ces deux genres de travail.

— Le travail intellectuel est le travail de tête, celui qui s'accomplit à l'aide de l'intelligence, celui de l'écrivain, du savant. Le travail manuel est celui où les mains ont plus de part que l'intelligence, c'est celui qu'accomplissent les ouvriers et nous-mêmes quand nous nous occupons de couture ou des soins du ménage.

— C'est cela même ; on rencontre des personnes qui montrent du dédain pour les travaux manuels, c'est un tort : le travail manuel a sa noblesse, et ce n'est nullement déroger que de s'y livrer.

Ce que les écrivains pensent du travail

> Non, je ne trouve point de fatigue si rude
> Que l'ennuyeux loisir d'un mortel sans étude,
> Qui jamais ne sortant de sa stupidité,
> Soutient dans les langueurs de son oisiveté,
> D'une lâche indolence esclave volontaire,
> Le pénible fardeau de n'avoir rien à faire.
>
> BOILEAU.

— Nous venons, mes enfants, de traiter du travail *terre à terre*, si je puis m'exprimer ainsi. Nous allons, avec les écrivains, l'envisager à un point de vue plus élevé; ils vont nous en parler en termes admirables.

— Quel bonheur! J'aime à connaître les pensées des grands auteurs sur les sujets dont nous entretenons; ces pensées sont tantôt gracieuses et touchantes, tantôt fines et profondes, en tout cas toujours attrayantes!

— Cette réflexion vous fait honneur, ma Berthe; elle me prouve que vous savez apprécier le beau style. Commençons par ces lignes magistrales de M. A. Pélissier : « C'est un préjugé très répandu de considérer le repos comme le plus grand bien du monde, comme le but de tous nos désirs et de tous nos efforts; ce stupide préjugé est une trace de cette erreur commune de l'antiquité et du moyen âge que le travail était bon pour les esclaves et que l'homme libre devait jouir de l'oisiveté.

La vérité est précisément tout le contraire : au lieu d'être un signe de servitude, le travail est notre seul et vrai moyen d'affranchissement; en effet, il préserve du plus rude esclavage, celui de la misère; par conséquent, le travail est la vraie source de la liberté, et l'homme mérite d'être honoré en proportion de ce qu'il travaille; un homme oisif n'est digne d'aucune considération, et c'est dans une machine un rouage inutile. »

Le travail est l'emploi intelligent et utile de toutes les

forces de l'esprit et du corps. Travailler est la condition de la vie ; un des privilèges de la raison humaine, c'est de comprendre et de diriger l'emploi de ses forces. L'homme est né pour travailler comme l'oiseau pour voler, et c'est à bon droit qu'il a été dit de l'homme qui ne travaille pas : « L'arbre qui ne porte pas de fruits sera coupé à la racine et jeté au feu ; plante stérile et parasite dont la place pourrait être mieux remplie. »

« Dieu nous a imposé de bien rudes épreuves sur cette terre, dit M. Legouvé ; mais il a créé le travail, tout est compensé. Les larmes les plus amères tarissent, grâce à lui ; consolateur sérieux, il promet toujours moins qu'il ne donne ; plaisir sans pareil, il est encore le sel des autres plaisirs. Tout vous abandonne et lui est toujours là ; les profondes jouissances qu'il procure ont tout le calme des plaisirs de la conscience. Est-ce en dire assez ? Non, car à ces privilèges du travail il faut en ajouter un dernier plus grand encore, c'est qu'il est comme le soleil : Dieu l'a fait pour tout le monde. »

Le travail ! mais c'est la vie. Partout où il y a vie il y a travail, et quand le travail cesse, la vie s'arrête. Les animaux sont toujours en mouvement pour subvenir à leurs besoins ; l'hirondelle fait son nid à nos fenêtres et le bâtit avec un labeur infini ; l'araignée tisse son élégante toile et ne s'arrête que lorsqu'elle est complètement achevée et en état de garrotter les malheureuses victimes ; l'abeille butine les fleurs et porte le miel à la ruche ; la fourmi amasse sans cesse des matériaux pour la construction de sa fourmilière.

La terre elle-même travaille. Les rochers les plus durs s'usent, se pulvérisent, se transforment en terre féconde. L'eau, que le soleil évapore, que les vents roulent et promènent en nuées sombres, tombe en pluie sur la nature, qu'elle fertilise. La graine, enfouie sous le sol, se pourrit et développe son germe. Et l'herbe du printemps, si menue qu'elle semble un duvet d'oiseau, quand elle aura assez savouré de gouttes de rosée, assez bu de rayons de soleil, deviendra la moisson dorée que le père de famille, en un jour d'abondance et de bénédiction, viendra couper pour la rentrer dans ses greniers.

Source de vie, de fortune, de progrès, de lumière, de gloire, le travail est le grand moyen donné à l'homme par son Créateur pour lutter contre les difficultés de ce monde et pour en triompher.

Travaillons donc pour payer notre dette à notre famille, à la société, à ceux qui nous ont transmis le fruit de leurs travaux pour que nous le transmettions à d'autres augmenté du fruit de notre travail. Travaillons pour payer notre dette à nous-mêmes, car le travail porte avec lui sa récompense.

Le Travail des femmes

Le temps est passé où l'on confinait les femmes dans les soins du ménage. Qui donc aujourd'hui estimerait la jeune fille qui ne parerait que son corps sans cultiver son esprit? Sans doute, ni l'algèbre, ni la géométrie, ni les grands problèmes du gouvernement des peuples, ni les trésors de l'érudition, ni les secrets de l'éloquence ne lui seront demandés; mais, si elle écrit mal et parle plus mal encore la langue de son pays; si sa conversation est vide, son style vulgaire; si, ignorant l'histoire de sa propre nation, elle n'a de goût que pour des frivolités romanesques; si elle ne peut pas donner à sa lecture l'accent qui en saisit le sens et qui le révèle aux autres; si elle ne sait pas assez de comptabilité pour donner à sa maison l'ordre et l'économie; si elle hésite sur les grandes vérités de la religion qu'un jour elle devra enseigner à ses enfants; où sera, je ne dis pas seulement sa distinction, mais sa consolation et sa part d'influence au sein de la famille et de la société ?

Mais si le travail intellectuel a son importance, le travail manuel a aussi la sienne, et il est plus indispensable. Il est d'ailleurs facile de déterminer la part qui doit lui être faite dans l'instruction des jeunes filles.

Leur vocation à toutes n'est-elle pas de se dévouer, de se donner, de servir et de régner en servant ? Que de trésors de dévouement, de bonté, de charité, se perdent dans cet âge en de vaines rêveries ! Il faudrait que la vie de la jeune fille fût le noviciat pratique de ce que sera un jour la vie de l'épouse et de la mère de famille, occupée aux travaux utiles de l'intérieur, s'initiant au secret de trouver le bonheur chez elle et de le donner aux autres, ne dédaignant rien de ce qui fait l'ordre et la dignité de la vie domestique ; ne croyant pas s'abaisser en mettant la main elle-même à ces œuvres que l'Écriture a louées dans la *femme forte*, s'habituant dignement à savoir chaque chose pour les dominer toutes ; capable de tout travail, mais supérieure à lui ; s'y prêtant facilement sans s'y absorber, et cherchant dans l'étude, dans la culture de son âme, cette supériorité d'où lui viennent le respect, la déférence des autres, et pour elle-même la force et la consolation.

Pourquoi la jeune fille bien élevée aurait-elle pour les ouvrages nécessaires ces dédains malheureux qui naissent de l'orgueil et enfantent la ruine ? N'a-t-on pas vu des reines faire elles-mêmes les habits de leurs petits-enfants ? Charlemagne commandait aux princesses, ses filles, de filer la quenouille, ne voulant porter que des vêtements faits de leurs mains. Fénelon, un grand seigneur, recommandait aux mères d'accoutumer leurs filles dès l'enfance à gouverner quelque chose, à faire des comptes, à voir la manière de faire des marchés de tout ce qu'on achète, et à savoir comment il faut que chaque chose soit faite pour être d'un bon usage. Il leur parlait de l'utilité des travaux à l'aiguille pour les femmes de toutes les conditions.

Le travail à l'aiguille, je l'ai déjà dit bien des fois, joue le rôle le plus important dans l'existence de la femme ; il est le gagne-pain de l'ouvrière, la source du bien-être et de l'économie pour la mère de famille, le meilleur palliatif contre l'ennui. C'est pourquoi, mesdemoiselles, vous ne sauriez trop tôt vous appliquer aux ouvrages des mains, vous y rendre habiles. Tout en faisant la part des travaux d'agrément ou de fantaisie, tels que la broderie, la tapisserie, le crochet, les fleurs artificielles, donnez toujours la préférence aux ouvrages utiles, comme la couture, le raccommodage du linge, les reprises, le tricot, la confection des vêtements les plus simples.

Une occupation manuelle est une contenance pour les les femmes : elle dispense de parler quand on n'a rien à dire ; elle donne un moment de réflexion avant de parler ; elle sert de prétexte pour ne point écouter, et autorise une distraction quand on ne veut point répondre. L'habitude du travail en commun, la réunion de la mère de famille et de ses filles autour d'une table de travail, est le bon moyen d'enseigner les usages du monde où les jeunes personnes sont destinées à vivre, c'est un excellent moyen aussi de donner à leur esprit le développement convenable, à leur langage la facilité et la mesure appropriées à leur condition.

Mais terminons. « Il n'y a rien à négliger dans notre vie, dit Bossuet. Notre destinée, notre vocation ne souffre rien de médiocre. Une main divine écrit notre histoire pour la publier un jour. Songeons à la faire belle. »

LES DIX PETITS TRAVAILLEURS DE LA FÉE VERT-D'EAU

La tande Prudence avait deux nièces un peu paresseuses. Pour leur donner du cœur à l'ouvrage, elle leur raconta un soir, à la veillée, l'histoire suivante, amusante comme un conte :

« Ma grand'mère Charlotte était une femme de merveilleuse vaillance ; elle avait été jeune aussi dans son temps, ce qu'on avait peine à croire quand on voyait ses mèches grises et son nez crochu toujours en conversation avec son menton ; mais ceux de son âge disaient qu'aucune jeune fille n'avait eu meilleur visage, ni l'humeur plus inclinée à la gaieté.

« Charlotte était restée seule avec son père à la tête d'une grosse ferme, ayant plus de dettes que de revenus ; si bien que l'ouvrage succédait à l'ouvrage, et que la pauvre fille, qui n'était point faite à tant de soucis, tombait souvent en désespérance et se mettait à ne rien faire pour mieux chercher le moyen de faire tout.

« Un jour donc qu'elle était assise devant la porte, les deux mains sous son tablier, elle commença à se dire tout bas : — Dieu me pardonne ! la tâche qui m'a été faite n'est pas supportable, et c'est grand'pitié qu'à mon âge je sois tourmentée de tant de soins. Ah ! pourquoi la bonne fée Vert-d'Eau n'est-elle plus de ce monde, ou que ne l'a-t-on invitée à mon baptême ! Si elle pouvait m'entendre et si elle voulait me secourir, peut-être sortirions-nous, moi de mon souci, et mon père de sa gêne.

— Sois donc satisfaite, me voilà ! interrompit une voix. Et Charlotte aperçut devant elle la mère Vert-d'Eau qui la regardait, appuyée sur son petit bâton de houx.

Au premier instant, la jeune fille eut peur, car la fée portait un habillement peu en usage dans le pays : elle était vêtue tout entière d'une peau de grenouille dont la

tête lui servait de capuchon, et elle-même était très
laide, vieille et ridée.

Cependant Charlotte se remit assez vite pour demander à la fée Vert-d'Eau, d'une voix un peu tremblante,
mais très polie, ce qu'elle pouvait faire pour son service.

— C'est moi qui viens me mettre au tien, répliqua la

Charlotte aperçut devant elle la fée Vert-d'Eau. (V. *page* 136.)

vieille ; j'ai entendu ta plainte et je t'apporte de quoi
sortir d'embarras.

— Ah! parlez-vous sérieusement, bonne fée? s'écria
Charlotte, qui se familiarisa tout de suite; venez-vous
pour me donner un morceau de votre baguette avec
lequel je pourrai rendre tout mon travail facile?

— Mieux que cela, répondit la fée, je t'amène dix petits ouvriers qui exécuteront tout ce que tu voudras bien
leur ordonner. — Où sont-ils? s'écria la jeune fille. La
vieille entr'ouvrit son manteau et en laissa sortir dix
nains de grandeur inégale. Elle fit un signe et les dix
nains s'élancèrent. Charlotte les vit exécuter successivement les travaux les plus rudes et les plus délicats, se

plier à tout, suffire à tout, préparer tout. Émerveillée, elle poussa un grand cri de joie et étendant les bras : — Ah ! bonne fée, prêtez-moi ces dix vaillants travailleurs, et je ne demande plus rien à celui qui a créé le monde.

— Je fais mieux, répliqua la fée, je te les donne ; seulement, comme tu ne pourrais les transporter partout avec toi sans qu'on t'accusât de sorcellerie, je vais ordonner à chacun d'eux de se faire petit et de se cacher dans tes dix doigts. Quand ceci fut accompli : — Tu sais maintenant quel trésor tu possèdes, reprit la fée ; tout va dépendre de l'usage que tu en feras. Si tu ne sais point gouverner tes petits serviteurs, si tu les laisses s'engourdir dans l'oisiveté, tu n'en tireras aucun avantage ; mais donne-leur une bonne direction, de peur qu'ils ne s'engourdissent, ne laisse jamais tes doigts en repos, et le travail dont tu étais effrayée se trouvera fait comme par enchantement.

La fée avait dit vrai, et notre grand'mère, qui suivit ses conseils, non seulement vint à bout de rétablir les affaires de la ferme, mais elle sut gagner une dot avec laquelle elle se maria heureusement, et qui l'aida à élever huit enfants dans l'aisance et l'honnêteté. Depuis, c'est une tradition parmi nous qu'elle a transmis les *travailleurs de la mère Vert-d'Eau* à toutes les femmes de la famille, et que, pour peu que celles-ci se remuent, les petits ouvriers se mettent en action et nous font profiter grandement. Aussi avons-nous coutume de dire que c'est dans le mouvement des dix doigts de la ménagère qu'est toute la prospérité, toute la joie et tout le bien-être de la maison.

Magasin pittoresque.

SUJET DE RÉDACTION

1. Montrez que le travail est un bienfait pour l'homme. — 2. Dites la différence qui existe entre le travail manuel et le travail intellectuel. — 3. Citez quelques pensées d'écrivains sur le travail. — 4. Parlez de ce qui regarde spécialement les femmes ; avantages pour elles du travail à l'aiguille.

L'AME

Sa nature. — Ses facultés

I. — NATURE DE L'AME

Nous avons déjà dit que la créature raisonnable qui s'appelle « l'homme » se compose d'un corps et d'une âme. Le corps est comme le vêtement de l'âme, il est matériel. L'âme, au contraire, c'est-à-dire ce qui en nous pense, veut et sent, est immatérielle ; elle est spirituelle comme Dieu qui l'a créée à son image. Quand nous disons qu'elle est spirituelle, nous entendons qu'elle n'est pas une partie de notre corps ; qu'elle n'est ni notre sang, ni nos nerfs, ni notre cerveau, ni rien de large, d'étroit, de profond ; qu'on ne peut la diviser en parties, puisqu'elle n'en a pas ; en un mot, qu'elle n'est en rien semblable à tout ce que nous voyons, touchons ou percevons par nos sens ; mais qu'elle est d'un ordre différent, très supérieur à ce qui nous entoure.

L'âme a besoin du corps ; elle n'agirait pas si ses organes corporels lui manquaient : nous ne verrions pas sans yeux, nous n'entendrions pas sans oreilles. Le corps est pour l'âme ce qu'est un instrument pour le musicien, un outil pour l'ouvrier. Ainsi un piano ne jouera un air, ne fera entendre des sons harmonieux que quand le musicien posera ses doigts sur les touches.

Le corps agit sur l'âme : si le corps est attaqué, l'âme souffre. Nos facultés intellectuelles n'ont toute leur puissance que quand le corps n'est point sous le coup de la maladie et qu'il n'éprouve pas de vives douleurs.

— Mais, est-ce que l'âme agit aussi sur le corps ?

— Oui, chère enfant, quand l'âme est fortement émue, les fonctions corporelles sont troublées plus ou moins ; les peines morales influent sur le physique. On raconte qu'un jour l'illustre guerrier Turenne, en face des canons ennemis, reçut une décharge terrible qui, malgré lui, le fit tressaillir. Aussitôt, s'adressant à son corps, qu'il n'avait pu empêcher de frémir : « Tu trembles, carcasse, « lui dit-il ; tu tremblerais bien davantage si tu savais « où je vais te mener tout à l'heure. »

— Qu'est-ce qui nous prouve l'existence de notre âme, puisque nous ne pouvons ni la voir, ni l'entendre, ni la saisir ?

— Il est vrai, ma petite Marie, que notre âme est invisible ; mais nous sommes témoins des actes qu'elle accomplit et dont notre corps est incapable, ce qui ne nous permet pas de douter de son existence. Ainsi aimer, penser, vouloir, réfléchir, sont des faits spirituels aussi réels, aussi évidents que les faits physiques manger, boire et dormir ; mais tandis que c'est le corps qui mange, boit et dort, c'est l'âme qui aime, pense, veut et réfléchit. De plus, chère enfant, on ne doit pas reconnaître comme réelles seulement les choses connues et atteintes par les sens. Ainsi, lorsque vous regardez une locomotive dévorer l'espace et emporter comme l'éclair voyageurs et marchandises ; lorsque vous voyez au printemps les plantes se couvrir de feuilles et de fleurs, vous ne voyez ni la force puissante de la vapeur, ni la force de la vie et de la végétation, et pourtant vous y croyez...

— C'est vrai, votre réflexion est bien juste, Madame, et je vous en remercie.

II. — FACULTÉS DE L'AME

Les facultés de l'âme sont ses puissances, ses manières d'être ou plutôt d'agir ; elle en a trois principales : l'intelligence, la sensibilité, la volonté.

L'*intelligence* est la faculté qui nous permet de concevoir des idées, de juger, de raisonner, de nous souvenir, de nous instruire, d'apprendre, en un mot, de connaître,

Le but de l'éducation est de former et de développer l'intelligence.

La *sensibilité* est la faculté par laquelle nous éprouvons des impressions diverses. Suivant les circonstances dans lesquelles nous nous trouvons, elle nous fait passer par des alternatives de peine et de plaisir, de satisfaction et de mécontentement, de sentiments agréables ou désagréables. On pourrait la définir simplement : la faculté de jouir et de souffrir, d'éprouver de la joie ou de la peine.

La *volonté* est la faculté qui nous donne le pouvoir d'agir, de nous porter vers certains objets, de nous déterminer à certains actes. La volonté, c'est la faculté maîtresse, celle qui commande aux autres. Le caractère propre de la volonté est la liberté; nous nous déterminons à une action avec la conscience que nous pourrions nous déterminer à une autre.

L'homme est libre, il peut choisir entre faire le bien ou faire le mal; on ne peut l'obliger à vouloir ce qu'il ne veut pas; on peut réduire notre corps en servitude, il n'en est pas de même de notre volonté, elle échappe à toutes les violences. La liberté de détermination est le plus glorieux privilège de la nature humaine, c'est là ce qui nous distingue le plus des animaux. L'animal a de l'instinct, il n'a pas de volonté réfléchie et libre; aussi n'est-il pas responsable de ses actes comme nous le sommes des nôtres.

— Madame, qu'entend-on ici par le mot *responsable?*

— Par là, mon enfant, on entend que lorsque nous agissons en connaissance de cause, avec intention, nous devons répondre de l'acte que nous accomplissons. Si l'acte est bon, nous méritons une récompense; s'il est mauvais, une punition. Pour ne pas faire le mal, il est utile que la volonté soit suffisamment éclairée par la conscience. La liberté de détermination s'appelle *libre arbitre* ou *liberté morale*, pour la distinguer des autres libertés; elle est l'apanage de tout le monde.

— Oui, j'ai remarqué souvent en moi cette liberté-là. Lorsque mes parents me donnent de l'argent, au moment des étrennes, j'ai toujours un moment d'embarras, je réfléchis, je cherche ce qui me serait le plus agréable, soit d'acheter un objet de toilette, un livre, un jouet, soit d'en faire une bonne œuvre.

— Et il n'est pas besoin d'être sorcière pour deviner, chère Yvonne, que si vous avez choisi ce dernier parti, — faire une bonne œuvre, donner du pain à des enfants qui en manquent, — vous avez été bien inspirée, car cet emploi est celui qui vous aura fait éprouver le plus de joie et vous aura fait le plus de bien au cœur.

Pour résumer et définir en quelques mots les facultés de l'âme, nous dirons : l'entendement est l'âme qui perçoit, qui acquiert des notions ou idées; la sensibilité, l'âme qui sent; la mémoire, l'âme qui se souvient: l'imagination, l'âme qui colore; le jugement, l'âme qui voit juste; la volonté, l'âme qui choisit.

Immortalité de l'âme

> Cette vie a été donnée à l'homme pour en mériter une meilleure.
>
> Victor Cousin

Notre âme est *une ;* elle est simple et sans parties et ne saurait donc se décomposer. Elle ne vieillit pas avec notre corps, ne périt pas avec lui, elle est *immortelle*. « L'idée d'une vie future, dit M. Guizot, est unie dans l'histoire de l'humanité à l'idée de Dieu; elle est le fond commun de toutes les religions, la conséquence nécessaire de l'existence d'une cause première infiniment bonne et juste. » Non, l'âme ne meurt pas avec le corps.

·Tous les peuples de la terre ont toujours cru qu'après cette vie il y en a une autre où sont récompensées les bonnes actions et punies les mauvaises, et il serait bien étonnant que le genre humain en masse se fût trompé. Si ce n'était la vérité, comment les hommes d'époques si différentes, de climats si divers, d'idées et de coutumes si variées, auraient-ils pu se rencontrer tous sur la même croyance ?

On a expliqué la vie future de différentes manières, selon la différence des religions. Mais quant au fait principal, c'est-à-dire l'existence d'une autre vie et l'immortalité de l'âme, tout le monde est d'accord. Preuve incontestable que l'âme ne meurt pas avec le corps; car quand un grand nombre de témoins, qui n'ont entre eux aucun rapport, s'accordent au moins sur ce point, c'est l'indice que la vérité se trouve en ce point.

C'est aux heures où l'esprit n'est pas bien lucide, où la volonté n'est pas bien robuste que le doute religieux monte comme un brouillard et obscurcit l'esprit ; mais quand la pensée revient plus forte et plus saine, alors le doute nous révolte et nous indigne contre nous-mêmes, parce qu'il n'offre aucune solution au mystère qui nous tourmente, au mystère de notre nature et de notre avenir.

Sans l'immortalité, nos misères sont des maux qui ne connaissent point de remède; avec l'immortalité ces misères peuvent être échangées contre des félicités sans fin, car pour l'homme religieux le soir de la vie est l'aurore d'un jour éternel. Massillon a dit avec raison : « Si tout meurt avec le corps, il faut que l'univers prenne d'autres lois, d'autres mœurs, d'autres usages, et que tout change de face sur la terre. Si tout meurt avec le corps, les maximes de l'équité, de l'amitié, de l'honneur, de la bonne foi, de la reconnaissance, ne sont plus que des erreurs populaires. » Mais il n'en est point ainsi : tous, sans exception, nous avons le sentiment invincible de l'immortalité, tous nous ressentons une soif de bonheur que rien ne satisfait ici-bas. Combien, parmi nous, pourraient jeter ce cri douloureux échappé du cœur meurtri d'un poète :

> O vous, qui demandez si l'âme est immortelle,
> Et ma part de bonheur, dites, où donc est-elle ?

Dieu, si bon, ne peut avoir mis en nos cœurs des aspirations qui ne pourraient jamais être satisfaites ; il ne nous soutiendrait pas à travers tant d'orages, il ne nous donnerait pas la soif de la vérité, l'amour de la lumière pour nous tromper au moment suprême et nous noyer au port.

— Mais il me semble que la pensée de l'immortalité est une grande consolation sur la terre...

— Expliquez-vous, ma chère Louise ; qu'entendez-vous par là ?

— Lorsque, pendant la guerre, nous avons eu le malheur de perdre mon frère aîné, mort glorieusement à Reichshoffen, maman, au milieu de ses larmes, ne cessait de répéter : « Mon pauvre enfant, comme tu nous « as quittés vite ! comme nous avons peu joui de toi ! « se pourrait-il que je ne te revisse plus jamais ? oh ! « non, c'est impossible ; nous nous retrouverons dans un « monde meilleur, et là nous ne nous quitterons plus. »

— Votre réflexion est juste et touchante, Louise ; mais cette croyance universelle du genre humain à l'immortalité de l'âme est en outre confirmée par une raison aussi forte que simple : nous voyons à chaque pas qu'il y a des méchants qui passent leur vie dans les plaisirs ; qu'il y a des hommes de bien qui traînent une vie chargée de misères et d'infortune ; Dieu étant juste, comment est-il possible qu'il n'ait pas réservé pour une autre vie la récompense de la vertu, le châtiment du vice ? Pourrions-nous croire que l'homme meurt comme

les animaux, sans avoir à rendre aucun compte de
ses actions, bonnes ou mauvaises? Ah!
ne faisons pas cette injure à la justice
divine, ne dégradons pas à ce point
notre nature.

Quelques beaux vers d'Alfred de
Musset vont clore dignement cet entretien.

A. de Musset.

> Créature d'un jour, qui t'agites une heure,
> De quoi viens-tu te plaindre et qui te fait gémir?
> Ton âme t'inquiète, et tu crois qu'elle pleure;
> Ton âme est immortelle, et tes pleurs vont tarir.
>
> Le regret d'un instant te trouble et te dévore;
> Tu dis que le passé te voile l'avenir;
> Ne te plains pas d'hier; laisse venir l'aurore:
> Ton âme est immortelle, et le temps va s'enfuir.
>
> Ton corps est abattu du mal de ta pensée;
> Tu sens ton front peser et tes genoux fléchir;
> Tombe, agenouille-toi, créature insensée:
> Ton âme est immortelle, et la mort va venir.

EXERCICE

Parlez de l'âme, de sa nature, de ses diverses facultés. — Dites ce qu'on
entend par le mot *immortalité* et donnez des preuves de l'immortalité de
l'âme.

La Loi morale — Sa sanction

> La loi morale est l'obligation imposée à l'être intelligent et libre de faire ce qu'il sait être bien.
>
> A. PELLISSIER.

La vie du corps s'appelle la « vie animale » parce qu'elle nous est commune avec les animaux ; mais à côté de cette vie purement matérielle nous en avons une autre plus élevée qui fait notre supériorité, c'est la vie de l'âme, de l'intelligence, en un mot la vie intellectuelle. On peut dire qu'il existe encore une troisième vie, la vie morale, celle qui consiste à aimer Dieu, à aimer ses semblables, à faire le bien, à éviter le mal, à dompter ses passions, à se perfectionner, à se sacrifier pour les autres, à pratiquer la justice, la charité. C'est cette vie qui constitue véritablement la grandeur de l'homme et le fait roi de la création ; nous allons nous en occuper.

Vous êtes bien jeunes encore, mes enfants, et pourtant vous savez déjà distinguer le bien du mal, les actions bonnes des actions mauvaises. C'est à l'aide de votre conscience, de cette voix intérieure qui vous parle au fond de l'âme, que ce discernement est possible. Vous reconnaissez ainsi qu'il existe une loi qui nous oblige à faire le bien et à éviter le mal ; on appelle cette loi *la loi naturelle* ou *morale*, pour la distinguer de la loi écrite.

— Quelle est donc la différence entre la loi écrite et la loi naturelle ?

— L'une fixe un minimum de prescriptions que la société impose à tous ses membres sous des peines déterminées, sous des punitions infligées par les tribunaux : amende, prison, bagne, échafaud ; l'autre impose à chacun dans le secret de sa conscience un devoir que nul ne le contraint à remplir, mais auquel il ne peut manquer sans se sentir coupable envers lui-même et envers

Dieu. La loi naturelle s'impose à tout le genre humain sans exception ; elle a toujours existé, reste toujours la même et ne subit aucun changement ; elle a pour base une autorité infiniment supérieure à l'homme ; elle repose sur Dieu lui-même.

La loi naturelle est nécessaire ; je dis plus, elle est indispensable ; il n'est pas possible qu'elle n'existe pas, dès lors elle doit avoir une sanction.

— Qu'est-ce qu'une sanction ?

— La sanction d'une loi est l'ensemble des récompenses et des peines attachées à l'exécution ou à la violation de la loi. La sanction de la loi morale est la récompense ou la peine qui y est attachée. C'est surtout à la loi morale qu'une sanction est nécessaire, puisqu'elle ne nous contraint pas. Elle n'est une loi sévère et sainte qu'à la condition que le châtiment soit attaché à sa violation, et le bonheur au soin qu'on prend de l'observer.

La loi morale est deux fois sanctionnée, elle l'est dans la vie présente et dans la vie future. Ceux qui l'observent sont récompensés, ceux qui la transgressent sont punis.

— Quelle est donc, Madame, la récompense ici-bas de ceux qui observent la loi naturelle ?

— Ils ont d'abord l'approbation de leur conscience, ce qui est précieux, car cette approbation est accompagnée d'une joie vive et profonde : nulle récompense n'est comparable à la satisfaction du devoir accompli.

— Mais n'y a-t-il pas d'autres récompenses ?

— Quand on fait le bien, mon enfant, on a non seulement l'approbation de sa conscience, mais aussi l'estime et l'approbation des honnêtes gens ; or, c'est un grand bonheur de jouir de la considération publique, d'avoir une bonne réputation. L'ouvrier laborieux s'attire la confiance de son patron, le marchand consciencieux se forme une bonne clientèle, l'employé fidèle est bien vu de ses chefs, l'écolier studieux et docile est chéri de ses maîtres.

Enfin, ceux qui font le bien trouvent leur récompense dans les conséquences heureuses découlant de leurs vertus.

— Ici, je ne comprends plus encore une fois.

— Écoutez bien, chère enfant; on appelle *sanction naturelle* celle qui repose sur les conséquences naturelles de nos actions. Par exemple, le travail et l'ordre amènent l'aisance, éloignent la pauvreté; la tempérance et la sobriété développent la santé, la force et la beauté du corps; la probité assure la confiance et le crédit; la patience rend la vie plus supportable; la bonté et la bienveillance nous font des amis. Je vous le demande, ne sont-ce pas là des récompenses?

Ceux qui transgressent la loi morale reçoivent le plus généralement une punition, conséquence naturelle de leurs mauvaises actions. Ainsi, ils sont blâmés par leur conscience, torturés par le remords, qu'on a si bien appelé « ver rongeur »; ils sont en outre blâmés et méprisés par les honnêtes gens. Chaque acte mauvais nuit à celui qui s'en rend coupable : la paresse amène la pauvreté; l'intempérance est une cause de maladie; la méchanceté éloigne nos semblables de nous, les excès de tout genre abrègent notre existence. Ces faits, que nous pouvons vérifier journellement, donnent raison à cet adage : « L'honnête n'est pas l'utile, mais il est souvent ce qu'il y a de plus utile; ou, en d'autres termes : Être honnête est la meilleure et la plus sûre habileté. »

Dans la vie, notre devoir est d'accord avec notre véritable intérêt; il est facile de prouver qu'en nous conformant aux lois de la morale nous faisons généralement ce qui nous est le plus utile. Cependant, il faut se garder d'en conclure que, pour remplir son devoir, il suffise de consulter son intérêt. Cela pourrait être si nous n'étions pas exposés à nous méprendre sur nos vrais intérêts. Mais trop souvent nous prenons pour notre intérêt, non pas ce qui nous est véritablement utile, mais ce qui nous plaît.

La Sanction religieuse

Nous avons dit que les honnêtes gens sont récompensés et que les méchants sont punis ici-bas par leur conscience, par l'estime publique, — ou le mépris public, — par certaines conséquences naturelles de leurs actes. Cela est vrai souvent ; mais cela n'est pas vrai toujours.

— Ah ! il existe donc des cas où la conscience ne remplit pas son office de juge sévère et inexorable ?

— Oui, ma Berthe, il arrive que la conscience se fausse, qu'elle s'émousse avec le temps ; les criminels finissent par étouffer leurs remords et savent

> Se faire un front qui ne rougit jamais.

L'habitude du crime lui enlève de son horreur ; ainsi, un coupable endurci aura moins de remords pour un meurtre que vous n'en aurez pour une faute légère. La satisfaction morale elle-même est une récompense insuffisante. Un honnête homme peut être déshonoré par son enfant ; il peut être frappé dans ses plus chères affections, n'avoir pas de santé, etc. Peut-on croire que sa bonne conscience le consolera complètement de toutes ses douleurs ? Puis, sur la terre, que de belles actions restent sans récompense, que de turpitudes cachées au fond des cœurs ne reçoivent pas de châtiment ! Que de fois un homme n'est ni honnête ni vertueux et se contente de le paraître ! Que de fois la foule aveugle et abusée applaudit au triomphe des méchants et insulte au malheur des bons ! Que de fois enfin le méchant prospère, tandis que le juste reste opprimé ! Non, la vertu n'est pas une égide suffisante pour protéger contre les coups de l'adversité.

— Si j'osais... je dirais bien quelque chose ici.

— Parlez, Berthe ; que vous vient-il à la pensée ?

— Je me demande comment on peut accorder l'idée

de la justice de Dieu avec le spectacle qui s'offre partout à nos regards : le triomphe des méchants et le succès des pervers, les souffrances des bons, le malheur et la ruine des gens de bien; est-ce qu'il n'y a pas là de l'injustice?

— Il n'y a là, mon enfant, ni injustice ni hasard : cela prouve simplement la nécessité d'une sanction autre que celle de la vie présente, laquelle est incomplète et insuffisante. Il faut à notre besoin de justice une sanction suprême, supérieure et définitive qui rétablira l'harmonie naturelle entre la vertu et le bonheur; il faut que, dans une vie ultérieure et par la volonté toute-puissante d'un juge infaillible, qui n'ignore ni une seule de nos actions, ni la plus secrète de nos intentions, chacun de nous obtienne enfin le sort qu'il mérite et qu'il n'a pas toujours dans la vie actuelle.

On dirait, aux murmures des impatients mortels, que Dieu leur doit la récompense avant le mérite, et qu'il est obligé de payer leur vertu d'avance. Oh! soyons bons premièrement, et puis nous serons heureux. N'exigeons pas le prix avant la victoire, ni le salaire avant le travail. « Ce n'est pas dans la lice, disait Plutarque, que les vainqueurs de nos jeux sacrés sont couronnés, c'est après qu'ils l'ont parcourue. »

Résumons-nous. La vie future est certaine, parce qu'elle est nécessaire. La vie future est nécessaire au maintien de la loi morale, de cette loi que Dieu nous impose et dont il garantit l'exécution. Notre grand poète Lamartine a prononcé ces belles paroles : « Otez l'idée de Dieu dans la conscience, et il fait nuit dans l'homme; la conscience sans Dieu, c'est un tribunal sans juge. »

QUESTIONNAIRE

Véracité et Sincérité

NE JAMAIS MENTIR

La parole a été donnée à l'homme pour exprimer sa pensée ; de là le devoir impérieux de ne parler que le langage de la vérité, c'est-à-dire d'être sincère et de ne jamais mentir. La *véracité* est l'attachement constant à la vérité ; le mensonge est l'affirmation d'un fait que nous savons être faux et que nous avons l'intention de faire prendre pour vrai. Le mensonge est une faute très grave ; c'est un vice bas et odieux que tout le monde déteste ; il décèle une âme faible, un esprit sans ressources, un caractère vicieux. Le mensonge est par sa nature un vrai dissolvant de la vie sociale. « C'est un maudit vice, dit Montaigne ; si nous en connaissions l'horreur et le poids, nous le poursuivrions à feu, plus justement que d'autres vices : nous ne sommes hommes et nous ne tenons les uns aux autres que par la parole. » L'homme qui donne des mensonges pour des vérités est coupable comme celui qui donne de la fausse monnaie pour de la bonne. En Perse, on apprenait aux jeunes gens deux choses avant tout : tirer de l'arc et dire la vérité. La vérité honore celui qui la pratique, et l'on dit d'un homme qui ne ment jamais : C'est un homme véridique, un homme d'honneur. Il y a des mensonges abominables, ce sont les parjures, c'est-à-dire les faux serments ou la violation des serments.

— Savez-vous ce que c'est que la calomnie, Hélène ?

— La calomnie est un mensonge par lequel on accuse quelqu'un d'une mauvaise action qu'il n'a pas faite, ou par lequel on lui impute des défauts ou des vices qu'il n'a pas.

— Oui, la calomnie, c'est le mensonge avec l'envie de faire le mal ; c'est de la haine ; c'est une lâcheté ; c'est un crime si affreux que la pensée n'en peut entrer que dans l'âme d'un pervers. Les calomnies s'étendent comme les taches d'huile; on s'efforce en vain de les ôter, la marque reste. J'en suis certaine, mes enfants, vous ne calomnierez jamais, vous ne voudriez pas vous rendre coupables d'une faute aussi grave. Et savez-vous quelle différence il y a entre la médisance et la calomnie?

— La première publie le mal d'autrui et l'autre l'invente.

— Parfaitement; mais si par cela même la médisance est moins odieuse que la calomnie, il ne faut pas moins s'en abstenir.

— Autrefois je mentais, maintenant je ne mens plus.

— Ah! voilà, ma petite Helène, un aveu franc et sincère; et qu'est-ce qui vous a corrigée?

— Un jour, j'avais fait un mensonge à ma mère, et pour soutenir ce mensonge j'ai été obligée de bâtir tant de contes, de composer tant d'histoires invraisemblables, — qui en définitive n'ont abouti qu'à ma confusion, — que je me suis bien promis de dire la vérité à l'avenir, et j'ai tenu parole. — Il est encore d'autres raisons qui doivent nous empêcher de mentir. C'est qu'on méprise le menteur, on ne le croit plus, lors même qu'il dit la vérité. On n'ajoute plus foi à ses discours, parce qu'on a lieu de craindre qu'il ne soit pas plus sincère dans cette circonstance qu'il ne l'a été dans cent autres, où l'on a découvert la fausseté de ses paroles. C'est l'histoire de Guillot.

> Guillot criait: *Au loup!* un jour, par passe-temps.
>   Un tel cri mit l'alarme aux champs:
>   Tous les bergers du voisinage
> Coururent au secours; Guillot se moqua d'eux;
>   Ils s'en retournèrent honteux,
>   Pestant contre son badinage.
>   Mais rira bien qui rira le dernier:
> Deux jours après, un loup avide de carnage,
>   Un véritable loup-cervier,

Malgré notre berger et son chien, faisait rage
    Et se ruait sur le troupeau.
Au loup! s'écria-t-il, *au loup!* Tout le hameau
    Rit à son tour : — « A d'autres, je vous prie,
    Répondit-on. L'on ne nous y prend plus. »
Guillot le goguenard fit des cris superflus :
    On crut que c'était fourberie.

    Menteur n'est jamais écouté,
    Même en disant la vérité.

RICHER.

— Est-il donc défendu de mentir par complaisance, en riant ou pour s'amuser?

— Je ne puis, mon enfant, que vous répéter ce principe : il n'est jamais permis d'altérer ni de fausser la vérité, d'exprimer des sentiments qu'on ne ressent pas.

— Alors, il faut dire toujours tout ce qu'on pense?

— Non, il ne faut pas toujours dire tout ce qu'on pense, cela ne serait pas prudent : mais il faut toujours penser ce qu'on dit, cela est de la sincérité. A ce sujet, je vous dirai encore avec une femme célèbre : « On est obligé de dire la vérité; mais on n'est pas obligé de dire toutes les vérités, car si toutes les vérités sont bonnes à entendre, elles ne sont pas toutes bonnes à dire. »

LA HACHETTE DE WASHINGTON

Lorsque l'illustre fondateur de la république des États-Unis, Georges Washington, était petit enfant, quelqu'un lui donna une hachette. Tout joyeux, il s'en alla essayer son outil et frappa tout ce qui se rencontrait sur son chemin. Dans le jardin il y avait un superbe oranger auquel son père tenait beaucoup; le petit étourdi le frappa de sa hache et lui fit des entailles qui devaient le faire périr.

Lorsque son père vit l'arbre, il fut vivement contrarié et demanda quel était l'auteur de ce méfait; à ce moment il vit Georges sa hachette à la main et soupçonna qu'il était le coupable.

— Georges, dit le père, savez-vous qui a massacré l'oranger du jardin? Je veux lui infliger une punition telle qu'il ne puisse l'oublier.

L'enfant resta pensif un instant; puis, sortant de son hésitation, il répondit avec une noble sincérité : — Mon père, je ne veux pas mentir, c'est moi qui ai coupé l'arbre avec ma hachette, punissez-moi.

— Viens dans mes bras, mon enfant, s'écria son père. Tu as eu tort de couper l'oranger que j'avais planté, et pourtant, Georges, en me disant la vérité, tu me dédommages amplement de cette perte. Le courage et la sincérité dans mon fils ont plus de valeur que mille arbres, eussent-ils des fleurs d'argent et des fruits d'or. Va, et que l'aventure de l'oranger te fasse souvenir toute ta vie de dire, quoi qu'il t'en coûte, la vérité.

EXERCICE

Donnez une définition du mensonge, de la médisance, de la calomnie. — Montrez comment le menteur est toujours puni de son vice. — Parlez du mépris qu'il inspire.

Dignité personnelle — Respect de soi-même

La dignité est un sentiment d'honneur et de devoir, un sentiment moral qui force l'homme à subordonner ses actions, ses paroles et ses pensées à son nom, à sa fortune, à sa position sociale. Plus un homme est élevé en rang, plus il doit veiller sur ses actes et ses paroles, par respect pour lui-même et pour ceux dont il est le représentant officiel. La fierté, — qu'il ne faut pas confondre avec l'orgueil, — est le juste sentiment que l'homme a de sa dignité personnelle et qui lui défend d'humilier ou de laisser humilier la personne humaine.

— Mais pour nous, pour un enfant, en quoi peut donc consister le respect de soi-même ?

— Il consiste à avoir une tenue toujours convenable et décente, à châtier son langage, à éviter les emportements de la colère, à cultiver son esprit, à rechercher ce qui peut le rendre meilleur, et enfin à savoir supporter patiemment les souffrances du corps. « La douleur te vaincra si tu faiblis, dit Sénèque, c'est toi qui la vaincras si tu as le cœur ferme. »

L'homme qui comprend la dignité humaine n'est ni parasite, ni flatteur, ni mendiant ; il évite les conséquences funestes de l'intempérance ; il montre du courage et de la fermeté dans les peines de la vie ; il sait envisager la mort sans épouvante, parce qu'il sait s'y préparer par la pratique des vertus.

Un grand moraliste, Épictète, qui vivait sous Marc-Aurèle, résumait sous la forme vive et frappante d'une comparaison les devoirs de l'homme envers lui-même : « Dis-moi, si Dieu avait confié à ta garde un orphelin, n'en prendrais-tu pas soin ? Eh bien ! ce n'est point un orphelin, c'est toi-même qu'il a confié à ta garde, en te disant : Je n'ai personne à qui je me fie plus qu'à toi, garde-moi cet homme tel que je l'ai fait, honnête, sincère, d'une âme élevée, supérieure à la crainte et à l'intérêt. Et toi, tu ne le garderais pas ? »

Le Sage, le célèbre auteur de *Gil Blas*, avait promis de venir lire chez la duchesse de Bouillon une pièce dont on commençait à faire grand bruit. Au jour fixé pour cette lecture, une circonstance imprévue l'ayant mis en retard, l'écrivain trouva en arrivant son auditoire fort impatient. « Monsieur, dit la duchesse avec hauteur, il est malséant de faire attendre pendant une heure des personnes de notre sorte. — Madame, répliqua froidement Le Sage, en remettant son manuscrit dans sa poche, en échange de l'heure que vous avez perdue par ma faute, je vais vous en faire gagner deux. » Et saluant, il sortit.

QUESTIONNAIRE

Qu'entendez-vous par ces mots : dignité personnelle, respect de soi-même ? — En quoi consiste le respect de soi-même pour un enfant ?

Modestie

NE POINT S'AVEUGLER SUR SES DÉFAUTS

> Les ignorants et les sots ne sont jamais modestes.

— Voilà une épigraphe bien faite pour nous porter à la modestie, car aucune d'entre vous, mes enfants, ne voudrait, je suppose, passer pour ignorante et sotte ! Eugénie pourra sans doute nous dire ce qu'on entend par la modestie ?

— Je comprends très bien ce qu'est cette vertu ; mais je trouve qu'il est difficile de la définir. Selon moi, la modestie nous éloigne de penser et de parler avantageusement de nous ; elle nous empêche de nous aveugler sur nos défauts, de nous enorgueillir de nos vertus et de nous élever au-dessus des autres. Être modeste, c'est reconnaître qu'on ignore beaucoup de choses, qu'on laisse à désirer sous beaucoup de rapports.

— C'est bien cela, chère enfant; de plus, la modestie nous tient à notre place et nous donne le juste sentiment de ce que nous sommes et de ce que nous valons. L'homme modeste ressemble à cette fleur qu'une humble tige dérobe à la vue et que son parfum seul fait découvrir.

— Oui, à la violette, dont le nom seul rappelle ces vers de Mme d'Hautpoul :

> O fille du printemps, douce et touchante image
>> D'un cœur modeste et vertueux,
> Du sein de ce gazon, tu remplis ce bocage
>> De ton parfum délicieux.
> Que j'aime à te chercher sous l'épaisse verdure
>> Où tu crois fuir mes regards et le jour !
> Au pied d'un chêne vert qu'arrose une onde pure
>> L'air embaumé m'annonce ton séjour :
> Mais ne crains rien de ma main généreuse ;
>> Sans te cueillir, j'admire ta fraîcheur :
> Je ne voudrais pas être heureuse
>> Aux dépens même d'une fleur.

— Mme d'Hautpoul exprime là un sentiment bien délicat ; la modestie est, en effet, la plus belle parure des jeunes filles, elle les revêt d'un reflet qui charme les yeux et attire l'affection. On remarque sur le visage d'une personne modeste une certaine grâce qui prévient en sa faveur avant qu'elle ne parle. On a dit avec raison : « La modestie est à la vertu ce qu'un voile est à la beauté : elle en fait ressortir l'éclat ; elle est au mérite ce que les ombres sont aux figures dans un tableau : elle lui donne de la force et du relief ; enfin, elle est le seul éclat qu'il soit permis d'ajouter à la gloire. »

Citons quelques traits de modestie :

Mme Dacier était une femme très instruite et célèbre

par ses ouvrages. Un savant allemand, qui les avait lus et en faisait grand cas, vint lui rendre visite à Paris et lui présenta son album pour qu'elle voulût bien y écrire quelque chose. Ayant vu dans cet album les signatures des plus célèbres littérateurs de l'Europe, elle dit qu'elle n'oserait jamais mettre son nom parmi tant de noms illustres. L'Allemand insista; vaincue par ses instances, elle prit la plume et inscrivit son nom avec cette sentence d'un auteur grec : Le silence est l'ornement des femmes.

**
* *

Un brave officier, nommé Duras, était fils d'un pauvre paysan; mais au régiment on ne s'en doutait pas. Son père étant venu le voir, il l'accueillit avec la joie la plus vive et le présenta en blouse et en sabots à son colonel. Louis XIV, instruit de la manière dont cet officier avait reconnu, reçu et honoré son père, le fit venir à la cour et lui dit en lui prenant la main : « Duras, je suis bien aise de connaître un des officiers les plus estimables de mon armée; je vous accorde une pension; mariez-vous; j'aurai soin de vos enfants; vous méritez d'en avoir qui vous ressemblent. »

*
* *

Un ami du cardinal Le Camus, évêque de Grenoble, le félicitant sur sa nouvelle dignité lorsqu'il reçut le chapeau, lui dit que son élévation n'était que le fruit et la récompense de son mérite. Le cardinal répondit modestement : « Il faut que Sa Sainteté aime bien la vertu, puisqu'elle en récompense jusqu'à l'ombre. »

QUESTIONNAIRE

Qu'est-ce que la modestie ? — Quels sont ses avantages?

L'Orgueil

L'orgueil gâte une belle âme comme l'enflure du visage altère de beaux traits.

Mᵐᵉ LELEVEUR.

— Cécile, vous n'avez pas encore pris part directement à nos entretiens; pourriez-vous, à votre tour, me tracer le portrait d'une jeune fille orgueilleuse?

— Je puis dire que l'orgueil est un défaut qui nous rend insupportables aux autres. Suivant moi, une élève orgueilleuse est celle qui se regarde comme supérieure à ses compagnes et se croit presque d'une autre nature. Elle les regarde à peine, prend des airs de protection, fait la distraite, la dédaigneuse, écoute peu, semble faire une grâce en se laissant adresser la parole, et répond avec arrogance.

— Oui, chère enfant, voilà bien les caractères de ce vice : la présomption, la suffisance, la fierté, le dédain et l'arrogance. D'après Franklin, l'orgueil est un mendiant qui crie aussi haut que le besoin et qui est bien plus insatiable. Cela signifie que du même fonds d'orgueil dont on s'élève fièrement au-dessus de ses inférieurs, on rampe devant ceux qui sont au-dessus de soi pour obtenir le pouvoir, les distinctions, les honneurs.

Plus on avance dans la vie, mes petites amies, plus on trouve l'orgueil sot et ridicule. De quoi, en effet, pouvons-nous nous enorgueillir? De nos richesses? Nous en jouissons aujourd'hui, et demain elles nous seront enlevées. De notre beauté? Une légère infirmité l'abat et la flétrit. De la gloire? Toute gloire humaine n'est que fumée; et, comme le disait la mère de M. de Lamartine : La plus grande gloire qui rayonne à mille lieues de nous ne vaut pas le sourire de contentement et d'amitié d'un de nos voisins. De notre science? Mais que savons-nous? Peu de chose en vérité. Plus l'homme est instruit, plus il reconnaît son ignorance, et plus il est persuadé qu'il ne

sait rien en comparaison de ce qui lui reste à apprendre.
N'oublions pas que Dieu punit les superbes et qu'il récompense ceux qui sont humbles. L'Évangile l'a dit :
« Celui qui s'élève sera abaissé et celui qui s'abaisse sera
élevé. »

L'orgueil peut prendre un caractère monstrueux. On
a vu des enfants rougir de l'humble condition de leurs
parents et les dédaigner lorsqu'ils étaient eux-mêmes
dans une position plus élevée ; c'est le comble de l'ingra-
titude et de la démence. Nous voyons dans l'histoire que,
bien loin de s'enorgueillir de leur élévation, la plupart
des grands hommes nés dans une position obscure se
sont fait un honneur de rappeler eux-mêmes le souvenir
de leur premier état.

**

Jacques Amyot, né à Melun, d'une famille de pauvres
artisans, fit ses études à Paris, sans autre secours de ses
parents qu'un pain que sa mère lui envoyait toutes les
semaines. A force de privations et de travail, il acheva
ses études et devint professeur. Plus tard, il fut nommé
précepteur des fils du roi Henri II, et mourut grand
aumônier de France et évêque d'Auxerre.

Lorsque, étant enfant, il se rendait à Paris pour faire
ses études, il s'égara et tomba malade en chemin. Un
cavalier, qui le vit étendu dans un champ, eut pitié de
lui, le prit en croupe et l'emmena à Orléans, où il le mit
à l'hôpital. Comme sa maladie ne venait que de lassi-
tude, il fut bientôt guéri : on le congédia et on lui donna
douze sous. Quand il fut devenu riche, loin de rougir de
cette aventure, il donna une rente considérable à l'hôpital d'Orléans, pour témoigner sa reconnaissance de
cette charité et en perpétuer le souvenir.

**

Les ennemis d'Épaminondas, fameux général thébain,
voulant le mortifier, le firent nommer à un emploi in-

digne de lui, et qui consistait à faire nettoyer les rues. Loin d'avoir l'air de considérer ces fonctions comme au-dessous de lui, il les accepta de bonne grâce et les remplit avec zèle. On dit à ce sujet : « Épaminondas a prouvé par son exemple que ce n'est pas la place qui fait honneur à l'homme, mais l'homme qui fait honneur à la place. »

LE PAON ET LE COQ

— Regarde combien la démarche de ton coq est fière et orgueilleuse, disait un jour le paon à la poule. Cependant les hommes ne disent pas : Orgueilleux comme un coq, mais orgueilleux comme un paon.

— C'est que l'homme, répondit la poule, fait grâce à la fierté bien fondée. Si le coq est fier, il l'est de sa vigilance et de sa vigueur. Mais toi, de quoi l'es-tu ?... De tes couleurs et de tes plumes.

La Vanité

> La sottise et la vanité sont deux sœurs qui se quittent peu.
>
> LA ROCHEFOUCAULD.

— Est-ce qu'il y a, madame, une grande différence entre la vanité et l'orgueil?

— La **vanité** est un diminutif de l'orgueil ; l'orgueil rend odieux, la vanité rend ridicule ; l'orgueil est une trop grande estime de soi, la vanité est un désir immodéré de l'estime des autres ; on naît vain, on devient orgueilleux, *Vain* veut dire *vide* ; la vanité est donc bien misérable. Elle est de tous les temps, de tous les âges et de toutes les situations : elle suit l'homme jusqu'à sa dernière heure ; elle se montre dans ses dernières volontés, dans ses dernières paroles, jusque sur la pierre de son tombeau.

— Et pour nous, en quoi consiste la vanité?

— J'ai vu très souvent de mes élèves tirer vanité de la position de leurs parents, de leur richesse, de la maison qu'elles habitaient, des vêtements qu'elles portaient, des amies qu'elles fréquentaient, des éloges qu'on leur adressait, en un mot, de tout ce qui se rapportait à elles. Volontiers elles auraient parlé comme le dindon :

Moi, je me pare ;
Moi, je me carre ;
Moi, je suis gras et beau !
Ma plume est noire,
Mon dos de moire,
De rubis mon jabot.

Voyez, ma tête,
Ma rouge aigrette ;
Voyez, admirez tout !
L'écho s'apprête,
Il vous répète
Mon solennel glouglou.

Ma queue est-elle
Fournie et belle !
Voyez, c'est un soleil,
Tout brille et tremble ;
Que vous en semble ?
Suis-je pas sans pareil ?

Coquetterie — Frivolité

Qu'est-ce qu'un homme frivole? Celui qui s'occupe sérieusement de petites choses et légèrement des objets sérieux, un enfant.

La coquetterie, la frivolité, deux défauts qu'on dirait innés chez...

— Les femmes.

— Justement, ma petite amie. Être légères, coquettes et frivoles, est un reproche qu'on nous adresse souvent, et, hélas! il faut avouer qu'il est bien un peu mérité. Vous savez qu'un écrivain plus spirituel qu'aimable a osé dire que « la femme est un être qui s'habille, babille et se déshabille »; définition bien mortifiante pour nous et

pourtant vraie dans une certaine mesure... Les femmes
pèchent ordinairement par l'amour désordonné de la parure. Pour la femme, la toilette est chose principale et,
comme on dit vulgairement, une affaire d'État ; elle y
attache la plus grande importance. Vous connaissez,
mesdemoiselles, mes idées sur ce sujet ; je vous ai répété
mille fois qu'une femme doit s'habiller convenablement
et porter des vêtements en rapport avec son âge, sa fortune et la position qu'elle occupe dans le monde ; mais il
ne faut pas qu'elle tombe dans l'exagération et se rende
esclave de la mode.

— Nous avons une voisine qui aussitôt qu'une mode
paraît, l'adopte ; elle va à Paris ou en fait venir les objets
de toilette les plus nouveaux ; j'entends dire qu'elle est
excentrique et bizarre.

— C'est ce qui arrive quand on ne se contente pas de
suivre la mode d'un peu loin : on attire sur soi l'attention, on se singularise.

Mon Dieu ! quand donc les femmes comprendront-elles
que la toilette par elle-même n'est rien, qu'elle ne leur
donne pas de valeur, pas d'esprit, qu'elle ne leur attire
ni estime ni considération, qu'elle ne les rend ni plus aimables, ni plus jolies, et qu'une mise simple, bien *har-
monisée*, de bon goût, a un cachet de distinction que n'ont
point les toilettes tapageuses ! On peut briller par la parure, mais on ne plaît que par la personne ; nos ajuste-
ments ne sont pas nous, et véritablement s'ils sont beaux,
ce sont eux qui méritent les compliments.

Lorsqu'une femme aime trop la toilette, on peut prévoir qu'elle ruinera son mari ou tout au moins l'empê-
chera de faire des économies utiles et amènera la gêne
dans le ménage.

> Soie et satin, velours, hermine
> Eteignent feu de la cuisine.

Du temps de François Ier, on a beaucoup ri de ces sei-

« Ils me donnent sans cesse. »

gneurs qui, pour faire figure à la fameuse entrevue du camp du Drap d'Or, y portèrent leurs moulins, leurs forêts et leurs prés sur leurs épaules.

Je ne me sens pas le cœur de rire d'une femme qui porte sur ses épaules, par les salons et les promenades, la joie et la paix du ménage, le repos d'esprit de son mari, le bien-être et l'avenir de ses enfants. On ne peut plus rire d'un travers quand il devient un crime.

LA VRAIE PARURE

« Vois ces charmants bijoux, vois ces riches dentelles,
    Ces frais rubans, ces étoffes nouvelles, »
Disait Julie à Claire, aimable et belle enfant :
« Mon père me les donne... Il est fier et content,
    Moi... j'aime assez être admirée,
Sans mépriser pourtant ceux qui n'ont pas de bien.
Mais, Claire, tes parents ne te donnent donc rien ?
Ta parure est si simple ! — Ils me donnent sans cesse,
Dit Claire en souriant... Ma mère, avec tendresse,
Me donne des conseils que je garde en mon cœur,
    Comme un espoir, un gage de bonheur ;
Et mon père, si riche en science, en sagesse,
Me donne des leçons... Il est fier et content,
    Quand d'un talent nouveau je me montre parée,
Et pour le rendre heureux, il faut que son enfant
    Sans parure soit admirée. »

Mlle Louise BAILLY.

SUJET DE RÉDACTION

1. Montrez combien l'orgueil est un vice détestable. — 2. Dites ce qui distingue l'orgueil de la vanité. — 3. Faites voir le danger de la coquetterie et de la frivolité chez les femmes.

Paresse

AVOIR HONTE DE LA PARESSE ET DE L'IGNORANCE

> La paresse a détruit plus de nations
> encore que l'épée.
>
> ADDISON.

— Mathilde, dites-nous ce que c'est que la paresse.

— La **paresse** est le vice qui éloigne du travail, fait redouter tout effort, porte à la négligence des choses qui sont d'obligation.

— C'est un bien triste et funeste défaut que celui-là, mes petites amies. En étudiant votre mythologie, vous avez vu que la Paresse, divinité allégorique, fille du Sommeil et de la Nuit, avait été métamorphosée en tortue, — animal qui avance si lentement.

Les anciens représentaient la Paresse assise, avec un air triste, la tête penchée et les bras croisés, ayant à ses pieds des quenouilles brisées, symbole de son aversion pour le travail.

Un moraliste la dépeint ainsi : « C'est une femme qui a l'air doux et marche à pas comptés, couverte d'une robe de toile d'araignée, portée par le Sommeil, s'appuyant sur le bras de la Faim, ayant les Misères pour suite, passant le printemps de son âge sur un lit de repos et son automne à l'hôpital. »

— Ah ! quel effrayant tableau !

— Ce tableau n'a rien d'exagéré, mon enfant. On peut dire encore que la paresse fait avorter plus de talents que l'activité n'en fait éclore, que par elle l'ennui est entré dans le monde, qu'elle va si lentement que la pauvreté l'atteint bientôt, et qu'enfin elle est justement frappée de réprobation comme l'ennemie de la société, la rouille de l'intelligence et la source de tous les vices.

> Fuyez l'indolente paresse ;
> C'est la rouille attachée aux plus brillants métaux.

Les paresseux ne sont jamais que des gens médiocres en quelque genre que ce soit; ils voient leurs rivaux les laisser bien loin derrière eux dans le chemin des honneurs et de la fortune; chacun en parle avec mépris, et ils n'ont pas d'autre perspective que de finir leurs jours dans l'indigence.

Vous avez pu vous convaincre, mesdemoiselles, que toutes les écolières paresseuses sont très malheureuses; sans cesse grondées, punies, elles se font une vie insupportable, causent de la peine à leurs parents, sont le désespoir de leurs maîtresses et deviennent des femmes incapables. A bon entendeur, salut. Que les paresseuses qui sont ici se corrigent, elles le peuvent à l'aide de la réflexion et de la bonne volonté.

> Travailler, c'est savoir jouir;
> L'oisiveté pèse et tourmente;
> L'âme est un feu qu'il faut nourrir,
> Et qui s'éteint s'il ne s'augmente.

L'Ignorance

> L'ignorance est la plus dangereuse des maladies de l'âme et la source de toutes les autres.
>
> BOSSUET.

De nos jours, mes enfants, l'ignorance n'est plus permise. Il devient de plus en plus difficile à celui qui ne sait rien de se caser dans le monde, d'occuper convenablement une place dans la société et de subvenir à ses besoins. L'ignorant est un être incomplet, il maudit son sort et envie celui des personnes qui ont pu s'instruire. L'homme instruit peut n'être pas heureux, mais il sait plus que l'ignorant ce qu'il doit faire pour sortir du malheur. Un temps viendra où le mot *ignorance* sera synonyme de *misère*.

Voici un simple fait qui vous fera bien sentir les tristes effets de l'ignorance.

Je connais une dame, intelligente et aimable, qui ne veut jamais écrire une lettre ni se mêler d'une manière active à une conversation. Un jour je lui en demandai la raison, et elle me répondit avec modestie : « J'ai le « malheur de ne pas avoir reçu une instruction en rapport « avec ma position, je ne saurais écrire une lettre sans « faire des fautes d'orthographe, et soutenir une longue « conversation sans commettre des bévues ; dès lors, je « m'abstiens, c'est plus prudent. Je puis vous certifier que « j'ai beaucoup souffert par le fait de mon ignorance ; « aussi j'ai voulu épargner cette humiliation à mes « enfants. »

— On parle beaucoup de l'instruction à notre époque ; est-ce qu'elle a vraiment de l'influence sur les destinées d'un peuple ?

— Certainement, ma Berthe, elle a une influence considérable. L'instruction, apprenant à tous à lire, à écrire, à compter, etc., développe le jugement et permet ainsi à chacun de se rendre compte des véritables intérêts du pays et de s'en occuper utilement.

LES DEUX GÉOGRAPHES

Un grand magister du Vexin,
Qui ne sut onc prose ni mètres [1],
Vit sur la carte, en grandes lettres,
Bien imprimé : *Le Pont-Euxin*.
Un pont sur mer, c'est du mécompte,
On n'y doit pas monter souvent.
Peut-on nous bercer d'un tel conte !
— Quoi ! dit Blaise d'un ton savant,
Ne sais-tu pas que l'on y monte
Par les *Échelles du Levant* ?

Le Brun.

---

1. *Mètres*, vers.

Le même Blaise apprenant que son ancien maître, un capitaine de frégate en retraite, est allé rejoindre ses pères : « Pauvre brave homme, dit-il en essuyant un pleur ; et de quoi est-il mort ? — De la rupture d'un vaisseau. — Ah ! tant mieux !... c'est une belle mort pour un marin !... »

* *

On demandait à la maréchale Lefebvre si elle avait une bibliothèque. — A quoi bon ? répondit-elle, le maréchal n'est pas un *lecturier*, et moi je ne suis pas une *lisarde*.

EXERCICE

Montrez les désastreux effets de la paresse et de l'ignorance — Faites voir leurs funestes conséquences dans notre vie entière.

Le Courage

COURAGE DANS LE PÉRIL ET DANS LE MALHEUR. — PATIENCE. — ESPRIT D'INITIATIVE

> Il en est du courage comme de la naissance : ceux qui se parent sans cesse de l'un ou de l'autre se laissent soupçonner de n'avoir ni l'un ni l'autre [1].
>
> Mme DE SÉVIGNÉ.

— Vous vous êtes donc bien amusées, mesdemoiselles ? vos figures sont encore rieuses et animées. Heureux âge que le vôtre, mes amies ! Que ne pouvons-nous arrêter la course du temps, de cet inexorable faucheur d'hommes, à l'époque de l'enfance et de la jeunesse, à ces jours fortunés où tout nous sourit, où l'existence nous apparaît à travers un prisme enchanteur. Oh ! oui, mes petites

---

1. Un sot bravache disait devant le brave général Chanzy qu'il n'avait jamais eu la moindre émotion au feu. — Eh bien ! moi, monsieur, répondit Chanzy, le feu m'a toujours ému... même le feu de cheminée.

amies, quand je repose mes yeux sur vous, quand je vous
vois toutes gaies, heureuses, je me dis : Pauvres enfants !
qu'elles jouissent des heures de joie qui leur sont accor-
dées ; elles n'apprendront que trop tôt combien la vie est
parfois amère, et combien sont cruelles les peines réser-
vées au cœur de l'homme ! La douleur est notre partage
ici-bas, nul n'est sans peines et sans chagrins ; nous
avons tous nos épreuves plus ou moins poignantes ; nous
avons tous besoin de demander à Dieu la force, la
patience, le courage nécessaire, pour les supporter et ne
pas faiblir sous le poids. Qu'importent, après tout, les
difficultés de la route, pourvu que nous arrivions au but ?

Cette vie nous est donnée pour en mériter une autre
qui nous dédommagera de nos souffrances passagères.
Armons donc nos cœurs de patience et de courage pour
supporter les maux que nous ne pouvons éviter. Voyons
maintenant ce que les écrivains disent de ces deux qualités essentielles.

— Avec les belles pensées des écrivains, il me semble
que nous formons, pour chaque vertu, un bouquet composé des plus jolies fleurs... de l'intelligence.

— C'est cela même, chère enfant.

Le vrai courage est, avant tout, le sang-froid et la
possession de soi-même dans le danger ; il consiste à envisager tous les périls, et à les mépriser quand ils sont
nécessaires. Il est toujours ce qu'il doit être ; il ne faut
ni l'exciter ni le retenir. L'homme de bien le porte partout avec lui : au combat, contre l'ennemi ; dans un
cercle, en faveur des absents ; dans son lit, contre les
attaques de la douleur et de la mort.

La fortune peut se jouer de la sagesse des gens vertueux, mais il ne lui appartient pas de faire fléchir leur
courage. L'homme courageux attend le péril avec calme
et ne s'y expose que quand l'honneur et le devoir le lui
commandent ; mais, une fois aux prises avec le danger,
rien ne l'arrête. Supérieur à tous les événements, il

semble que, les ayant tous prévus, il les ait tous également dominés. Jamais la colère n'a troublé la sérénité de son visage, jamais l'orgueil n'y a imprimé sa fierté ; jamais l'abaissement n'y a peint sa faiblesse.

Il y a plusieurs sortes de courage. Le courage moral, celui que nous pouvons pratiquer tous les jours dans notre intimité, au milieu de notre famille, consiste à être patients au milieu des épreuves, dans la maladie, à tenir tête à l'orage, de quelque côté qu'il vienne, à savoir parer aux événements de la vie, perte de fortune, accidents qui peuvent nous arriver ou dont nous sommes les témoins. Succomber sous le poids des peines de la vie est une lâcheté, il n'est pas permis à un soldat de déserter son poste au moment du danger. D'après Napoléon, il y a autant de vrai courage à souffrir avec constance les peines de l'âme qu'à rester fixe sous la mitraille d'une batterie.

Les soldats français nous ont souvent donné d'admirables exemples de courage militaire, et nos magistrats, de courage civil. Exercer en honnête homme et dans le seul intérêt de la société ses droits de citoyen, résister aux pressions de la peur ou de la corruption, qui nous placent entre notre devoir et nos intérêts, écouter toujours la voix de sa conscience, c'est posséder le courage civil. L'un est aussi nécessaire et aussi méritoire que l'autre ; l'un est la condition de l'indépendance et de l'honneur extérieurs d'une nation, l'autre de sa liberté intérieure.

Dans un de ses ouvrages, Silvio Pellico adresse ces paroles à son lecteur : « Toujours courage ! Sans cette condition il n'y a pas de vertu. Courage pour vaincre ton égoïsme et devenir bienfaisant ; courage pour vaincre ta paresse et poursuivre toutes les études honorables ; courage pour défendre ta patrie et protéger ton semblable dans toutes les circonstances ; courage pour résister aux mauvais exemples et à l'injuste dérision ; courage pour souffrir les maladies, les peines et les angoisses de tout genre, sans te lamenter lâchement ; courage pour arriver à une perfection à laquelle on ne peut atteindre sur la terre, mais à laquelle il faut néanmoins aspirer, selon la sublime parole de l'Évangile, si nous ne voulons pas perdre toute noblesse d'âme. »

EXEMPLES DE COURAGE

Fabert, célèbre général français, se préparant à faire le siège d'une ville, montrait à ses officiers les dehors de la place, et désignait du doigt un endroit où il fallait établir une batterie. Un coup de feu lui emporte ce doigt : il paraît n'y faire aucune attention, et indiquant le même point à l'aide d'un autre doigt : « Messieurs, continua-t-il, je vous disais donc qu'il faudrait placer ici notre première batterie. »

Louis XI avait ordonné au parlement d'enregistrer des édits (ordonnances royales), par lesquels il établissait des impôts aussi onéreux qu'injustes. Jean de La Vaquerie, premier président du parlement, montra en cette occasion un courage d'autant plus remarquable que Louis XI ne souffrait pas de résistance à ses volontés. A la tête de sa compagnie, il se présenta devant le roi, et lui dit avec une fermeté respectueuse : « Sire, nous venons remettre nos charges entre vos mains, et souffrir tout ce qu'il vous plaira, plutôt que d'agir contre notre conscience. » Louis XI révoqua les édits.

Une dame, jeune encore, eut le malheur de perdre son mari, qui était libraire. Il lui laissait quatre enfants, dont l'aîné, un fils, n'avait pas douze ans. La pauvre femme, qui restait sans fortune, eut un moment de désespoir et de découragement quand son mari eut rendu le dernier soupir ; elle était inerte, semblait ne plus voir, ne plus entendre. Son fils se jeta alors dans ses bras et lui dit ces paroles, qu'elle m'a répétées bien des fois : « Ma chère maman, je vous en prie, ayez du courage ; bientôt je serai grand, je remplacerai papa, nous travaillerons ensemble, et, croyez-moi, je vous rendrai heureuse... » Et la mère, en entendant parler ainsi son enfant, rougit de sa faiblesse, serra convulsivement son fils sur son cœur et lui dit : « Tu as raison, mon petit ami, de relever mon courage, j'ai foi en tes paroles, allons sans défaillance, Dieu protégera la veuve et les orphelins. » La maison prospéra, et la librairie « Veuve X. et fils aîné » est une des plus florissantes de la ville.

———

— J'aurais, moi aussi, un trait de courage à citer, voudriez-vous me permettre, Madame, de le faire connaître à mes compagnes ?

— Très volontiers, mon enfant.

— Il y a deux ans, ma petite sœur Maria s'approcha très près du feu et sa robe légère s'enflamma. La petite imprudente jette des cris perçants ; ma sœur Louise accourt aussitôt et, avec une présence d'esprit admirable, prend Maria, la roule dans le tapis du lit et éteint la flamme. Louise en fut quitte pour une main légèrement brûlée et Maria pour la peur. Que serait-il arrivé sans le sang-froid et le courage de ma sœur ? on n'ose y penser...

— Il serait arrivé, chère enfant, la mort la plus cruelle pour votre petite sœur ; grâce au calme de Louise, à son *esprit d'initiative*, le danger a été conjuré.

— Voudriez-vous nous expliquer, Madame, cette expression : *esprit d'initiative ?*

— Avoir l'esprit d'initiative, c'est être porté à se mettre en avant, à proposer ou entreprendre le premier une chose qui convient dans une circonstance donnée.

QUESTIONNAIRE

En quoi consiste le vrai courage?—Combien y a-t-il de sortes de courage ? Citez différents exemples.

La Colère

> Quand on me fait une injure, je tâche
> d'élever mon âme si haut que l'offense ne
> parvienne pas jusqu'à moi.
>
> DESCARTES.

Avant de traiter de la **colère** à notre point de vue particulier, voyons ce que les moralistes en disent.

Il faut considérer un homme en colère comme un malade atteint de la fièvre chaude ; l'un et l'autre sont à plaindre et à fuir.

Où la colère a semé, c'est le repentir qui recueille.

Celui qui pâlit de colère rougira bientôt de honte.

La colère est un accès de démence et de fureur.

> Entre votre colère et l'effet qui la suit
> Laissez toujours au moins l'espace d'une nuit.

Ne fais rien étant en colère : pourquoi se mettre en mer pendant la tempête ?

— Cette dernière pensée est charmante ; sous une forme poétique, elle nous montre admirablement le danger de la colère qui, en nous ôtant notre sang-froid, peut nous conduire à commettre les actions les plus regrettables ; mais il me semble que ce défaut est inconnu chez les jeunes filles.

— Il devrait l'être, chère enfant ; mais il paraît, si j'en crois certains rapports, qu'il n'en est point ainsi.

> On dit, et sans douleur je ne puis le redire,

qu'il est des jeunes filles sujettes à la colère ! Comprenez-vous cela ? Vous figurez-vous qu'une jeune fille, à qui il sied si bien d'être douce, docile, patiente, gracieuse, puisse se laisser aller à une passion si laide, si odieuse, si dangereuse, qui défigure le plus agréable visage, qui dépare les plus heureuses qualités, qui abaisse le plus noble caractère ? Eh bien, malgré cela, il n'est que trop vrai qu'on voit des jeunes filles se mettre en colère. Oui, j'ai vu un charmant petit visage devenir tout à coup écarlate, puis tout pâle, puis rouge encore, les yeux enflammés, les traits contractés ; j'ai entendu une douce petite voix devenir en un moment dure, rauque ou criarde ; c'était à faire grand'peine. Eh bien, pour que cela ne vous arrive jamais, ma Berthe, croyez-moi, quand vous sentirez en vous quelque mouvement d'impatience, efforcez-vous de le réprimer bien vite ; car c'est ainsi que la chose commence, et si on se laisse aller à cette disposition, si on ne la combat pas tout de suite, son empire va croissant, et plus tard il devient bien difficile de se maîtriser. Mieux vaudrait alors se séquestrer de toute société que de vivre avec ses semblables, puisqu'on ne peut plus conserver parmi eux ni amis ni serviteurs.

Ce défaut, ou, pour mieux dire, ce vice est terrible chez les hommes ; il est en eux redoutable et dangereux, parce qu'ils ont la force et l'autorité. Mais il est hideux et repoussant chez les femmes ; il est tellement contraire à leur nature frêle et délicate, à leur destination comme filles, épouses ou mères, que c'est en elles quelque chose de monstrueux et de déplorable. Vous figurez-vous une jeune fille qui se met en colère contre ses parents, ou contre ses frères et sœurs ? N'est-ce pas révoltant ? — Vous figurez-vous une femme qui se met en colère contre son mari ? N'est-ce pas insensé ? n'est-ce pas le plus sûr moyen d'être malheureuse ? — Vous figurez-vous une jeune fille ou une femme qui se met en colère contre ses compagnes ou ses amies ? N'est-ce pas le moyen certain de les éloigner d'elles ? — Vous figurez-vous une femme qui se met en colère contre ses servantes ? N'est-ce pas le moyen de perdre toute autorité sur elles, de perdre leur respect, de n'en pouvoir conserver aucune ?

Je sais bien que les personnes violentes et colères ont

Ah! Diamant, tu ne te doutes guère de ce que tu viens de faire là ! »

coutume de s'excuser en disant : « Oui, c'est vrai, je suis emportée ; mais c'est passager, le dos tourné il n'y paraît plus, et je n'en suis pas moins bonne et serviable. » Tout cela est à merveille dans le discours, mais dans l'usage de la vie ce n'est pas acceptable. Ce sont toujours les gens raisonnables et paisibles qui souffrent de la déraison et de la violence des autres ; et après tout, si raisonnable et ami de la paix que l'on soit, on se lasse d'être victime, et on tâche d'y échapper.

Tous nos vices font du mal aux autres ; mais il nous en font encore plus à nous-mêmes ; quand nous ne les dominons pas, ils sont nos maîtres. Efforçons-nous donc, pour les dominer, de les combattre dès le principe, afin de ne pas leur laisser prendre de la force et s'enraciner. Comme le disait Mme de Maintenon : « L'impatience aigrit et aliène les cœurs, la douceur les ramène. »

Un esclave ayant vivement ému Socrate par sa mauvaise conduite : « Je te frapperais, lui dit le sage, si je n'étais pas en colère. »

Turenne étant sur le point d'attaquer la ligne des ennemis qui assiégeaient la ville d'Arras, n'avait point les outils qui lui étaient nécessaires. Il en envoya demander par un de ses gardes au maréchal de La Ferté, son collègue dans le commandement. Le garde vint bientôt après dire que La Ferté non seulement les avait refusés, mais encore qu'il avait accompagné son refus de paroles fort désobligeantes pour Turenne. Turenne, s'adressant aux officiers qui se trouvaient auprès de lui, se contenta de dire : « Puisqu'il est si fort en colère, il faut nous passer de ses outils, et faire comme si nous les avions. »

Dans une conférence où il voulait faire prévaloir son avis, le Spartiate Eurybiade leva son bâton de commandement sur Thémistocle, général des Athéniens, pour l'en frapper. Thémistocle, qui n'était sensible qu'à l'intérêt de la patrie, répondit simplement au violent Spartiate : « Frappe, mais écoute ! » Eurybiade, honteux de son emportement, écouta l'avis du chef des Athéniens ; cet avis fut reconnu le meilleur, et la Grèce fut sauvée.

Un soir, Newton avait laissé par mégarde une chandelle allumée sur son bureau pendant qu'il était absent. Diamant, son chien favori, fit tomber le flambeau sur des papiers importants, qui prirent feu, détruisant ainsi en quelques secondes le résultat de longs et profonds calculs. Quand Newton revint, il se contenta de dire : « Ah ! Diamant, tu ne te doutes guère de ce que tu viens de faire là. »

EXERCICE

Dites ce que c'est que la colère. — Montrez les tristes effets qu'elle produit sur les femmes et particulièrement sur les jeunes filles.

DEVOIRS ENVERS LES ANIMAUX

> Sur son cheval Jean se ruait ;
> Contre Jean le cheval ruait ;
> Et tous deux écumaient de rage.
> Mathurin, qui pour lors passait,
> Dit à l'homme, qu'il connaissait :
> — Eh ! Jean, montrez-vous le plus sage.
>
> Jacques DE CAILLY [1].

— Est-ce que nous avons vraiment des devoirs à remplir envers les animaux ?

— Mais, oui, chère enfant, nous avons des devoirs à remplir à l'égard des animaux et même à l'égard des choses dépourvues de vie ; non point, dit M. Allou, que ce soient des personnes morales et que nous devions les respecter ; mais parce que ce sont des créatures de Dieu, destinées à concourir à la réalisation de l'ordre absolu, à contribuer à la beauté, à l'harmonie de l'univers entier. Ce n'est point à vous, mes petites amies, qu'il doit être nécessaire de recommander de n'être point cruelles envers les animaux. Il n'est pas dans la nature de notre sexe de se plaire à faire souffrir ; au contraire. il est ordinairement compatissant et tendre ; c'est un de ses mérites et de ses charmes, c'est une disposition qui sied à sa faiblesse et à sa grâce ; c'est un don convenable à sa destination dans ce monde, où il est si souvent appelé à soulager et à consoler. Je suis donc convaincue qu'aucune de vous ne peut trouver du plaisir à voir souffrir ou voir mourir un animal, même un pauvre insecte, une pauvre petite mouche ; à plus forte raison ne voudriez-

---

1. Ce poete naquit à Orléans en 1604. Ses poésies sont peu connues, mais leur rareté n'est pas leur seul mérite. C'est lui qui a donné le *Moyen de se contenter*, chose si difficile en ce monde :

> Rien ne te semble bon, rien ne saurait te plaire,
> Veux-tu de ce chagrin te guérir désormais ?
> Fais des vers, tu pourras ainsi te satisfaire :
> Jamais homme n'en fit qu'il ait trouvés mauvais.

vous pas vous-mêmes causer sans nécessité la douleur ou la mort d'aucun être vivant. Cependant, je ne crois pas inutile de vous entretenir de ce sujet, ne fût-ce que pour vous engager à vous opposer, dans l'occasion, à la cruauté d'autrui, soit par l'autorité, soit par la persuasion, et pour vous suggérer de bonnes raisons à faire valoir en pareil cas.

Les animaux sentent et souffrent comme nous, comme nous, ils ressentent du plaisir et de la douleur; dès lors nous ne devons exercer envers eux aucun acte de cruauté. Chose triste à avouer, l'enfant est volontiers cruel; c'est ce qui a fait dire au fabuliste : « Cet âge est sans pitié. » Lorsque je vois un enfant méchant envers les animaux, trouvant du plaisir à les affoler, à les martyriser, j'ai de lui la plus mauvaise opinion. L'enfant qui se montre cruel envers les animaux se montrera dur envers ses camarades; celui que les souffrances d'une pauvre bête n'émeut pas restera insensible devant les souffrances de ses semblables. C'est une lâcheté de s'attaquer à des êtres qui sont hors d'état de se défendre. Pauvres animaux! ils nous rendent tant de services et nous sommes contre eux en état de guerre continuelle !

— Mais, il y a des animaux nuisibles; ne nous est-il donc pas permis de les détruire?

— Si, mon enfant; il est nécessaire quelquefois de tuer les animaux, soit pour notre alimentation, soit pour nous préserver de leurs offenses. C'est une loi... j'allais dire une triste loi, et je me reprends, parce qu'il n'est pas permis de qualifier en mal aucune des lois établies par Dieu, dont notre faible intelligence et notre raison bornée ne sauraient pénétrer les desseins... C'est une loi dans toute la nature que la vie soit entretenue par la mort, que la production naisse de la destruction, que certains êtres servent à l'alimentation de certains autres, que ceux-ci vivent de ceux-là. Le lion dévore la gazelle, le renard dévore la poule et le lapin, nous dévorons la chair du bœuf, du mouton et de beaucoup d'autres animaux. Nous nous débarrassons aussi par la mort d'une foule de bêtes qui sont pour nous dangereuses, nuisibles ou seulement incommodes. Ce sont des nécessités auxquelles notre existence est soumise ; mais notre droit en cela a pour limite la nécessité même et au moins faut-il leur épargner des souffrances inutiles. L'homme, roi de la nature, doit se conduire à l'égard de tous les êtres qui sont au-dessous de lui comme un souverain juste et équitable. S'il a le droit de faire travailler certains animaux, son devoir est de ne pas les accabler d'un travail au-dessus de leurs forces ; il doit leur donner aussi la nourriture nécessaire et les traiter avec douceur et bonté.

— J'ai entendu parler souvent des combats de taureaux ; que doit-on en penser ?

— Les combats de taureaux en Espagne, les combats de coqs en Belgique et en Angleterre sont repoussés par la morale et condamnés par la conscience ; c'est un spectacle inhumain et barbare que celui qui consiste à voir couler le sang, et l'on a peine à comprendre comment, de nos jours, on peut se livrer encore à de si cruels divertissements.

La loi Grammont

Celui qui frappe brutalement les animaux non seulement est l'objet de la réprobation publique, mais il tombe sous le coup de la **loi Grammont**, loi appelée ainsi du nom du député qui l'a proposée. En voici le texte, portant la date du 2 juillet 1850 :

« Seront punis d'une amende de 5 à 15 francs, et pourront l'être de un à cinq jours de prison, ceux qui auront exercé publiquement et abusivement des mauvais traitements envers les animaux domestiques. La peine de la prison sera toujours applicable au cas de récidive. »

La *Société protectrice des animaux* s'est formée pour venir en aide à l'exécution de cette loi; son but est d'améliorer par tous les moyens qui sont en son pouvoir le sort des animaux; elle décerne des récompenses à ceux qui l'aident à obtenir ce résultat et aux propagateurs de son œuvre.

*
* *

William Hogarth, peintre et graveur anglais, célèbre par son esprit et son originalité, mort en 1764, a composé plusieurs dessins où il a montré comment l'habitude de la cruauté envers les animaux peut conduire insensiblement à la cruauté envers les hommes.

Dans le premier de ces dessins, on voit des enfants qui garrottent des chats et des chiens, qui tirent un coq à l'arbalète, qui percent l'œil à un oiseau, et qui paraissent beaucoup s'amuser de toutes ces souffrances. On voit encore de mauvais garnements qui suspendent par la queue des chats à des réverbères; d'autres plument des oiseaux tout vifs; il en est un qui attache un os énorme à la queue d'un caniche tandis que le fidèle animal lui lèche doucement la main.

Au second dessin, les enfants sont devenus hommes, mais ils continuent à être cruels envers les animaux. Un cocher frappe avec fureur à coups de manche de fouet un cheval qui est tombé et est embarrassé sous les brancards d'une voiture. Deux hommes frappent à coups de fourche un pauvre âne qui ne peut traîner sa charge. Enfin, un paysan qui conduit un troupeau, assomme sur le pavé une brebis dont la fatigue avait ralenti la marche.

Les gravures de tous ces dessins ont été répandues dans toute l'Angleterre, et ont produit une impression profonde et efficace dans l'esprit du peuple. On raconte qu'un bourgeois de Londres, rencontrant un charretier qui battait son cheval avec colère, se précipita vers cet homme en s'écriant : « Que fais-tu, malheureux ? tu n'as donc pas vu les dessins d'Hogarth ? »

Les Nids des petits oiseaux

L'ENFANT DÉNICHEUR

Jeunes enfants ont toujours eu la rage
De dénicher et merles et pinsons,
   Et toutes sortes d'oisillons.
   Sur trente qu'ils mettent en cage,
A peine un seul survit, et certes c'est dommage :
   Moins d'oiseaux et moins de chansons,
   Moins de plaisir dans le bocage.
Mais aux enfants qu'importe le ramage ?
   C'est l'oiseau qu'ils veulent tenir ;
   C'est leur manière de jouir ;
Et plus d'un homme fait n'en fait pas davantage.
Un marmot s'en vint donc apporter, tout joyeux,
   Un nid de fauvette à sa mère.
   Jamais il ne fut plus heureux !
   Bonheur si grand ne dure guère :
   Le même soir un jeune chat
   Fit son souper de la nichée.
L'enfant pleura, cria, fit tel sabbat
Qu'on aurait dit une Hélène enlevée.
   Et la mère de dire alors :
   « Pourquoi ces pleurs, cette colère ?
   De quel côté sont donc les torts ?
Le chat n'a fait, mon fils, que ce qu'il t'a vu faire.
Tu fus bien plus cruel à l'égard des parents
   De ces oiseaux innocents ;
   Juge de leur douleur amère
   Par la peine que tu ressens.
Les maux que nous causons doivent être les nôtres.
   Mon fils, quand tu voudras jouir,
   Fais en sorte que ton plaisir
   Ne soit pas le tourment de autres. »

VITALIS.

Voici une note officielle qui vous fera comprendre l'importance qu'on attache de nos jours à la conservation des oiseaux :

Le ministre de l'Instruction publique a fait parvenir à tous les proviseurs de lycées et collèges et à tous les directeurs d'écoles et d'institutions, l'ordre de consacrer une demi-heure, une fois au moins par mois, à entretenir les enfants au sujet de la protection qu'ils doivent accorder aux petits oiseaux.

Les maîtres feront connaître à leurs élèves qu'il est interdit de dénicher les oiseaux et que non seulement ils peuvent être punis d'emprisonnement, mais que leurs parents, qui sont civilement responsables, peuvent être condamnés à une forte amende.

On leur fera comprendre que les oiseaux rendent un service inestimable à l'agriculture en détruisant des vers, des chenilles et des larves, en quantité considérable. On leur dira qu'il est défendu de prendre ou de détruire des nids d'oiseaux aussi bien dans les propriétés closes que non closes.

On leur lira la liste des oiseaux nuisibles, lesquels peuvent être détruits par tous les moyens possibles, et dont voici la nomenclature : la pie, le corbeau, le faucon (hobereau, émerillon, crécerelle), le balbuzard fluviatile, le pygargue ordinaire, l'autour vulgaire, l'épervier, le milan royal, la buse commune, le buzard, la pie-grièche grise, la corneille noire et mantelée et le pigeon ramier.

QUESTIONNAIRE

DEVOIRS ENVERS LES AUTRES HOMMES

Justice et Charité

On peut résumer en deux mots tous nos devoirs envers nos semblables : justice et charité. La justice consiste à s'abstenir de leur faire du mal, la charité consiste à leur faire tout le bien possible.

— Il me semble que de ces deux vertus il y en a une beaucoup plus parfaite que l'autre, c'est la charité.

— Votre réflexion est très juste, ma petite Marie, car la charité est la vertu par excellence ; mais parlons d'abord de la justice, qui lui sert en quelque sorte de base.

La *justice* peut être définie : le respect des droits d'autrui. Être juste, c'est respecter la vie, la liberté, la propriété, l'honneur de ses semblables. C'est encore restituer le bien mal acquis et réparer ses torts quand on en a eu. Tous ces devoirs, ainsi que les droits qu'ils supposent et dont ils sont la conséquence rigoureuse, se résument dans ce beau précepte : *Ne faites pas aux autres ce que vous ne voudriez pas qui vous fût fait.* Les devoirs de justice sont pour l'homme une nécessité véritable, puisque la société ne souffre pas qu'on les viole impunément ; mais la justice est une vertu insuffisante, négative, puisqu'elle consiste uniquement à ne pas faire le mal. Il n'en est pas de même de la charité. Voyons, Marie, donnez-nous une définition de cette vertu.

— Je n'en connais pas d'autre que celle-ci : La *charité* est une vertu par laquelle nous aimons Dieu de tout notre cœur et notre prochain comme nous-mêmes.

— Bien, chère enfant. De même que la justice est la loi du respect, la charité est la loi de l'amour ; c'est la vertu pleine et entière, elle est le dévouement et le sacrifice de soi-même ; elle fait le bien, elle donne, elle aime.

Elle a pour devise : *Fais pour autrui, en toutes circonstances, ce que tu voudrais qu'on fît pour toi.*

Le christianisme, toujours d'accord avec les cœurs, dit Chateaubriand, ne commande pas des vertus abstraites et solitaires, mais des vertus tirées de nos besoins et utiles à tous. Il a placé la charité comme un puits d'abondance dans les déserts de la vie.

D'après M. Paul Janet, on ne peut rien dire de plus beau et de plus fort sur la charité que ces paroles de saint Paul :

« Quand je parlerais toutes les langues des hommes et des anges, si je n'ai point la charité, je ne suis qu'un airain sonnant, une cymbale retentissante.

« Quand j'aurais le don de prophétie, que je pénétrerais tous les mystères, et que je posséderais toutes les sciences ; quand j'aurais même toute la foi possible jusqu'à transporter des montagnes, si je n'ai point la charité, je ne suis rien.

« Et quand je distribuerais tout mon bien pour nourrir les pauvres, et que je livrerais mon corps pour être brûlé, si je n'ai point la charité, tout cela ne sert de rien (c'est-à-dire que les actes ne sont rien, si le cœur ne s'y joint pas).

« La charité est patiente, elle est bienfaisante, elle n'est point jalouse, elle n'est pas téméraire ; elle ne s'enfle point.

« Elle ne fait rien contre la bienséance, elle ne cherche point ses propres intérêts ; elle ne s'aigrit point, elle ne pense point le mal. Elle souffre tout ; elle croit tout ; elle supporte tout. »

Enfin, la charité est le sublime de la perfection, elle couvre toutes les fautes du prochain, elle offre sa main à l'indigent et ses bras aux pauvres.

SUJET DE RÉDACTION

1. Définissez les mots *Justice* et *Charité*. — 2. Qu'est-ce qui les distingue ? — 3. Faites voir l'utilité de ces deux vertus dans la société.

Bonté

> La qualité dont nous tirons le plus
> d'avantages dans le monde, c'est la bonté.
>
> Mᵐᵉ DE BAWR.

Lamartine a donné cette gracieuse définition : la bonté est la vertu toute faite.

La **bonté** est cette disposition aimante qui porte à contribuer au bonheur d'autrui ; elle est le don gratuit de soi-même ; c'est elle qui donne à la physionomie humaine son premier et invincible charme. Lorsque Dieu forma le cœur de l'homme, il y mit premièrement la bonté comme le propre caractère de la nature divine et pour être comme la marque de cette main bienfaisante dont nous sortons.

La bonté n'est pas un objet de luxe dont, au besoin, on pourrait se passer ; c'est un objet de première nécessité. Ce n'est pas non plus un objet d'agrément qui ne doit servir qu'aux heures de loisir, quand on a le temps ; c'est une chose fondamentale, c'est une qualité essentielle à la vie de l'individu comme à la vie des sociétés.

Si on pouvait arracher entièrement du cœur de l'homme ces sentiments de bienveillance, de charité, d'humanité, d'indulgence, qui constituent la bonté, on ferait de lui un monstre, aussi funeste à lui-même qu'à ses semblables.

C'est à la bonté que nous devons la meilleure part des joies de la terre, la joie ignorée du méchant, de pouvoir être aimé, laquelle, à côté de cette autre joie, la joie d'aimer, est la vie tout entière.

Mais il ne suffit pas d'être bon, il faut le paraître, il faut que la bonté soit aimable. C'est beaucoup d'avoir en soi toutes sortes de qualités ; mais si ces qualités ne voient pas le jour, il en est d'elles comme du trésor de l'avare, qui ne sert à rien. Lorsque les gonds d'une porte grincent, est-ce que vous ne trouvez pas nécessaire d'y mettre de l'huile ? La bonne grâce, l'amabilité, c'est l'huile qui adoucit tous les ressorts de la vie.

— Mais nous, Madame, à notre âge et dans notre position, comment pouvons-nous pratiquer la bonté ?

— C'est l'auteur du livre des *Petites vertus et petits défauts de la jeune fille* qui va vous répondre ; il va vous mentionner les différents actes de bonté que vous avez à accomplir, et, s'il faut l'en croire, rien ne serait plus facile pour vous, parce qu'il prétend que la jeune fille naît bonne, comme la fleur naît belle et attrayante.

1° La bonté oublie les injustices. La jeune fille bonne ne veut pas que le soleil se couche sans qu'une marque d'affection ait dit à la compagne avec qui elle a eu une légère discussion : Aimons-nous. Son sommeil serait inquiet, si elle n'avait point pardonné à celle qui l'a blessée par un peu d'étourderie.

2° La bonté nous porte à donner au pauvre, avec une larme de pitié, ce dont il a besoin. Elle nous apprend à nous priver de quelques petites fantaisies pour secourir les autres, à partager avec nos compagnes ce que nous avons reçu pour nous, et à accepter avec reconnaissance et simplicité ce qu'une main amie nous présente. Donner, c'est être bon ; recevoir, c'est apprendre à l'être.

3° La bonté nous fait voir sans envie celles de nos compagnes que leur mérite, leur fortune ou même le hasard ont placées au-dessus de nous ; elle nous porte à nous réjouir du bien qui leur arrive.

La jalousie peut bien effleurer le cœur de la jeune fille bonne, comme ces souffles mauvais qui passent sur les fleurs ; mais la fleur agitée ne répand que plus de parfum, et, à la vue d'une compagne plus aimée qu'elle, l'enfant qui a bon cœur dira : Elle le mérite si bien !

4° La bonté va jusqu'à nous donner la force de souffrir pour les autres. Oh ! comme elles sont douces

Le monarque ne se le fit pas dire deux fois. (V. page 190.)

les larmes qui s'échappent des yeux, quand elles épargnent une douleur à ceux que nous aimons ! Être punie pour une compagne coupable, et ne rien dire, de peur de la faire connaître, c'est la première pensée d'un bon cœur.

A la jeune fille bonne s'applique ces vers de Racine :

> Quel plaisir de penser et de dire en soi-même :
> Partout en ce moment on me bénit, on m'aime ;

> Comment se fait-il, ma voisine,
> Disait à la rose un melon,
> Tandis qu'on vous met au salon,
> Que l'on me porte à la cuisine ?
> Mon corps n'est pas aérien,
> Mais il est bon à quelque chose.
> Je sers, vous ne servez à rien.
> — Je charme, répondit la rose.
> L'un et l'autre, le fruit et la fleur ont raison,
> La fleur, d'être charmante, et le fruit, d'être bon.
> Être aimable, charmer, ce n'est pas si facile.
> Quand on se fait aimer, on n'est pas inutile.

L. RATISBONNE.

TRAITS DE BONTÉ

L'empereur Joseph II, se promenant sur les bastions de Vienne, y vit une jeune fille qui tirait péniblement de l'eau d'un puits. Le monarque, qu'elle ne connaissait pas, lui demanda ce qu'elle faisait, qui elle était : « Je puise de l'eau, comme vous voyez, dit-elle, et je suis la fille d'une pauvre femme que je dois entretenir du peu que mon travail me fait gagner. Mon père a été cocher à la cour ; mais nous n'avons pas eu le bonheur d'obtenir une pension. — Venez demain à la cour, répondit Joseph, j'y suis en crédit et je tâcherai de vous y être utile. — Ah ! mon cher Monsieur, répliqua la jeune fille, je crains fort que vous ne gagniez rien. L'empereur ôte plus volontiers qu'il ne donne ; ayez seulement la bonté de m'aider à mettre cette cruche d'eau sur ma tête. » Le monarque ne se le fit pas dire deux fois ; mais le lendemain il fit venir la jeune fille, qui, reconnaissant son souverain dans celui à qui elle avait parlé la veille, parut confuse et toute tremblante. « Rassurez-vous, lui dit avec douceur Joseph, j'accorde à votre mère une pension de six florins par mois ; mais apprenez à parler désormais avec plus de respect et de justice d'un souverain qui veut être le père et non le tyran de ses sujets. »

*
* *

On faisait au maréchal de Biron des représentations sur les dépenses considérables de sa maison, et sur le grand nombre de ses domestiques : « Vous pourriez économiser beaucoup, lui disait-on, en renvoyant cette foule de gens inutiles. — Je ne suis pas riche pour thésauriser, répondit-il ; et, si je puis me passer de mes gens, qui vous a dit qu'ils pourraient se passer de moi ? »

Le duc de Berry se rendait un jour à Bagatelle dans un cabriolet ; en traversant le bois de Boulogne, il aperçut un enfant chargé d'un panier dont le poids excédait ses forces. Il arrête son cheval, questionne le petit paysan : « Mon père m'envoie à la Muette, répondit-il, porter ce panier, qu'on attend. — Mais il paraît bien lourd ce panier, il te fatigue ; donne-le-moi, je le remettrai en passant. » Le prince fait mettre le panier dans son cabriolet, passe à la Muette, remet le panier à sa destination, revient sur ses pas, descend chez le père de l'enfant et lui dit : « J'ai rencontré votre fils, il ployait sous le faix dont vous l'aviez chargé, je l'ai aidé, son panier a été remis tout à l'heure. Une autre fois épargnez-lui tant de peine, des fardeaux si lourds altéreraient sa santé : tenez, achetez-lui un âne pour porter ses paniers. » A ces mots, il remet une bourse au paysan, remonte en cabriolet et reprend la route de Bagatelle.

* *
*

Un propriétaire revenait d'un petit voyage, et, comme il allait rentrer chez lui, il aperçut un homme qui volait des châtaignes dans son parc. Il revient sur ses pas et fait un détour de quelques kilomètres. A son arrivée, son domestique lui demanda la cause d'une promenade si hors de propos. « C'est, dit-il, que j'ai aperçu dans mon parc un homme sur un arbre, qui volait des châtaignes ; je suis retourné sur mes pas afin qu'il ne me vît point ; car, s'il m'eût aperçu, la peur aurait pu le faire tomber, et peut-être se serait-il blessé mortellement. Ces châtaignes valent-elles la mort d'un homme ? »

EXERCICE

Qu'est-ce qu'on entend par la bonté ? — Comment les jeunes filles peuvent-elles pratiquer cette vertu ? — Citez quelques traits de bonté.

Tolérance

RESPECT DES CROYANCES ET DES OPINIONS

> Dans les choses nécessaires, conservons
> l'unité, dans les douteuses la liberté, et
> dans toutes la charité.
>
> SAINT AUGUSTIN.

La perfection n'est pas de cette terre ; l'homme est un composé de vertus et de vices, de qualités et de défauts. Si nous sommes sincères, nous reconnaîtrons en nous bien des imperfections et des misères qui nous donneront de la condescendance pour notre prochain, Soyons donc indulgents les uns pour les autres.

— J'ai trouvé dernièrement une définition bien juste et bien fine de l'indulgence : C'est la vertu de ceux qui se connaissent.

— En effet, ma chère Louise, cette définition est excellente.

En général, plus on est sévère pour soi-même, plus on est indulgent pour autrui. Cherchons dans nos semblables ce qui rapproche et non ce qui sépare, l'accord et non la querelle. Il faut quelquefois si peu de chose pour s'entendre ! Il n'y a guère de mur de séparation si élevé, de barrière si insurmontable qui ne s'abaisse devant le bon vouloir. Comme en toutes choses il y a toujours un bon côté, arrêtons-nous-y plutôt que sur le mauvais.

« Vous qui vous plaignez qu'on vous fait souffrir, dit Fénelon, croyez-vous ne faire souffrir personne? Vous qui êtes si choqué des défauts du prochain, vous imaginez-vous n'en point avoir? Que vous seriez étonné si tous ceux à qui vous pesez venaient tout à coup à s'appesantir sur vous ! Mais quand vous trouveriez votre justification sur la terre, Dieu, qui sait tout et qui a tant de choses à vous reprocher, ne peut-il pas, d'un seul mot, vous confondre ? Et ne vous vient-il jamais à l'esprit de craindre qu'il ne vous demande pourquoi vous n'exercez pas envers votre frère un peu de la miséricorde, que lui, qui est votre maître, exerce si abondamment envers vous ? »

— Quelle règle de conduite devons-nous tenir envers ceux qui n'ont pas la même religion que nous ?

— Si vous êtes en rapport, Mesdemoiselles, avec des compagnes qui n'ont point les croyances religieuses dans lesquelles vous avez été élevées, ce n'est pas une raison pour que vos relations avec elles ne soient point charitables. Le principe de la charité concilie tout dans la pratique : il faut aimer tous les hommes, et même nos ennemis ; ce sont les préceptes de l'Évangile. Un catholique peut plaindre un incrédule, mais il ne le raille ni ne le persécute ; il peut facilement tolérer son culte si ce culte ne gêne pas le sien. Saint Paul l'a proclamé : « La foi ne doit venir que de la persuasion, » et Fléchier a dit de son côté : « La foi se persuade et ne se commande point. » Nous ne pouvons mieux prouver la supériorité de nos croyances qu'en montrant qu'elles nous rendent bonnes et vertueuses.

Lors du siège de Rouen, en 1562, on vint avertir François, duc de Guise, qu'un gentilhomme protestant était venu dans son camp avec le dessein de le tuer. Il le fit arrêter.

Quoique vaincu et désarmé, ce malheureux avoua sa résolution et se glorifia de son entreprise. « Est-ce à cause de quelque déplaisir que vous avez reçu de moi, lui demanda le duc ? — Non, lui répondit-il, c'est parce que vous êtes le plus grand ennemi de ma religion. — Eh bien ! répliqua Guise, si votre religion vous porte à m'asssassiner, la mienne veut que je vous pardonne. » Et il le renvoya.

Un de nos écrivains, dans une tragédie, fait dire à un des personnages ces quatre beaux vers :

> Des dieux que nous servons connais la différence :
> Les tiens t'ont commandé le meurtre et la vengeance ;
> Et le mien 1, quand ton bras vient de m'assassiner,
> M'ordonne de te plaindre et de te pardonner.

Il nous reste à parler maintenant des opinions politiques, source, hélas! de bien des divisions dans les familles et dans la société. Vous le savez, mes petites amies, il existe la plus grande diversité entre les hommes, non seulement au physique, mais encore au moral. Nous n'avons ni les mêmes goûts, ni les mêmes idées, ni la même manière de voir et de juger, et malheureusement nous sommes souvent disposés à tourner en ridicule, voire même à mépriser ceux qui ne sont pas de notre avis. On devrait se rappeler que les discussions passionnées ne produisent aucun bien et n'atteignent nullement le but qu'on se propose; elles irritent et ne convainquent pas. L'orgueil aidant, chaque adversaire est plus tenace dans ses idées après avoir discuté qu'auparavant. Soyons donc conciliants et nous nous en trouverons bien.

Du reste, la tolérance n'implique pas nécessairement que toutes les opinions soient d'égale valeur; non certes, il y a des opinions plus ou moins justes et bonnes, plus ou moins profitables à la société; mais puisque nous désirons qu'on respecte les nôtres, commençons par respecter celles d'autrui 2. Dans nos discussions, nous devons croire, jusqu'à preuve du contraire, que nos contradicteurs sont convaincus et de bonne foi; dès lors, nous ne devons les combattre qu'avec des armes cour-

---

1. Le Dieu des chrétiens.
2. Pourvu toutefois qu'elles ne soient pas dangereuses. Les opinions dangereuses sont celles qui portent atteinte au droit des personnes et à la justice ; alors on peut s'élever contre elles et leur résister par la force.

toises. En tout cas, les dissidences d'opinion ne doivent
point empêcher les citoyens d'un même pays de se considérer comme frères, et les membres d'une même
famille de s'aimer.

EXERCICE

Qu'est-ce qu'on entend par tolérance ? — De quelle manière peut-on faire
voir qu'on est tolérant? — Quelle conduite doit-on tenir dans les discussions ?

Respect de la vie humaine

Malgré toutes les peines dont l'existence est semée,
nous tenons à la vie. La vie est le plus précieux de tous
les biens; aussi nous est-il expressément défendu d'attenter à notre propre vie, ainsi qu'à celle de notre prochain. Il n'est pas de plus grand crime que le meurtre ou
homicide volontaire, car il viole d'un seul coup tous les
droits de la nature humaine, et par conséquent toutes
ses obligations. Le précepte du Décalogue : « Tu ne
tueras point » peut être considéré comme une loi universelle du genre humain.

Il est cependant des cas où l'on est en droit de déroger
à cette loi morale :

1º La société applique à certains crimes la peine de
mort, quand l'intérêt social exige une justice rigoureuse. Tout homme craint la mort, c'est la plus grande
des craintes; aussi la société emploie-t-elle ce moyen
d'intimidation. Toutefois l'adoucissement des mœurs a
déjà amené une notable diminution dans l'application
de la peine de mort. Et la suppression de cette peine
suprême est une question à l'ordre du jour dans l'opinion
publique et dans le sein des assemblées législatives.

2° Le second cas se rapporte à la guerre. Les soldats ne sont pas coupables en tuant l'ennemi qui les menace; ils ne sauraient être, en effet, responsables des conséquences que la guerre entraîne; ils ne peuvent qu'exécuter les ordres qu'ils reçoivent, leur premier devoir étant d'obéir.

3° Le dernier cas concerne le droit de légitime défense; et par là on entend que l'homme dont la vie est attaquée injustement peut la défendre aux dépens de celle de son agresseur. Même dans le cas de légitime défense, il ne faut pas tuer sans nécessité absolue, quand le moment du danger est conjuré.

— Il y a encore un cas, il me semble, celui du duel?

— Non, mon enfant; le duel, coutume empruntée à des temps barbares, est proscrit par la loi naturelle. C'est une justice absurde, puisqu'elle met sur la même ligne l'offenseur et l'offensé. Ce n'est pas le coupable qui est puni, c'est le maladroit.

— J'ai entendu dire que le duel était nécessaire pour conserver l'honneur, plus cher à une âme généreuse que la vie elle-même.

— Il n'est pas en notre pouvoir, quand nous avons réellement perdu l'honneur, de le conserver par la mort de notre ennemi, ou par le courage que nous avons montré en périssant nous-même sous ses coups. Voici un raisonnement que les duellistes devraient faire : Ou l'offense faite est injuste, et alors l'honneur n'est pas réellement atteint; ou cette offense est fondée, et alors l'offensé étant coupable ou blâmable, n'a pas le droit de verser le sang pour rétablir son honneur soi-disant lésé.

— Quel triste entretien! Il nous donne le frisson. Heureusement que tout cela ne nous regarde pas.

— Mais si, cela vous regarde dans une certaine mesure, car vos frères peuvent manquer au respect que doivent inspirer la personne et la vie d'autrui, et il est de votre devoir de les éclairer sur les conséquences d'un acte de colère ou de brutalité. Il n'est rien de plus affligeant que le spectacle donné par les écoliers qui se disputent et se battent à tout propos.

SUJET DE RÉDACTION

1. Dites pourquoi l'homicide est le plus grand des crimes. — 2. Énumérez les exceptions à l'obligation de respecter la vie du prochain.

Respect de la liberté du prochain

Nous devons respecter non seulement la vie de nos semblables, mais aussi leur liberté. A quoi nous servirait la vie si nous n'avions pas la faculté de l'employer à la fin pour laquelle nous l'avons reçue, à la pratique de nos devoirs, à l'exercice de nos droits, à l'accomplissement de notre destinée? A quoi nous servirait la vie si nous avions cessé de nous appartenir pour n'être plus qu'un instrument au service de l'intérêt ou de la passion d'autrui? La vie sans la liberté perd tout son prix, toute sa valeur morale.

L'homme a le droit de faire ce qui n'est défendu ni par la loi, ni par les ordres de ses supérieurs légitimes. Toute atteinte portée à cette liberté est une grave injustice.

— Être privé de sa liberté individuelle, n'est-ce pas ce qu'on appelle être esclave?

— Oui, ma chère Marie ; et l'esclavage est une institution contraire aux règles les plus essentielles de la morale. Le droit français moderne défend toute espèce d'esclavage, même volontaire. Il ne permet qu'une domesticité à temps, fondée sur un contrat révocable.

— Est-ce qu'il y a encore des esclaves dans le monde?

— On en rencontre dans les colonies espagnoles, au

Brésil, chez certaines peuplades de l'Asie et de l'Afrique ; mais toutes les nations européennes ont aboli l'esclavage dans leurs colonies, et le président Abraham Lincoln l'a rayé des institutions des États-Unis après la guerre de 1865.

— Je réfléchis à une chose : en France, il y a encore plus d'une atteinte à la liberté individuelle ; ainsi les soldats, les enfants, les domestiques, ne sont pas libres de faire ce qu'ils veulent...

— La discipline militaire, les règles imposées aux écoliers, ne sont pas, vous vous en doutez bien, ma petite Marie, des atteintes *coupables* à la liberté, car elles sont indispensables à l'ordre et au bien de tous. Si on entrave la liberté des enfants, c'est dans leur intérêt et afin de les rendre capables d'êtres libres quand ils seront grands.

Quant à la domesticité, ce genre de restriction de la liberté est inévitable dans notre société et, par conséquent, ne saurait être réprouvé. D'ailleurs, les domestiques peuvent choisir leurs maîtres et quitter à leur gré la maison où ils vivent ; de plus, ils sont libres comme citoyens. La domesticité est un état comme un autre, et qui mérite le respect qu'on doit à toute espèce de travail.

EXERCICE

En quoi consiste la liberté individuelle ? — Dans quelles conditions y porte-t-on atteinte ?

Respect de la propriété

La *propriété* est le droit de disposer d'une chose d'une manière absolue, sauf le respect de la loi morale et de la loi civile. Il n'est aucune notion plus profondément gravée dans la conscience que celle du droit de propriété. Rendre à chacun ce qui lui appartient est l'idée morale la plus universelle, celle qui subsiste chez les hommes les plus grossiers et les plus pervertis sous d'autres rapports. Or cette idée suppose qu'il y a des choses qui appartiennent à chaque homme.

Tous les biens que nous pouvons posséder proviennent soit de notre travail, de notre industrie, soit de dons et héritages. Mais, fruit du travail, donation ou héritage, la propriété, sous quelque forme et à quelque titre qu'elle existe, pourvu que ce soit à titre légitime, est également inviolable, et nous sommes obligés de la respecter chez les autres, comme nous désirons qu'ils la respectent chez nous.

Voler, c'est s'emparer du bien d'autrui. Non seulement le vol est flétri par l'opinion publique et regardé comme une des actions les plus honteuses qui se puissent commettre, mais les lois le punissent avec une grande sévérité. Quand on dit d'un homme : C'est un voleur, on lui refuse par là même tout droit à l'estime, à la considération de ses semblables; il fait honte à la grande famille humaine. et aucune main ne veut plus serrer la sienne.

— Il y a, il me semble, bien des sortes de vol?

— En effet, ma chère Marguerite, on ne vole pas seulement en prenant l'argent dans la poche ou dans la maison de son voisin. S'emparer du bien d'autrui par la violence, c'est le *rapt* et le *pillage;* s'en emparer par certains artifices, c'est l'*escroquerie;* mentir pour tromper le prochain dans la formation ou l'exécution des contrats, c'est le *dol* et la *fraude;* cacher ce qui a été dérobé, c'est le *recel.*

On vole encore en trompant sur la quantité ou sur la qualité de la marchandise vendue; en falsifiant les denrées alimentaires; en se servant de faux poids et de fausses mesures; en empruntant avec la certitude qu'on ne sera jamais en état de rendre. On vole enfin en perdant son temps quand on est payé à la journée, en ne restituant pas le bien que l'on sait être à autrui, en s'appropriant un dépôt qui vous a été confié, etc.

Dans le monde, les notions de justice sont mal comprises par certaines personnes. Il y a des gens qui se croient fort honnêtes, qui lèvent fièrement la tête, et qui sont loin d'avoir une exacte probité. Ayez, mesdemoiselles, dans toutes vos actions, la plus grande délicatesse de conscience; si vous ne voulez pas qu'on vous trompe, ne trompez pas.

EXERCICE

Comment s'acquiert la propriété? — Qu'est ce que le vol? — Y a-t-il plusieurs manières de prendre le bien d'autrui? — Nommez-les.

Respect de la parole donnée

> Un honnête homme n'a que sa parole,
> sa parole vaut un écrit.

— Lorsqu'un homme a donné sa parole, il doit la tenir, qu'elles qu'en soient pour lui les conséquences.

— Mais si cette parole peut être préjudiciable à ses intérêts, si elle doit entraîner de graves inconvénients, des dangers, sa mort, ne peut-il pas s'en dégager?

— Il ne le peut que s'il était engagé à faire une mauvaise action : il y a alors pour lui nécessité absolue de s'abstenir; dans le cas contraire, il n'y a pas à tergiverser, le précepte est formel : une promesse ne peut être violée. Il faut se montrer en toute circonstance scrupuleux observateur de la loyauté et de la bonne foi. Quand la foi est promise, elle doit être gardée, même à un ennemi à qui l'on fait la guerre.

Autrefois un grand nombre de transactions commerciales se faisaient sur parole, et elles n'en étaient pas

Le Dey lui fit trancher la tête. (V. page 203.)

moins sûres. Un négociant se déshonore et ne mérite plus aucune confiance quand, ayant vendu ou acheté sur parole, il se refuse à tenir sa promesse.

Pendant la Commune, en 1871, des otages furent incarcérés par l'insurrection. Parmi eux se trouvaient le magistrat Bonjean, devenu par sa grandeur morale et l'héroïsme de sa mort l'une des gloires de la famille judiciaire. Au commencement du mois de mai, on crut qu'une absence de 48 heures serait permise, sur parole, au président Bonjean pour aller embrasser sa femme et ses enfants. A cette occasion Mme Bonjean écrivit à son mari la lettre suivante, qui fera, mesdemoiselles, tressaillir vos cœurs d'une noble fierté :

Orgeville, ce samedi 6 mai 1871.

« Ce que tu me dis des nouvelles rigueurs introduites dans la situation des prisonniers dont tu fais partie me donne la crainte que l'espoir qu'on t'avait donné d'une liberté de quelques heures sur parole, pour venir nous voir ici, ne doive pas se réaliser. Et pourtant je partage à un tel degré l'appréhension que quelque accident, indépendant de ta volonté, eût pu entraîner pour toi quelque infraction involontaire à ta promesse, que c'est à peine si j'ose souhaiter que tu coures une si terrible chance!... Hier encore, quelqu'un osait me dire : « J'espère bien « que si votre mari peut venir jusqu'ici, vous ne le lais- « serez pas repartir. » J'en suis demeurée pétrifiée de surprise. Eh quoi donc! on m'approuverait de t'aimer d'une tendresse assez lâche pour te demander le sacrifice de ton honneur à ta sécurité, pour vouloir donner le droit de te mépriser à ceux qui auraient eu foi en ta parole! Oh! mon Dieu! comment se peut-il qu'il existe des êtres chez qui le sentiment de l'honneur et du devoir soit à ce point oblitéré ! »

— Vous avez eu raison de dire, madame, que cette lettre nous rendrait fières; on ne saurait trop l'admirer. Quelle fermeté d'âme ! Quel beau caractère!

— N'avez-vous pas, mon enfant, dans vos souvenirs historiques, quelques faits se rapportant à la foi jurée?

— Je me rappelle un trait dans l'histoire de France.

— Racontez-le, mon Amélie; nous l'entendrons avec plaisir.

— Les Barbaresques infestaient la Méditerranée. Louis XIV se fit le protecteur de toutes les nations assises au bord de cette mer ou qui y naviguaient. Son amiral, le duc de Beaufort, l'ancien roi des halles, donna la chasse aux pirates avec quinze vaisseaux, porta l'incendie dans leurs repaires d'Alger et de Tunis, et força ces barbares à respecter le nom de la France et le commerce des chrétiens (1665). Un beau dévouement honora cette guerre. Le dey d'Alger avait parmi ses captifs un officier malouin nommé *Porcon de la Bardinais;* il l'envoya porter au roi des propositions de paix en lui faisant jurer de revenir se constituer prisonnier s'il échouait dans ses négociations; les têtes de 600 chrétiens répondaient de sa parole. Louis XIV ayant refusé les inacceptables propositions du dey, Porcon se rendit à Saint-Malo, y embrassa les siens, mit ordre à ses affaires, puis revint à Alger, certain du sort qui l'attendait. Le dey lui fit trancher la tête.

— L'action de ce marin français vaut celle du consul romain Regulus, dont le nom est demeuré célèbre.

Vaincu dans une grande bataille, Regulus fut fait prisonnier en 255. Captif pendant deux ans, il fut ensuite envoyé à Rome pour demander, au nom de Carthage, la paix et un échange de prisonniers, sous le serment de revenir si les Romains refusaient de traiter. Persuadé que la guerre amènerait le triomphe de la république et la ruine de Carthage, il dissuada héroïquement ses concitoyens de consentir à la paix, condition de sa propre liberté; puis, malgré les larmes de sa femme Marcia et de ses enfants, les supplications de ses amis, il refusa de violer son serment, et retourna se livrer entre les mains de ses ennemis. Les Carthaginois, pour le punir d'avoir fait échouer la négociation, le firent périr dans les plus affreux supplices.

•Regulus, dit un ancien, ne fut impressionné ou retenu ni par l'amour du sol natal, ni par la tendresse des siens et l'attrait d'une vieillesse paisible; la grandeur d'âme, la vaillance, le devoir lui avaient montré, au-dessus de son intérêt personnel, la radieuse apparition de la beauté morale.

SUJET DE RÉDACTION

Citez des exemples admirables de respect à la parole donnée.

L'Honneur et la Réputation

> L'honneur est une propriété morale à
> laquelle il est aussi criminel de porter
> atteinte qu'à la propriété matérielle.
>
> ALLOU.

Boileau a dit :

> Ce que l'on conçoit bien s'énonce clairement
> Et les mots pour le dire arrivent aisément.

J'en demande pardon au poète ; mais je le trouve aujourd'hui en défaut. Il me semble que je comprends bien ce que c'est que l'honneur et je suis fort embarrassée, mesdemoiselles, pour vous le définir. Que vous dirai-je ? L'honneur est un sentiment de dignité personnelle, un désir de l'estime d'autrui qui nous porte aux actions nobles et loyales. En d'autres termes, l'honneur est l'estime de soi-même corroborée par l'estime des autres. Toute action qui grandit l'homme dans sa propre estime et dans celle de ses égaux est conforme à l'honneur ; toute action qui le rabaisse est un cas de déchéance. D'après Bossuet, l'honneur ressemble à l'œil, qui ne saurait souffrir la moindre impureté sans s'altérer ; et Boileau a écrit de son côté :

> L'honneur est comme une île escarpée et sans bords :
> On n'y peut plus rentrer dès qu'on en est dehors.

Ce qui signifie que quand on a perdu l'estime des autres, il n'est pas facile de la recouvrer ; on n'y parvient qu'au prix d'efforts énergiques et persévérants. C'est un crime de porter atteinte à l'honneur d'autrui ; bien coupables sont ceux qui, par méchanceté, légèreté ou inconséquence, ne respectent pas la réputation de leurs semblables. La réputation est la seconde vie de l'homme, c'est le plus magnifique tombeau que l'on puisse avoir.

C'est beaucoup d'avoir pour soi le témoignage de sa conscience, car ce qu'il nous importe avant tout, ce n'est pas tant d'obtenir l'estime des autres que de la mériter ; pourtant, ce n'est point assez : nous devons tenir aussi à posséder l'estime et la confiance publiques. Vous connaissez le proverbe : « Bonne renommée vaut mieux que ceinture dorée, » c'est-à-dire la bonne réputation est préférable à la richesse. Pour réussir sûrement dans ses entreprises, il faut commencer par établir sa réputation. Si intelligent qu'il soit, un homme qui inspire de la défiance verra peu à peu le vide se faire autour de lui.

— Louise, dites-nous de quelle manière on porte atteinte à l'honneur et à la réputation d'autrui.

Il me semble que c'est par la médisance et par la calomnie.

— Oui, chère enfant, ces deux vices sont un des fléaux de la société ; on accuse notre sexe de pratiquer largement la médisance, et l'on n'a pas tort. Entrez dans un salon, approchez-vous d'un groupe où sont réunies plusieurs jeunes femmes : toujours ou presque toujours vous entendrez déchirer la réputation du prochain. Si l'on ne parle pas toilette et chiffons, on critique celle-ci, on se moque de celle-là, on suppose telles ou telles choses malveillantes. On bavarde, on caquette, on invente, et le temps se passe... Est-ce vraiment une conduite digne de personnes raisonnables et sensées ? Est-ce bien comprendre la dignité de la vie que de la passer en de semblables balivernes ? Ah ! mes petites amies, soyez plus graves, plus sérieuses. Si vous vous entretenez de votre prochain, parlez des qualités que vous lui connaissez et taisez ses défauts. N'avez-vous pas aussi les vôtres ? Êtes-vous sans reproche ? En rabaissant les autres, ne croyez pas vous grandir à leurs dépens.

Quelquefois, je le sais, on calomnie par pure légèreté, on veut briller dans la conversation, jeter un trait spirituel ; mais ce ne sont pas là des circonstances atténuantes, suffisantes et valables. Labruyère n'a pas craint de dire à ce sujet : « Ceux qui nuisent à la réputation ou à la fortune des autres, plutôt que de perdre un bon mot, méritent une peine infamante. » On a remarqué que les personnes les plus acharnées contre leurs semblables sont celles qui ont le plus à se faire pardonner ; de là ces vers de Molière, que je vous engage, mesdemoiselles, à graver dans votre mémoire :

> Ceux de qui la conduite offre le plus à rire,
> Sont toujours sur autrui les premiers à médire.

Ce n'est point assez de ne pas faire de médisances, il ne faut pas même les écouter. Un vieux proverbe dit : « Il ne serait nuls médisants, s'il n'était des écoutants. » Laissez-moi espérer, mes petites amies, que vous suivrez mes conseils et que vous ne vous laisserez jamais entraîner au plaisir misérable de déprécier les autres.

LE SAULE ET LE BUISSON

> — Pourquoi, dit le saule au buisson,
> Des habits du passant es-tu toujours avide ?
> Quel profit en as-tu ? Quel caprice te guide ?
> — Aucun : de vêtements je ne fais point moisson,
> Répond l'épine ; et, s'il faut te le dire,
> Je ne prends rien, mais je déchire.
>
> Victor Roussy.

Le Tasse, illustre poète italien, auteur de la *Jérusalem délivrée*, avait des envieux de sa gloire. Le grand homme, en butte aux insinuations perfides d'un calomniateur, fut mis en prison. Les amis du Tasse lui révélèrent alors une action honteuse de son ennemi et l'engagèrent à la publier comme un moyen de perdre de réputation celui qui avait voulu le perdre lui-même.

— Non, répondit Le Tasse ; je ne veux ôter à cet homme ni l'honneur ni la vie ; je voudrais seulement lui ôter la volonté de faire le mal; ce serait là ma seule vengeance.

Voici deux faits touchants qui prouvent combien le sentiment de l'honneur est vivace dans les familles françaises :

Il y a environ quarante ans, Mme veuve R., de Tourcoing (Nord), avait été forcée d'entrer en composition avec ses créanciers, qui s'empressèrent d'accepter un arrangement. Aujourd'hui, les enfants de Mme R., voulant réhabiliter complètement la mémoire de leur mère, ont fait rechercher scrupuleusement ses anciens créanciers ou leurs descendants pour acquitter entre leurs mains ce qui pouvait leur rester dû à l'époque de la cessation des payements.

M. Th., de Seine-et-Oise, avait eu le malheur de ne pas réussir dans son commerce; il fut déclaré en faillite. Vingt-cinq ans plus tard, les deux fils du failli réunirent tous les créanciers dans un dîner. Chaque créancier, en se mettant à table, trouva dans sa serviette un rouleau d'or représentant la somme qui lui était due et les intérêts que cette somme aurait produits depuis l'époque de la faillite.

Il suffit de citer de pareils actes; tout commentaire serait superflu.

EXERCICE

Dites pourquoi l'honneur et la réputation sont choses si précieuses. — Expliquez comment on nuit à l'honneur et à la réputation du prochain.

Probité. — Équité. — Délicatesse

Il y a divers degrés dans la manière d'accomplir nos devoirs de justice à l'égard de nos semblables; cette gradation est exprimée par ces trois mots : probité, équité, délicatesse.

— Il me semble assez difficile de saisir la nuance qui existe dans la signification de ces mots.

— Essayons de les définir ensemble, chère enfant, et nous verrons la différence qui les distingue.

PROBITÉ. — La *probité* est la droiture d'esprit et de cœur qui porte à l'observation stricte des devoirs sociaux. L'homme probe ne fait rien contre sa conscience, et la plus grande offense qu'on puisse lui faire est de soupçonner sa probité. La probité reconnue est le plus sûr de tous les serments, a dit Mme Necker. On ne s'enorgueillit pas d'être probe, il y a trop de honte à ne l'être pas. D'après Washington, la probité peut suppléer à beaucoup d'autres qualités; mais, sans elle, aucune autre qualité n'a de valeur. Il ne faut jamais se fier à ceux qui manquent de probité, quelques talents qu'ils puissent avoir.

ÉQUITÉ. — Être équitable, c'est être entièrement juste, impartial, c'est rendre à chacun ce qui lui est dû, c'est traiter chacun selon son mérite, c'est n'avoir pour tous qu'un seul poids et qu'une seule mesure. L'équité est plus que la probité; elle distribue les biens, les éloges proportionnellement aux efforts, à la vertu; c'est pourquoi elle est appelée Justice distributive.

> Dans le monde il n'est rien de beau que l'*équité*.
> Sans elle la valeur, la force, la beauté,
> Et toutes les vertus dont s'éblouit la terre,
> Ne sont que faux brillants et que morceaux de verre.

DÉLICATESSE. — La *délicatesse* est le scrupule de la probité ; elle est pour les âmes élevées un devoir plus impérieux que la justice. On l'a définie : une finesse, une
pureté dans la manière de sentir, un scrupule sur ce qui
touche à la conscience, au sentiment, aux bienséances.

Prévenir à propos les désirs des autres, rendre des
services avec ce tact qui en double le prix, ménager toujours l'amour-propre de ceux qui nous entourent, c'est
en cela que consiste la délicatesse du cœur.

LA SOLIDARITÉ. — LA FRATERNITÉ

— Léonie, pourriez-vous me dire ce qu'on entend par
solidarité ?

— Je crois que « solidarité » signifie responsabilité
mutuelle. Ainsi, dans une classe, tous les élèves sont
solidaires, en ce sens qu'ils répondent en quelque sorte
les uns des autres. Si, parmi nos compagnes, plusieurs
ont beaucoup de succès dans leurs études, l'honneur en
rejaillit sur la classe entière ; au contraire, si quelques-
unes ne se conduisent pas comme elles le devraient,
leurs torts retombent sur toutes les autres.

— C'est bien cela, chère enfant. J'ajoute que la société
tout entière n'est qu'un ensemble de solidarités qui se
croisent. La solidarité découle de la fraternité.

« Nous sommes, sur toute la terre, à l'égard de chacun
de nos semblables, dit M. Franck, dans la même situation que le frère à l'égard de son frère au sein de la
même famille. Issus d'une même origine, unis par la
communauté de nos sentiments, de nos affections, de
nos idées, de nos besoins, de nos devoirs, puisque nous
avons été créés avec les mêmes facultés ; enfin, appelés
à l'accomplissement d'une seule et même destinée, et

soutenus dans notre commun labeur par les mêmes espérances, comment ne formerions-nous pas une seule et même famille, à plus forte raison un seul et même peuple de frères ? Tous les hommes sans distinction de rang, d'origine, de nationalité, de croyance, sont donc obligés de s'entr'aider de toute l'énergie de leur volonté, de toutes les lumières de leur intelligence, dans l'accomplissement des devoirs qui les unissent entre eux et que leur imposent les mêmes conditions d'existence, la même tâche à remplir, la même destinée. »

Bienveillance

> Il y a des cœurs dont la bienveillance seule a plus de rayons que l'affection de beaucoup d'autres, comme la lune de Naples est d'un plus doux éclat que maints soleils.
>
> Mᵐᵉ SWETCHINE.

— Marguerite, dites-moi ce que vous comprenez par le mot *bienveillance*.

— La bienveillance, madame, c'est cette qualité que vous possédez à un si haut degré. C'est cette disposition permanente à être agréable, l'envie de faire du bien. Très souvent, nous allons vous déranger sans nécessité, nous vous tourmentons par nos demandes réitérées, et toujours vous nous accueillez avec un sourire aimable, vous nous adressez quelques bonnes paroles, et lors même que vous nous refusez ce que nous désirons, vous y mettez tant de douceur que nous sommes satisfaites.

— Vous me dites-là, ma petite Marguerite, des choses bien gracieuses et dont pourrait s'effaroucher ma modestie. J'aime mes élèves ; n'est-il pas naturel que je les accueille avec plaisir ? La bienveillance doit s'étendre à tous nos frères en général ; elle ne nous coûte rien et

Chaque créancier trouva un rouleau d'or dans sa serviette. (V. page 207.)

fait plaisir aux autres : double raison pour la pratiquer.

On l'a dit très justement : la bienveillance donne plus d'amis que la richesse et plus de crédit que le pouvoir. C'est la qualité la plus attirante; elle est la fleur de l'amitié, la sœur adoptive de la charité, le plus doux lien des hommes. Il y a des témoignages d'intérêt et de bienveillance qui font plus d'effet et sont réellement plus utiles que tous les dons. Si la bienveillance était largement pratiquée dans la société, tous les rouages en iraient mieux, les rapports des gouvernants et des gouvernés, des supérieurs et des inférieurs seraient adoucis et dès lors plus agréables. N'oubliez pas, mes petites amies, que si la bienveillance est nécessaire à tous, elle est indispensable aux femmes. La physionomie doit refléter les vertus aimables que possède le cœur. Une femme revêche, d'un abord désagréable, est un non-sens.

QUESTIONNAIRE

Qu'est-ce que la bienveillance?   Quels sont ses avantages?

Reconnaissance

> La reconnaissance est le premier besoin
> d'une belle âme.
>
> LIVRY.

— Léontine, qu'est-ce la *reconnaissance ?*

— Madame, la reconnaissance est la mémoire du cœur. Je remercie le sourd-muet Massieu de nous avoir donné une aussi jolie définition, elle me tire d'embarras à peu de frais.

— Cette définition est, en effet, charmante, et l'on ne pourrait mieux dire en quelques mots. La reconaissance est le partage des cœurs bien nés, elle prolonge le plaisir que le bienfait a causé. Et, comme l'a dit Jules Sandeau : « La reconnaissance est semblable à ces liqueurs de l'Orient qui ne se conservent que dans des vases d'or : elle parfume les grandes âmes et s'aigrit dans les petites. »

— Oh ! croyez bien, Madame, que nous n'oublierons jamais vos bontés ; nous déposerons notre reconnaissance dans des vases d'or, comme dit l'écrivain, et elle y restera toujours aussi vive, aussi profonde.

— Je n'en doute pas, ma chère petite ; mais si la reconnaissance est douce pour celui qui la ressent, elle est mille fois plus douce pour celui qui en est l'objet. Certes, ce n'est point à vous que s'adressent ces vers de Mme Deshoulières :

> Que chacun parle bien de la reconnaissance,
>   Et que peu de gens en font voir !
> D'un service attendu la flatteuse espérance
> Fait porter à l'excès les soins, la complaisance ;
> A peine est-il rendu qu'on cesse d'en avoir.

Après avoir fait au collège de Pau, sa patrie, de brillantes études, Bernadotte devint un grand capitaine, un habile ministre, et monta enfin sur le trône de Suède,

sous le nom de Charles-Jean, en 1818. Un jour, sortant
de son palais pour aller passer la revue de ses troupes, il
vit un vieillard fendre la foule qui l'entourait, et venir se
jeter à ses pieds, ému, ne pouvant prononcer une parole,
mais les yeux remplis de larmes et tenant dans sa main,
qu'il agitait en l'air, une petite médaille d'argent suspendue à un ruban tout usé. Charles-Jean fixe quelque
temps les yeux sur cette médaille : c'est la première qu'il
a portée à l'école primaire de sa ville natale ; il la reconnaît et son cœur tressaille. Il relève le vieillard qui la
lui montre : c'est son premier maître ; il l'embrasse, il
le conduit dans son palais et ne l'en laisse sortir, quelques semaines après, que pour revenir vivre, sous le ciel
de la France, d'une pension que lui a assurée son reconnaissant écolier.

EXERCICE

Dites ce que vous pensez de la reconnaissance.

Clémence

La clémence n'a jamais terni aucune gloire.

Le programme nous amène à parler de la *clémence ;*
disons-en quelques mots.

— Je croyais que la clémence ne regardait pas le
commun des mortels, qu'elle était la vertu de ceux qui
sont dépositaires de l'autorité, c'est-à-dire des souverains.

— En effet, la clémence est l'acte souverain qui a pour
but d'épargner aux coupables le châtiment qu'ils ont
mérité, ou de ne leur infliger que des peines modérées.
Mais, prise dans son sens le plus général, on peut dire
que la clémence est une vertu qui consiste à pardonner.
Malesherbes a écrit : « La clémence enchaîne les cœurs

avec des liens qui ne rompent jamais, » et Henri IV a dit ces belles paroles : « La satisfaction qu'on tire de la vengeance ne dure qu'un moment, mais celle que donne la clémence est éternelle. »

L'histoire a conservé quelques traits remarquables de clémence.

L'empereur Auguste, après la scène où il a montré à Cinna qu'il connaît tous les détails de sa conspiration, s'écrie dans un transport sublime :

> Soyons amis, Cinna, c'est moi qui t'en convie.

Ce vers, emprunté à une tragédie de Corneille, faisait verser des larmes au grand Condé chaque fois qu'il l'entendait.

* * *

Louis XII avait été vaincu et fait prisonnier dans un combat par La Trémoille, lorsqu'il n'était encore que duc d'Orléans et qu'il disputait la régence à la fille de Louis XI. Lorsqu'il fut devenu roi, on l'exhortait à se venger de la Trémoille. C'est alors qn'il fit cette immortelle réponse : « Ce n'est pas au roi de France à venger les injures du duc d'Orléans. »

* * *

Louis, duc de Bourbon, prince de sang, ami et émule du Duguesclin, avait été quelque temps prisonnier en Angleterre. Plusieurs de ses vassaux avaient profité de son absence pour piller ses domaines, et se flattaient que personne n'oserait lui rendre compte de leur conduite. A son arrivée, ils s'empressèrent de le féliciter. Ils étaient tous assemblés autour de lui, lorsque le procureur général de ce prince, homme d'une intégrité scrupuleuse et d'une sévérité inflexible, lui apporta un mémoire détaillé des torts qu'ils lui avaient faits. Ils pâlirent et furent consternés; mais le généreux prince dit au magistrat: « Avez-vous aussi tenu registre des services qu'ils m'ont rendus ? — Non, Monseigneur, répondit-il, — Il faut donc brûler ces papiers, reprit le prince, je n'en puis faire usage. » En même temps, il les prit et les jeta dans le feu sans les avoir lus.

Dévouement

> Le dévouement est le sacrifice de notre personnalité égoïste, de nos désirs, de nos goûts, de nos biens, au bien moral et au bonheur d'autrui.
>
> **H. M.**

— Angèle, voulez-vous bien me dire ce qu'on entend par le *dévouement?*

— Je ne saurais vous en donner une définition exacte; ce que je puis dire, c'est que « dévouement » signifie oubli de soi-même, amour des hommes, sacrifice. Se dévouer, c'est donc oublier nos intérêts pour l'intérêt d'autrui; c'est, en un mot, se sacrifier. Le dévouement est une conséquence de la charité; quand on aime, on se dévoue volontiers.

— Voici la belle page que M. Ad. Franck a écrite sur le dévouement; je suis heureuse de vous la faire connaître : « La nature du dévouement nous en fait comprendre la grandeur et la beauté. Rien ne peut donner à l'homme une plus haute idée de lui-même que ce besoin qu'il éprouve et cette loi qui lui commande de chercher son bien dans celui des autres, de consacrer ses forces, son intelligence, son repos, sa vie même au bonheur de ses semblables ou à leur perfectionnement moral. Le dévouement est une loi générale de la société; ni la société ni l'individu ne peuvent s'en passer. On peut comparer la société à un immense atelier où tous les travaux se tiennent et où tous les ouvriers se prêtent un mutuel concours. Mais cette harmonie ne peut exister qu'à une condition : c'est que chacun des membres de la société soit étroitement uni à tous les autres et, en accomplissant la tâche que sa destinée lui a confiée, ne se propose pas pour unique fin son intérêt personnel, mais le bien, nous ne disons pas seulement le bien-être, le bien général de la communauté.

« Il est de la nature de ce bien d'être indivisible ; par conséquent, il ne se réalisera pas s'il n'est pas également désiré par tous les cœurs et également poursuivi par toutes les volontés. Il faut que, descendant du sommet à la base et remontant de la base jusqu'au sommet, le sentiment de la charité, l'émulation du dévouement, l'idée du sacrifice se répandent comme un esprit vivifiant dans tous les organes du corps social et en dirige tous les mouvements.

« Le dévouement est obligatoire pour toutes les conditions de l'ordre social : il n'y a pas une seule profession, par une seule situation dans laquelle il ne trouve pas sa place et où il ne soit nécessaire, pour s'acquitter seulement de ses dettes, de s'élever jusqu'au sacrifice. Le sacrifice est dans l'obéissance aussi bien que dans le commandement ; il est dans les recherches de la science et dans les créations de l'art.

« Le sacrifice est dans les dangers et les fatigues de la guerre, dans les travaux de l'industrie, dans les entreprises du commerce, et jusque dans l'exercice des plus humbles métiers, quand ceux qui s'y consacrent ont la conscience qu'ils remplissent dans la société une tâche nécessaire, et qu'ils s'efforcent de la rendre à leurs semblables aussi profitable qu'à eux-mêmes.

« Le dévouement est également nécessaire dans les relations individuelles : pauvres ou riches, grands ou petits, savants ou ignorants, nous avons tous besoin les uns des autres. Nos richesses, notre grandeur, notre science, n'ont pas le pouvoir de nous affranchir des misères, des infirmités, des chagrins de la vie, et, qui que nous soyons, nous avons souvent besoin d'une main tendue vers nous. La charité n'est pas l'aumône. Tout le monde peut pratiquer la charité. Tout le bien dont nous sommes capables, nous sommes obligés de le faire. La charité, et, par conséquent, le sacrifice, sont donc une loi aussi universelle que la justice elle-même. »

— Maintenant, mon Angèle, dites-moi, est-ce que vous n'avez pas été témoin de quelques actes de dévouement?

— Si, Madame, plusieurs fois. Un jour j'ai vu un pompier exposer sa vie dans un incendie pour aller chercher un enfant dans une chambre à moitié embrasée. — Une autre fois, j'ai vu un facteur se précipiter à la tête d'un cheval emporté ; il fut traîné assez loin sans se faire trop de mal et parvint, à force de courage, à conjurer les plus grands malheurs ; quatre personnes se trouvaient dans la voiture. — Notre voisin, M. Jacques, un ancien gendarme, a la poitrine constellée de médailles de sauvetage.

— Pendant une inondation de la Loire, Joseph, notre vieux jardinier, a arraché à une mort certaine une famille entière entourée par les eaux mugissantes. Je pourrais citer encore bien des faits.

— Oui, chère enfant, car le dévouement n'est pas rare en France. Il y a des dévouements de tous les jours, humbles, modestes, qui s'accomplissent dans l'ombre et que Dieu seul connaît; il y en a de sublimes, de rares, d'exceptionnels, que les générations se passent d'âge en âge comme un héritage inappréciable.

A côté du soldat tombant glorieusement sur le champ de bataille, il y a le médecin, la sœur de charité, les gardes-malades frappés aussi au champ d'honneur, c'est-à-dire au chevet de personnes atteintes de maladies contagieuses. Chaque année les feuilles publiques mentionnent le nom de ces nobles victimes du devoir.

Mais le dévouement ne doit pas s'adresser seulement au corps, il faut qu'il s'étende à l'âme. Il ne suffit pas de sauver la vie des hommes et de leur donner le pain corporel, il faut aussi donner du pain à leurs âmes, à leur intelligence, qui, elles aussi, ont besoin de soutien. De là pour nous encore différentes obligations : donner de sages avis, consoler les affligés, exhorter les faibles, relever les courages abattus.

***

— Il y a quelque temps, une femme se présentait à l'hôpital Beaujon, à Paris. Elle portait au cou une énorme tumeur, sillonnée de grosses veines. Le docteur Labbé résolut d'en pratiquer l'ablation; mais comme il prévoyait une énorme perte de sang, il se procura un appareil à transfusion du sang, afin de conjurer autant que possible la faiblesse déterminée par l'enlèvement de la tumeur. Un étudiant de troisième année, M. Paul Lecomte, de Saint-Quentin, s'offrit pour fournir le sang nécessaire à la transfusion, qui fut opérée avec un plein succès après la première opération. M. Paul Lecomte a été l'objet des félicitations de ses professeurs et amis pour le dévouement dont il a fait preuve.

***

— Dernièrement, une jeune fille, conduisant un attelage de deux bœufs, s'est présentée au comice agricole de Vaugneray (Rhône), pour disputer le prix de labour. On hésitait à l'admettre : mais son air réservé et surtout les circonstances qui l'avaient amenée à être une des plus habiles de sa commune ont fait ouvrir pour elle les barrières du champ de labourage. Marie Chirat, âgée seulement de dix-neuf ans, a perdu son père il y a neuf ou

Elle a gagné la prime.

dix mois. Son père était fermier d'un domaine de près de 2,000 francs de bail, et il ne laissait pour continuer son exploitation que sa veuve, un jeune fils et Marie. Quitter la ferme au milieu du bail, c'était la ruine. Marie s'est armée d'un courage peu commun chez une jeune fille, et, faisant appel à tout son dévouement, elle a consolé sa mère en lui disant qu'elle dirigerait elle-même l'exploitation. Elle a fait les semailles du printemps, et elle est devenue le meilleur laboureur de la commune de Bindas. Dix de ses compagnes l'ont accompagnée au concours, et après qu'elle a eu gagné la prime, elles sont montées avec elle sur le char à bœufs qui les avait amenées, et l'ont conduite à l'église et de là à sa mère, car elle a refusé de prendre part aux danses et aux plaisirs de la fête.

SUJET DE RÉDACTION

1. Définir le dévouement. — 2. Montrer qu'on peut le pratiquer tous les jours de l'existence. — 3. Citer quelques actes de dévouement.

L'honnête homme

Le P. Lacordaire a tracé l'éloquent portrait de *l'honnête homme ;* sa place se trouve marquée ici tout naturellement.

« L'homme juste, l'honnête homme, est celui qui mesure son droit à son devoir. Il sait que l'homme, être infini par sa destinée, est jeté passagèrement sur un sol borné, et ne pouvant agrandir la patrie commune, il agrandit son cœur pour s'y contenter de peu. Riche ou pauvre, qu'il donne ou qu'il reçoive, il se prépare un tombeau où nul n'accusera son passage d'avoir été un malheur. Je m'attendris à ce nom d' « honnête homme ». Je me représente l'image vénérable d'un homme qui n'a pas pesé sur la terre, dont le cœur n'a jamais connu l'injustice, et dont la main ne l'a point exécutée; qui non seulement a respecté les biens, la vie, l'honneur de ses semblables, mais aussi leur perfection morale; qui fut observateur de sa parole, fidèle dans ses amitiés, sincère et ferme dans ses convictions, à l'épreuve du temps qui change et qui veut entraîner tout dans ses changements. Aristide enfin, dans l'antiquité, l'Hôpital dans les temps modernes, voilà l'honnête homme. Lorsque vous le rencontrerez, je ne vous dis pas de ployer le genou, car ce n'est pas encore là le héros, mais c'est déjà une noble chose, et, peut-être, hélas! une chose rare, du moins dans sa plénitude. Saluez-le donc en passant, et, qui que vous soyez, aimez à entendre à votre oreille et surtout au fond de votre conscience cette belle parole, que vous êtes un honnête homme. »

DIEU

Tenez votre âme en état de ne pas
craindre Dieu, et vous ne douterez jamais
de son existence.

UN PENSEUR.

— Marguerite, à cette question : Dieu existe-t-il ? que
répondriez-vous ?

— Madame, je répondrais par ces paroles de Chateaubriand que vous nous avez fait apprendre : « Il est un
Dieu ; les herbes de la vallée et les cèdres de la montagne
le bénissent, l'insecte bourdonne ses louanges, l'éléphant
le salue au lever de l'aurore, l'oiseau le chante dans le
feuillage, la foudre fait éclater sa puissance, et l'Océan
déclare son immensité. »

— Oui, mon enfant, Dieu existe, il a un nom dans
toutes les langues ; il a une place dans l'histoire de tous
les peuples :

> Consulte Zoroastre, et Minos, et Solon,
> Et le sage Socrate et le grand Cicéron ;
> Ils ont adoré tous un maître, un juge, un père ;
> Ce système sublime à l'homme est nécessaire.

Dieu est invoqué en tête de tous les codes ; il a inspiré
à la poésie ses plus beaux chants, et à l'art ses œuvres
les plus accomplies ; il est l'objet des méditations de la
philosophie aussi bien que des enseignements de la religion ; à lui s'adresse toute prière ; à lui remonte tout sacrifice ; à lui s'attachent les dernières espérances de ce
monde. D'après Bossuet, qui dit Dieu dit un océan infini
de toute perfection. Tous ses attributs divins sont sans
bornes et sans limites. Son immensité passe tous les
lieux, son éternité domine tous les temps ; les siècles ne
sont rien devant lui.

Qui peut lever les yeux vers le ciel sans y reconnaître
un Dieu ? Quelle magnificence, quelle harmonie dans

l'univers! Qui a dit au soleil : Sors du néant et préside au jour? Et à la lune : Parais et sois le flambeau de la nuit? Qui a donné l'être à cette multitude d'étoiles qui sont autant de soleils immenses, attachés chacun au monde qu'il éclaire? Quel est l'ouvrier dont la toute-puissance a pu opérer ces merveilles?

> L'univers m'embarrasse, et je ne puis songer
> Que cette horloge existe et n'ait pas d'horloger.

— Mais est-ce qu'il y a des hommes qui ne croient pas en Dieu?

— Tout au moins il y en a qui le disent, mais ils ne le pensent probablement point. Celui qui doute de Dieu est souvent celui dont l'âme est en état de ne point souhaiter qu'il y ait un Dieu.

Mais à quoi bon vous parler ainsi, mes enfants? ce n'est jamais vous qui douterez de Dieu, et vous dites avec Lamartine :

> Salut, principe et fin de toi-même et du monde,
> Toi qui rends d'un regard l'immensité féconde;
> Ame de l'univers, Dieu, Père, Créateur,
> Sous tous ces noms divers je crois en toi, Seigneur !

Pourrait-on croire qu'il y a des hommes assez coupables pour outrager la majesté de Dieu en blasphémant son nom? Quant à vous, mes petites amies, ne prononcez jamais légèrement le nom de Dieu, ne le répétez pas sans nécessité dans vos discours; ne le mêlez pas à vos jeux; entourez-le de votre respect, de votre vénération. L'illustre savant Newton se découvrait la tête toutes les fois qu'il entendait prononcer le grand nom de Dieu.

Nos Devoirs envers Dieu

— L'homme ne peut douter de l'existence de Dieu ; et puisque Dieu existe, que devons-nous en conclure, Marie?

— Nous devons en conclure que nous avons des devoirs à remplir envers lui : le connaître, l'aimer et le servir.

— Voilà nos devoirs tout tracés. Cette définition est excellente, en effet, elle répond à tout. Connaître, aimer, servir Dieu : ces trois choses embrassent l'homme tout entier et elles comprennent tous ses devoirs. Un philosophe contemporain, M. Jules Simon, ayant à parler des devoirs religieux, déclare que tout philosophe ne saurait mieux faire que de répéter sur ce point les formules mêmes du catéchisme.

Connaître Dieu, c'est-à-dire étudier ses œuvres, lui faire hommage de notre intelligence, appliquer notre penser à méditer cette idée suprême de la perfection qui est la clef de tout savoir et la source de toute lumière. Plus on a d'instruction, mieux on peut connaître et comprendre les œuvres de Dieu. Notre devoir est donc de chercher premièrement à nous instruire.

Aimer Dieu, c'est-à-dire lui faire hommage de notre cœur, sentir combien nous sommes peu de chose en face de lui, combien notre existence éphémère a besoin de se rattacher à son existence éternelle. Comment ne pas aimer de toutes les forces de son âme notre suprême bienfaiteur, celui qui a tout fait pour nous dans ce monde?

Servir Dieu, enfin, c'est-à-dire se soumettre à ses ordres, accomplir sa volonté. Or la volonté de Dieu, c'est que la justice se fasse, que le bien se réalise et que la vertu soit pratiquée.

La pratique de nos devoirs envers Dieu constitue le *culte*. Si les actes par lesquels nous adorons Dieu, si nos sentiments d'amour, de respect, de reconnaissance envers 'lui sont renfermés au dedans de nous, en notre âme, c'est le culte intérieur ; s'ils se manifestent au dehors, c'est le culte extérieur ou sensible.

— Ces deux cultes sont donc utiles ?

— Oui, ma chère enfant, l'homme est une âme unie à un corps, et ce n'est pas trop de toutes les puissances de son être pour rendre à Dieu les devoirs qui lui sont dus. Le genre humain, dit Fénelon, ne saurait reconnaître et aimer son créateur sans montrer qu'il l'aime, sans vouloir exprimer cet amour dans des fêtes, des cérémonies et avec une magnificence proportionnée à celui qu'il aime.

LA PRIÈRE

La prière, cette élévation de l'âme vers Dieu, est regardée à bon droit comme la manifestation par excellence du sentiment religieux. Son objet est double : remercier Dieu de ses bienfaits, solliciter des bienfaits nouveaux. La raison de la prière est la confiance naturelle en la providence de Dieu, de qui vient tout le bien que nous pouvons posséder en cette vie.

— Est-ce que les écrivains n'ont pas laissé quelques belles pensées sur la prière ?

— Si ; je vais vous en citer quelques-unes : La prière lie le ciel à la terre ; les vœux que l'une élance vers l'autre retombent en douce rosée pour rafraîchir les cœurs desséchés par le souffle brûlant de l'affliction. La prière est née de la foi et de l'amour ; elle est destinée à vivifier et à fortifier les âmes : c'est un soupir vers la bonne vie.

Dieu a placé la prière et la résignation religieuse entre le malheur et l'âme, pour amortir nos peines et nous sauver du désespoir. Comme l'encens ranime le feu qui s'éteint, de même la prière ranime l'espérance dans le cœur de l'homme.

Seul entre tous les êtres ici-bas, l'homme prie, dit M. Guizot. Parmi les instincts moraux, il n'y en a point de plus naturel, de plus universel, de plus invincible que la prière. L'enfant s'y porte avec une docilité empressée; le vieillard s'y replie comme dans un refuge; la prière monte d'elle-même sur les jeunes lèvres qui balbutient à peine le nom de Dieu et sur les lèvres mourantes qui n'ont plus la force de le prononcer. Chez tous les peuples, partout où vivent des hommes, sous l'empire de certaines impressions de l'âme, les yeux se lèvent, les mains se joignent, les genoux fléchissent, pour implorer ou pour rendre grâces, pour adorer ou pour apaiser. Avec transport ou avec tremblement, publiquement ou dans le secret de son cœur, c'est à la prière que l'homme s'adresse en dernier recours; c'est dans la prière qu'il cherche, quand tout lui manque, appui pour sa faiblesse, consolation dans ses douleurs, espérance pour sa vertu.

Par cela qu'elle prie, l'âme se soulage, se relève, se fortifie; elle éprouve ce sentiment de retour à la santé et au repos qui se répand dans le corps quand il passe d'un air orageux et lourd dans une atmosphère sereine et pure. Dieu vient en aide à ceux qui l'implorent, avant et sans qu'ils sachent s'il les exaucera.

Notre poète Lamartine a composé une pièce charmante pour les enfants; jamais son inspiration n'a été plus pure et plus touchante; c'est *la Prière de l'enfant à son réveil*. Cet hymne est une effusion, un flot de lumière qui s'épand, un flot d'encens qui monte.

— Ah! oui, je me rappelle l'avoir apprise autrefois.

— Eh bien, mon Yvonne, nous allons, en imitant M. Legouvé, la commenter ensemble, afin d'en admirer toutes les beautés. L'enfant commence par l'adoration;

il s'humilie à ce grand nom de Dieu devant qui tout
genou doit fléchir sur la terre.

> O Père qu'adore mon père !
> Toi qu'on ne nomme qu'à genoux ;
> Toi dont le nom terrible et doux
> Fait courber le front de ma mère.

Après l'adoration vient l'invocation : invocation à
l'Être souverain de qui tout dépend, au Dieu créateur du
soleil, des animaux, des hommes, des fleurs et des fruits.
En quelques mots d'une suavité, d'une grâce infinie, le
poëte nous décrit les œuvres de Dieu, il fait dire à l'enfant ce qui peut vraiment sortir de son cœur:

> On dit que ce brillant soleil
> N'est qu'un jouet de ta puissance,
> Que sous tes pieds il se balance
> Comme une lampe de vermeil.

> On dit que c'est toi qui fais naître
> Les petits oiseaux dans les champs,
> Et qui donne aux petits enfants
> Une âme aussi pour te connaître.

> On dit que c'est toi qui produis
> Les fleurs dont le jardin se pare,
> Et que, sans toi, toujours avare,
> Le verger n'aurait point de fruits.

Dieu ne s'est pas contenté de créer, il veut que nous
jouissions de ses dons, il nous les dispense avec générosité :

> Aux dons que ta bonté mesure
> Tout l'univers est convié ;
> Nul insecte n'est oublié
> A ce festin de la nature.

La table est mise, le festin est servi ; peinture des con-

vives : tous, animaux, oiseaux, enfants peuvent prendre
part au banquet préparé par des mains paternelles :

> L'agneau broute le serpolet,
> La chèvre s'attache au cytise,
> La mouche, au bord du vase, puise
> Les blanches gouttes de mon lait ;
>
> L'alouette a la graine amère
> Que laisse envoler le glaneur ;
> Le passereau suit le vanneur,
> Et l'enfant s'attache à sa mère.

Mais pour être admis à la table du festin, une condition
est nécessaire :

> Et, pour obtenir chaque don
> Que chaque jour tu fais éclore,
> A midi, le soir, à l'aurore,
> Que faut-il ? Prononcer ton nom.

L'enfant peut mêler sa voix à toutes les voix de la
nature :

> O Dieu ! ma bouche balbutie
> Ce nom des anges redouté ;
> Un enfant même est écouté
> Dans le chœur qui te glorifie.

Maintenant, il lui reste à formuler ses vœux, et comme
il s'adresse à celui qui peut tout, il va d'abord demander
pour les autres :

> Mon Dieu, donne l'onde aux fontaines,
> Donne la plume aux passereaux,
> Et la laine aux petits agneaux,
> Et l'ombre et la rosée aux plaines.
>
> Donne au malade la santé,
> Au mendiant le pain qu'il pleure,
> A l'orphelin une demeure,
> Au prisonnier la liberté.

Donne une famille nombreuse
Au père qui craint le Seigneur,
Donne à moi sagesse et bonheur,
Pour que ma mère soit heureuse.

Après avoir prié pour tous, n'est-il pas juste que l'enfant prie pour lui-même ? C'est ce qu'il fait en ces termes délicieusement poétiques :

Que je sois bon, quoique petit,
Comme cet enfant dans le temple
Que chaque matin je contemple
Souriant au pied de mon lit !

Mets dans mon âme la justice,
Sur mes lèvres la vérité ;
Qu'avec crainte et docilité
Ta parole en mon cœur mûrisse.

Et que ma voix s'élève à toi
Comme cette douce fumée
Que balance l'urne embaumée
Dans la main d'enfants comme moi !

Lamartine.

QUESTIONNAIRE

Qu'est-ce que Dieu ? — Qu'est-ce qui nous prouve son existence ? — Quels sont nos devoirs envers Dieu ? — Qu'est-ce que la prière ?

MORALE SOCIALE

AUX INSTITUTRICES. — Jusqu'ici nous avons suivi de point en point le programme tracé pour l'enseignement de la *Morale;* mais notre tâche n'est point achevée. — Le Cours supérieur, sous le titre de **Morale sociale,** nous invite à nous occuper de nouveau de la *famille,* de la *société,* de la *patrie.* Nous allons donc revenir sur ces sujets et les compléter en les envisageant à d'autres points de vue, et particulièrement au point de vue féminin. — Nous soutiendrons ainsi, sans la fatiguer, l'attention de nos jeunes lectrices, et nous donnerons pleine satisfaction au programme officiel.

LA FAMILLE

La Société. — L'État

Après avoir lu attentivement, et plusieurs fois au besoin, ce qui se rapporte aux divers chapitres de la Morale sociale, les élèves résumeront dans leur esprit les explications données et pourront répondre ensuite, sans embarras, aux questions suivantes et dont la réponse porte le même numéro. Cet exercice pourrait servir aussi comme excellent sujet de composition écrite.

QUESTIONNAIRE

1. Qu'appelle-t-on Famille? — 2. Quels sont les charmes de la vie de famille? et expliquez pourquoi le foyer domestique est un des plus sûrs éléments de bonheur. — 3. Montrez la nécessité de la société. Quels sont ses bienfaits? — 4. Quelles sont les vertus que fait naître la patrie? — 5. Que signifient ces mots: cosmopolitisme et chauvinisme? — 6. En quoi doit consister le patriotisme chez les femmes? — 7. Citez des exemples de patriotisme dus aux femmes. — 8. Quel est le premier devoir envers la patrie? — 9. Combien y a-t-il de sortes de lois? — 10. Que distingue-t-on parmi les lois écrites? — 11. Qu'appelle-t-on lois civiles et lois politiques? — 12. Pourquoi devons-nous respecter les magistrats? — 13. Pour quelles raisons devons-nous prêter main-forte à l'autorité? — 14. Que doit-on penser de la guerre? — 15. Qu'est-ce que la Convention de Genève? — 16. Que doit penser tout Français du service militaire? — 17. Pourquoi devons-nous respecter le drapeau? — 18. Qu'appelle-t-on impôt? Montrez sa nécessité. — 19. Est-il permis de tromper le fisc ou de voler l'État? — 20. Quelle doit être la conduite des femmes relativement à la politique?

— 21. Est-il bon que la femme ne soit pas l'égale de l'homme sous le rapport des emplois publics ? — 22. Qu'est-ce que voter ? — 23. Comment doit être le vote ? — 24. Quels sont les devoirs de l'État envers nous ? et expliquez en quoi consiste la liberté individuelle, la liberté du travail, la liberté de conscience. — 25. Expliquez la devise de la République : Liberté, égalité, fraternité.

1. — La famille est une institution établie par la nature ; elle a pour base le mariage. La famille est la première société constituée, elle est restée le type et le fondement de toute société organisée.

Réduit à lui-même et privé du secours de ses semblables, l'homme serait condamné à mourir ou à mener une vie misérable ; chacun a besoin du secours de tous, la société assure à chaque individu une multitude d'avantages matériels et moraux. L'instinct de l'homme est la sociabilité.

L'humanité ne forme pas une société unique. Elle est divisée en sociétés indépendantes qu'on nomme des *États*, des *nations*. Clémence va nous dire la différence qui existe entre ces mots.

— Une nation est une association d'hommes qui ont des intérêts communs et vivent sous un même gouvernement. L'État, c'est le gouvernement, l'administration du pays.

— Très bien, chère enfant. Ce qui constitue essentiellement un État ou une nation, c'est un pouvoir suprême, ayant droit à l'obéissance et disposant d'une certaine force. Ce pouvoir peut être entre les mains d'un seul homme, qui l'exerce souverainement sous le titre de roi ou d'empereur, comme en Espagne, en Russie, etc. Mais en France la *souveraineté* réside maintenant dans la nation et elle est exercée par les représentants du peuple, qui délèguent le pouvoir exécutif au Président de la République.

L'esprit de famille. — La vie de famille

> Le plus sûr moyen d'être heureux, c'est
> de tirer parti des éléments de bonheur
> qu'on a sous la main : car le bonheur, Dieu
> merci ! est de tous les pays et de toutes les
> conditions.
>
> J. GIRARDIN.

2. — Je ne sais, mesdemoiselles, si j'ai réussi à vous répéter que, souvent, si nous ne sommes pas heureux, c'est que nous cherchons le bonheur où il ne peut exister; c'est que nous aspirons sans cesse à ce que nous n'avons pas en dédaignant ce que nous avons.

Comme le dit si bien l'épigraphe de ce chapitre : le plus sûr moyen d'être heureux est de tirer parti des éléments de bonheur que l'on *a sous la main*. Et ces éléments, je vous le demande, mes enfants, où les trouver plus nombreux qu'au foyer domestique et dans cette vie de famille qui procure des plaisirs si vrais et des joies si pures?

— Qui ne le sait? qui n'en gémit amèrement de nos jours? Un mouvement fébrile nous arrache de plus en plus à nous-mêmes et aux nôtres. On se quitte soi-même par la dissipation : c'est le premier degré; puis on quitte sa maison, quelquefois son pays. Nos demeures se vident chaque jour; les rues, les magasins, les salons et les cercles ne désemplissent pas; le chez-soi est à charge, et ce foyer domestique si cher à nos aïeux, qui le considéraient presque comme un autel, n'est plus aujourd'hui qu'une espèce de prison.

La toilette le matin, les visites dans le jour et les fêtes le soir : la vie publique prend tout. Pour un grand nombre d'enfants, l'âge des fortes études et du recueillement modeste est devenu celui des réunions mondaines et de l'ostentation. Tout se perd dans ce besoin intempérant de paraître : le temps, la paix, la santé et les vraies joies du cœur. La vie de famille est le remède à cet entraînement, le foyer domestique est la meilleure école. Le monde apprend peu de chose, la famille apprend tout.

—Que devez-vous savoir, mes petites amies? Qu'est-ce qui fera votre mérite et votre distinction ? Je vais vous le dire : gouverner une maison, régner par la douceur et par la charité, prendre et donner aux autres l'habitude de l'ordre, du travail, de la réserve ; se faire agréer par l'amabilité et la patience ; se faire pardonner ses défauts par la bienveillance, recevoir cordialement, commander doucement, concilier la bonté avec l'autorité, employer utilement de longues journées, remplir sa solitude en cultivant son âme, se livrer à peu de gens et se prêter à tous, secourir de moins heureux que soi ; s'approcher des maux des autres, afin que les siens propres paraissent plus supportables ; bien choisir ses amis ; enfin savoir se cacher, se dévouer et souffrir ; où cela s'apprend-il, où cela se voit-il, si ce n'est dans ce livre ouvert du foyer domestique où les exemples de vos mères tiennent écrits vos devoirs?

Aimez toujours la vie de famille, mesdemoiselles, elle vous rendra heureuses. Que vous font ces nouvelles, ces agitations, ces tumultes, ces vanités vulgaires qu'on rencontre dans le monde? « Auprès d'un baiser donné à mes enfants, écrivait une mère, tous les voyages, toutes les distractions étaient peu de chose pour moi. Je suis contente de sentir que les vrais biens de la vie sont sous le toit qu'on habite, et au lieu de dire avec le proverbe : Là où la chèvre est attachée, il faut qu'elle broute, on peut dire avec plus de vérité : Là où la chèvre est attachée, là où elle broute, sont les vrais biens de la vie. »

Et ces biens sont tellement à la portée de tous ! Il en coûte tant quelquefois pour acheter le plaisir, et le véritable bonheur s'acquiert à si peu de frais ! Un regard de bonté, une parole dite à propos, une joie partagée, une douleur consolée, une fête, une espérance, un présent, un sourire, et le cœur vivra là-dessus pendant des semaines et des mois. Un auteur a dit : « Le paradis est aux pieds des mères ! »

LA SOCIÉTÉ

Nécessité et bienfaits de la société

3. — Nous avons déjà parlé de la société en général, nous avons dit qu'une société est une réunion d'hommes rattachés par des intérêts communs et des affections communes.

— Alors la première société a été la première famille, celle d'Adam, composée de lui, de sa femme et de ses enfants ?

— Justement, ma Claire, et à mesure que les hommes se sont multipliés, les familles se sont dispersées sur la terre pour pouvoir s'y nourrir. Mais par circonstance fortuite, par volonté ou par force, des familles voisines s'unirent ensemble, *s'associèrent* avec le dessein de se soutenir mutuellement, de poursuivre le même but. Elles se lièrent entre elles et formèrent des *sociétés*.

— Ce qu'il y aurait d'intéressant pour nous, ce serait de savoir comment s'est formée cette société qu'on appelle la nation française.

— La nation française, chère enfant, a une triple origine et doit reconnaître les Gaulois, les Romains et les Germains comme ayant été, à des titres divers, ses ancêtres. Vous savez que les Gaulois étaient les premiers habitants de la France ; les Romains, le peuple le plus célèbre de l'antiquité, et les Germains, les peuples qui habitaient les pays appelés aujourd'hui *Allemagne*.

Les Romains et les Germains ont transmis à notre nation l'héritage de leurs institutions et ont influé sur ses destinées politiques. Les Gaulois, qui étaient eux-mêmes un composé d'éléments divers, lui ont transmis leur caractère avec leur sang, et sont incontestablement, parmi nos ancêtres, ceux auxquels nous devons le plus.

Ces divers éléments répartis sur notre territoire ont établi certaines différences quant à la stature, à la constitution physique des individus; mais ces différences n'affaiblissent en rien l'unité morale d'un peuple, quelquefois même elles contribuent à donner à son génie plus de variété et plus de ressort à son activité. L'unité nationale est la conséquence de causes qui appartiennent plus encore à l'ordre moral qu'à l'ordre physique.

Dans les siècles qui se sont écoulés après la grande invasion, une suite d'événements politiques ont rapproché et en quelque sorte soudé ensemble les divers éléments provinciaux de notre pays. La nation française s'est formée; une longue communauté de gouvernement, d'intérêts, de gloires et de malheurs en a scellé l'unité. Cette unité est née sur les ruines de la féodalité. Elle a commencé à prendre conscience d'elle-même avec Jeanne d'Arc, l'immortelle héroïne d'Orléans, lorsque la nation s'est levée pour repousser l'étranger et mettre un terme aux intolérables souffrances de la guerre de Cent ans, et elle est si bien une force morale que, depuis ce temps, le sentiment ne s'en est jamais manifesté avec autant d'énergie qu'aux époques où l'unité matérielle du territoire a été menacée.

Il nous reste maintenant à voir la nécessité et les bienfaits de la société; je ne puis mieux faire que de citer ce qu'a dit à ce sujet un célèbre économiste[1], Frédéric Bastiat :

« Considérez, dit-il, le dernier des hommes, le plus

---

1. *Économiste*, écrivain qui s'occupe des questions concernant le bien-être des peuples.

obscur des artisans : il a toujours de quoi se vêtir bien ou mal, il a de quoi chausser ses pieds. Or, combien de personnes, combien de peuples ont dû se donner du mouvement pour lui préparer ses habits ou ses souliers ! Chaque jour il porte à sa bouche un morceau de pain ; et voyez encore ici quel travail, que de bras il a fallu pour arriver à ce résultat, depuis le laboureur qui creuse péniblement les sillons du champ pour y semer le grain, jusqu'au boulanger qui convertit la farine en pain.

« Cet homme a des droits ; il trouve dans la société des avocats pour les défendre, des magistrats pour les consacrer par leurs jugements, des gendarmes pour les faire respecter. Est-il ignorant ? il y a des écoles, des hommes qui pour lui composent des livres, d'autres qui les impriment. Pour la satisfaction de ses instincts religieux, de ses aspirations vers Dieu, il s'adresse à quelques-uns de ses frères qui, laissant toute occupation, s'adonnent à l'étude des choses saintes, renoncent aux plaisirs, au négoce, à la famille pour mieux répondre à ces besoins supérieurs.

« Cela suffit pour nous démontrer clairement qu'il est indispensable de vivre en société pour satisfaire des besoins aussi impérieux que divers. »

Ajoutons que la société ne peut se maintenir que par des liens moraux, parmi lesquels nous citerons d'abord le patriotisme, l'amour du pays ; mais ce noble sentiment de l'homme ne suffit pas, car tous les hommes ne le ressentent pas au même degré, il faut des forces morales indépendantes de l'individu, qui subsistent par elles-mêmes. Ces forces sont la **religion**, qui a sa sanction dans un monde meilleur, et la **loi**, qui trouve sa sanction dans un pouvoir qu'elle institue et qui vit par elle, le **gouvernement**.

LA PATRIE

Vertus que fait naître l'amour de la Patrie

4. — Aux yeux de quiconque aime son pays, la patrie est une mère, la *mère patrie*. Tous les enfants de cette mère sont frères et sœurs aux yeux du patriote véritable. La patrie lui est une grande famille, et toutes les harmonies fécondes de la famille naissent entre lui et son pays ; elles font naître les mêmes vertus, les mêmes dévouements que suscite la famille, mais avec des proportions extraordinaires et souvent sublimes.

Ces mâles vertus éclatent dans toutes les situations de fortune, dans toutes les fonctions, dans les emplois les plus humbles comme dans les plus élevés. Elles paraissent particulièrement énergiques chez le soldat, chez l'officier. Mourir pour sa patrie est un devoir évident et simple : le militaire ne le discute pas ; il donne sa vie sans marchander, il supporte le froid, le chaud, la faim, la misère sans murmurer. Pourtant tous ces sacrifices sont contraires à l'instinct individuel ; mais celui-ci se tait ; bien plus, il disparaît devant l'instinct patriotique joint à l'autorité impérative du devoir. Plus d'égoïsme dans le soldat : c'est un héros, c'est un martyr. Il n'y a rien de plus grand que ce qu'il fait, et cependant rien ne lui semble plus naturel. Donc, le sentiment patriotique élève l'âme du soldat à sa dernière hauteur. Au contraire, le lâche qui refuse son sang à son pays s'avilit et le mépris de tous l'accable.

Dans l'ordre civil, celui qui aime son pays d'un amour de fils a le courage civil. Magistrat, il défend, il applique la loi, advienne que pourra, parce que la loi, c'est la justice parlant par la bouche de la patrie. Il brave la fureur de la foule déchaînée. Il est incorruptible, iné-

branlable. Il couvre de son corps la loi et le droit : il
sait que par là il protège le cœur de la patrie.

Le plus simple citoyen, s'il adore son pays, fait tout
ce qu'il fait, aime tout ce qu'il aime, dit tout ce qu'il dit
par amour pour son pays et pour la justice.

Concevez un pays où ce juste amour de la patrie anime
toutes les âmes ; ce pays n'est qu'une seule âme, une

Tous les enfants de la patrie sont frères. (V. page 236.)

unité vivante où l'harmonie centuple toutes les puissances. Ce pays est invincible devant l'ennemi, respecté
par lui, redouté par lui. Un tel pays ne sera même pas
attaqué ; s'il l'est et s'il a su se préparer des forces proportionnées au danger, il sera vainqueur. L'amour de la
patrie peut seul donner la durée à la patrie ; lui seul
peut créer cette union des esprits, des cœurs, des courages, des vertus, qui est la vie d'un pays, sa fécondité
et sa grandeur au dedans, sa puissance respectée au dehors. Un pays divisé est une proie toute prête pour qui
veut la dévorer.

Cosmopolitisme et chauvinisme

5. — A propos d'amour de la patrie, il y a un mot dont je ne comprends pas bien le sens, c'est celui de *cosmopolite* ; qu'est-ce qu'on entend par là ?

— Ce mot, ma petite amie, signifie « citoyen du monde ». Le cosmopolite regarde l'univers comme sa patrie. Ainsi l'intérêt du monde entier, l'avantage de l'humanité, le bonheur de la grande famille, voilà le cosmopolitisme.

— Mais, c'est un sentiment bien parfait, il me semble ?

— Parfait ? non, chère Marie, car il n'est pas naturel ; vous connaissez l'adage : Qui trop embrasse mal étreint. Il n'est pas admissible que l'amour de l'humanité doive et puisse être établi sur les ruines du patriotisme, et c'est un détestable sentiment que celui qui ferait dire à un Français : Je n'ai pas de patrie, la France ne m'est pas plus chère que l'Angleterre, l'Italie et l'Allemagne. Non, toutes les nations n'ont pas droit à notre dévouement et à notre amour au même degré que notre patrie, et de même que notre cœur a des sentiments de prédilection pour les membres de notre famille, de même il doit aimer mieux ses concitoyens que les autres hommes, son pays plus que les autres pays. Dieu ne nous défend pas cette préférence pourvu qu'elle ne nous rende pas injustes ou égoïstes envers les étrangers. Tous les hommes sont nos frères et nous leur devons des égards, de la bienveillance et de la bonté. La différence de patrie ne doit pas nous empêcher de rendre service aux autres hommes.

Disons aussi, puisque l'occasion s'en présente, que les nations ont des devoirs à remplir entre elles ; la morale doit régler leurs rapports, elles doivent se respecter mutuellement dans leur existence, dans leur indépendance, dans leur honneur et dans leurs possessions ; elles doivent respecter les conventions et les traités qu'elles signent.

Pour un peuple, comme pour un individu, c'est une grande force qu'une grande réputation.

— Marie a parlé de cosmopolitisme, il y a encore un mot non moins bizarre que j'ai rencontré quelquefois dans mes lectures, c'est *chauvinisme;* que peut-il bien signifier?

— Par le mot « chauvin » on désigne une personne entichée d'un patriotisme exagéré, d'un enthousiasme militaire qui n'est point réfléchi, ou de toute autre admiration rétrograde plus passionnée que raisonnée.

— Mais d'où vient ce mot?

— C'est un des plus braves soldats de l'Empire, Nicolas *Chauvin*, né à Rochefort, qui en est le parrain. Ce vieux grognard, qui reçut dix-sept blessures, se fit toujours remarquer dans les camps par une telle naïveté et une telle exaltation dans ses sentiments napoléoniens, que ses camarades finirent par le tourner en ridicule. De l'armée, la réputation de Chauvin se répandit dans la population civile, et bientôt le patriotisme exagéré s'appela *chauvinisme.*

— D'après cela, le chauvinisme est une qualité?

— Je le regarderais, mon enfant, plutôt comme un défaut, car il a probablement contribué à nos derniers malheurs. Que de fois j'ai entendu dire : la France est la première des nations, et nos soldats les premiers soldats du monde, ils ne peuvent être battus. Cela, mon enfant, est de la pure forfanterie; nous nous sommes endormis avec ces idées dans une sécurité trompeuse et notre réveil, en 1870, a été bien cruel. Certes, nous avons lieu d'être fiers de notre nation, mais elle n'est pas invincible. Si nous avons eu de magnifiques et glorieuses victoires, nous avons éprouvé aussi de sanglantes défaites, parmi lesquelles nous citerons Crécy, Poitiers,

Azincourt, Sedan. Les autres peuples ont pu ainsi, de temps à autre, nous rappeler à la modestie.

On reproche non sans raison aux Français la fatuité avant la bataille, le découragement et la démoralisation après les revers ; ce n'est pas là le patriotisme bien entendu. Quand les Français joindront à leurs aimables et brillantes qualités la patience dans les épreuves, la maturité dans les jugements, la ténacité dans les idées, la persévérance dans les projets et le calme dans leur exécution ; quand ils uniront aux fortes vertus de la famille le respect de la religion et de l'autorité, alors ils pourront dire que la France est vraiment la première nation du monde.

Le Patriotisme chez les femmes

6. — Si la femme n'a pas, comme l'homme, à signaler son patriotisme sur les champs de bataille, elle a, dans une sphère plus humble, un rôle bien utile à remplir. Grâce à elle, le foyer domestique est une école où les enfants apprennent à connaître leur pays et à l'aimer. Une mère véritablement française sait inspirer à ses fils des sentiments tels qu'au jour où la patrie en a besoin, elle trouve en eux de vaillants et intrépides défenseurs. La femme, comme nous le disions, n'arme pas son bras pour combattre, mais elle en arme d'autres d'un courage invincible. Au moment des séparations réclamées par la patrie, la femme doit donner l'exemple du sacrifice noblement accepté. Lorsqu'un père, un frère, un époux quittent le foyer et vont où le devoir les appelle, il faut que la femme, loin d'amollir leur courage par des pleurs ou de lâches réflexions, leur communique l'énergie dont ils vont avoir tant besoin.

7. — Un jour que Sparte courait un véritable danger, une Spartiate voulut armer elle-même son fils qui allait partir pour défendre la patrie. Lorsqu'elle lui présenta son épée, le jeune homme dit à sa mère : « Elle est bien courte! — Fais un pas de plus, » lui répondit-elle.

Une autre, donnant à son fils le bouclier de son père, mort en défendant Sparte, lui dit laconiquement : « Reviens dessus ou dessous; » c'est-à-dire, triomphe ou meurs.

Une femme lacédémonienne, pour consoler son fils qu'une blessure glorieuse avait rendu boiteux, lui disait : « Va, mon fils, tu ne saurais plus faire un pas qui ne te fasse souvenir de ta valeur. »

Cornélie, connue sous le nom de Mère des Gracques, ayant perdu ses deux fils, Tiberius et Caïus, tombés pour le salut de Rome, ne les pleurait point devant ses concitoyens; mais elle se plaisait à raconter leurs hauts faits et terminait toujours en répétant avec un légitime orgueil : « Et ces grands hommes étaient mes enfants ! »

Sobieski, roi de Pologne (1629-1696), venait de monter à cheval pour aller secourir la ville de Vienne, alors assiégée par les Turcs. La reine, tenant son jeune fils dans ses bras, pleurait en regardant le roi. Celui-ci lui dit : « Qu'avez-vous à pleurer, Madame? » Elle répondit : « Je pleure de ce que cet enfant n'est pas en état de vous suivre comme les autres. »

Les Polonais s'étaient soulevés contre la domination de la Russie et une de leurs villes était assiégée. En faisant sommer cette ville de se rendre, le général russe engagea les femmes à sortir de la ville avec leurs enfants pour éviter les tristes conséquences de l'attaque. Ces femmes héroïques firent la réponse suivante : « En Pologne, les femmes n'abandonnent pas leurs maris dans de pareilles circonstances; elles meurent, ainsi que leurs enfants, à côté de leurs protecteurs naturels. »

— Voilà des traits qui font honneur à notre sexe ; mais ce ne sont pas des Françaises ! c'est dommage.

— Si je ne vous ai pas cité, ma chère enfant, des faits d'héroïsme dus à des Françaises, c'est parce que vous connaissez votre histoire de France ; par exemple, les noms immortels de Jeanne d'Arc et de Jeanne Hachette ont retenti mille fois à vos oreilles. La merveilleuse épopée de la libératrice d'Orléans, de celle qui a sauvé son roi et la France, vous est connue dans ses moindres détails, et je n'ai point à vous en parler ici. Il y a encore Jeanne de Navarre, femme de Philippe le Bel ; elle chassa de la Navarre les Aragonais et les Castillans, et tailla en pièces l'armée du comte de Bar, qui avait envahi la Champagne. Jeanne de Flandre, femme du comte de Montfort, et Jeanne de Penthièvre, femme du comte Charles de Blois, soutinrent courageusement la guerre appelée *guerre des deux Jeanne*, et qui avait pour but la possession du duché de Bretagne.

— Vraiment, on dirait que ce nom de Jeanne porte bonheur.

— Oui, bien des femmes l'ont rendu illustre. Nous pourrions citer encore à notre honneur la femme et la sœur de Du Guesclin : Tiphaine et Julienne, et mille autres... Dans un de nos premiers entretiens sur la patrie, vous avez vu la belle conduite de deux jeunes filles durant la guerre de 1870-1871 ; je n'ai pas à y revenir ; j'ajouterai seulement qu'à cette époque un grand nombre de femmes, surtout des sœurs de Charité, montrèrent une autre sorte d'héroïsme en soignant nos soldats blessés ou malades. Ne l'oublions pas : il y a moins de mérite à affronter la mort sur un champ de bataille que de l'affronter au chevet de personnes atteintes de maladies contagieuses. Que de nobles victimes sont tombées et tombent tous les jours à ce poste d'honneur ! Ceci m'amène à vous raconter une histoire bien touchante.

MARIE-EDMÉE

M^llo Marie-Edmée Pau habitait Nancy avec sa mère et son jeune frère Gérald. M. Pau étant mort sans laisser de fortune, sa fille, Marie-Edmée se dévoua pour être utile à ceux qu'elle aimait et ouvrit chez elle un cours de dessin, qui fut très suivi. Au moment de la guerre, Gérald partit comme soldat et assista à la bataille de Wœrth. Le lendemain, Marie-Edmée se mit en route pour savoir le sort de son frère bien-aimé. Après de longues et périlleuses recherches, elle le trouva amputé de la main droite et blessé à la jambe; mais à peine le glorieux mutilé fut-il remis qu'il voulut aller rejoindre son régiment à Besançon.

Quand arriva l'heure de la dernière déroute, sans nouvelles de son cher absent depuis plus de trois semaines, Marie-Edmée résolut de partir. Elle voulait retrouver son frère mort ou vivant et s'installer près de lui dans une ambulance, s'il était blessé. Cette fois encore, munie d'un passeport, elle part pour la Suisse, c'était le 9 février 1871, emportant avec elle une provision de vêtements qu'elle avait confectionnés ou fait confectionner par des jeunes filles ses amies ou ses élèves. Cette réunion de charitables jeunes ouvrières, elle l'appelait sa « compagnie de Jeanne d'Arc ». C'est au nom de cette compagnie qu'elle distribuait son ballot entier aux ambulances qu'elle visitait et aux soldats qu'elle rencontrait sur la route. C'est elle qui, à la gare de Nancy, au passage des trains qui emportaient nos prisonniers, eut l'admirable idée des correspondances.

A bout de ressources, après avoir distribué ses provisions, vidé sa bourse, elle se munit d'un carnet, de crayons et de feuilles de papier. Elle montait dans les wagons, prenait le nom des soldats, l'adresse de leurs familles, leur faisait écrire quelques lignes qu'elle se chargeait de faire parvenir. Il lui arriva même, plus tard, alors que ses services étaient inutiles à la gare, d'aller dans les ambulances, de faire le portrait au crayon de quelque mourant pour le laisser comme souvenir à sa famille. C'est ainsi qu'elle parvint, un jour, à force de démarches, à pénétrer dans une salle de dissection où l'on venait de déposer le cadavre d'un héros de Fontenay, jeune franc-tireur, âgé de dix-neuf ans, Jean Contat, originaire de la Savoie. Personne n'avait pu l'approcher durant son agonie; les Prussiens l'avaient horriblement mutilé... Elle resta quelques instants seule avec ce cadavre; elle copia cette belle tête où se trouvaient encore empreints la fierté et le courage français. Elle pria aussi auprès de ce corps inanimé, et lui coupa une mèche de cheveux, seule relique du martyr à envoyer à sa mère.

Mais que devenait Gérald? La jeune fille franchit la frontière, traversa la Suisse, visitant les ambulances, soignant les blessés, suivant les convois, interrogeant les fosses muettes et les cadavres que l'on y jetait.

Elle commençait à perdre l'espoir lorsqu'elle apprit qu'on avait vu son frère à la tête de sa compagnie. Quand elle eut acquis la certitude qu'il vivait encore, ne voulant point d'une joie que sa mère n'eût point partagée en même temps qu'elle, elle courut en toute hâte lui porter la bonne nouvelle. Mais qu'ils devaient tous la payer chèrement! Épuisée de fatigue et atteinte d'une maladie terrible qui en était la suite, neuf jours après son retour, le 7 mars, Marie-Edmée se levait tout à coup comme à l'appel d'une voix connue et aimée, et tombait morte dans les bras de sa mère. Le lendemain, une foule émue suivait ses funérailles. A Nancy, ville prise et occupée par les Prussiens, quarante à cinquante Français de toute arme, de tout âge, tous amputés, débris sanglants de notre pauvre armée, suivaient ce cercueil de jeune fille qu'accompagnaient aussi des pauvres avec leurs petits enfants, ces enfants instruits par elle. Ah!

Elle copia cette belle tête. (*V. page* 254.)

dans cette tombe, qui du moins aura un nom et des larmes, combien l'ont suivie ou précédée qui ont, comme elle, payé de leur vie d'héroïques efforts! Bénissons-les dans Marie-Edmée. Et combien vivent encore qui ont caché, dans une obscurité que perce le regard seul de Dieu, bien des actes sublimes!

Ce que l'homme doit à la patrie
Obéissance aux lois

8. — Nous avons vu ce qu'est notre patrie et comment nous devons l'aimer; il nous reste à parler des devoirs envers elle. Or, parler des devoirs des citoyens envers l'État, c'est parler des devoirs de ceux qui sont gouvernés envers ceux qui gouvernent, et des devoirs de tous envers la chose publique. Le premier des devoirs civiques, c'est l'obéissance aux lois. La raison en est évidente ; l'État repose sur la loi. C'est la loi qui substitue aux volontés individuelles, toujours plus ou moins entraînées par la passion ou dominées par l'intérêt, une règle générale, impartiale et désintéressée.

— Est-ce que les lois sont toujours aussi justes qu'elles devraient l'être ?

— Malheureusement non, ma Berthe ; cela tient à l'extrême complexité des intérêts entre lesquels il est difficile de trouver la vraie balance et le juste équilibre ; mais telles qu'elles sont, elles sont plus justes que le droit du plus fort, lequel régnerait seul s'il n'y avait pas de lois.

9. — Il y a deux sortes de lois : la loi naturelle et la loi écrite.

La *loi naturelle,* dont nous avons déjà parlé, est la règle suprême de nos actions, qui sont bonnes ou mauvaises selon qu'elles sont conformes ou opposées à cette loi. C'est la loi du juste et de l'injuste, du bien ou du mal dans nos actions, dans nos paroles et dans nos pensées. Dieu, en nous créant, l'a inscrite dans nos âmes. Notre conscience, lorsqu'elle n'est pas faussée, nous avertit quand nous la violons.

Et pourquoi est-elle appelée loi naturelle? — Parce qu'elle est fondée sur la nature de l'homme, et que l'homme la connaît naturellement. La loi naturelle est universelle et ne change pas, parce qu'elle repose sur des principes immuables : ce qui est juste aujourd'hui, ne peut être injuste demain.

Quand il n'y aurait pas de loi écrite nous défendant d'attenter à la vie de nos semblables, de nous emparer de ce qui leur appartient, de nuire à leur réputation par la calomnie, nous saurions très bien que ce sont là autant d'actions condamnables. Si tous les hommes étaient assez intelligents et assez vertueux pour ne jamais enfreindre la loi naturelle, les lois écrites ne seraient pas utiles ; malheureusement, il n'en est pas ainsi ; il s'en rencontrera toujours qui, cédant à leur intérêt et à leurs passions, violeront l'ordre moral, mettront en danger la liberté et la sécurité de leurs semblables. De là est venue la nécessité des *lois écrites*, qui précisent les droits et les devoirs de chacun.

Et comment ces lois ont-elles été formées ?

De même que la raison déduit des conséquences des premiers principes dans les sciences, ainsi, dit M. Victor Rocher, des prescriptions de la loi naturelle les hommes ont déduit les *lois humaines*, c'est-à-dire ont adapté les principes de la loi naturelle aux circonstances particulières dans lesquelles ils se sont trouvés. Mais ces circonstances varient indéfiniment suivant le caractère des peuples, suivant leur génie, leur histoire, le territoire qu'ils occupent, et même le climat sous lequel ils vivent. Il en résulte une grande variété de dispositions dans les lois des différents peuples.

10. — Parmi nos lois écrites on distingue les lois *civiles* et les lois *politiques*.

11. — Les lois civiles fixent les rapports des personnes dans les affaires privées ; elles règlent les mariages, les successions, les donations, les ventes, les contrats de toute sorte, et elles en assurent le respect et l'exécution.

Les lois politiques règlent les rapports des personnes dans les affaires publiques ; elles fixent l'exercice du pouvoir et les relations entre les gouvernants et les gouvernés. L'ensemble des lois politiques forme la *Constitution*. L'intérêt des individus, comme celui du pays et de la société, est intimement lié au respect de la loi. Une nation sans lois ou qui n'obéit plus aux lois tombe dans l'anarchie et devient la proie du premier conquérant qui se présente. Sans les lois, l'autorité est un despotisme ; sans l'autorité, les lois sont lettre morte. Nous devons donc respecter les lois civiles et les lois politiques du pays où nous vivons et, de plus, respecter comme la loi elle-même les agents qui sont chargés de l'exécuter.

— Mais, s'il y a des lois qui ne nous semblent ni bonnes ni justes, comment faire ?

— A cela je vous répondrai, mon enfant, qu'une loi ne peut jamais commander le mal et défendre le bien. Le fondement sur lequel reposent les lois écrites, c'est la justice, et ce qui leur donne leur caractère d'obligation, c'est qu'elles participent du principe moral lui-même. En effet, les lois écrites ne doivent être que l'expression de la loi naturelle, de la justice éternelle, et la preuve c'est qu'une loi cesse à nos yeux d'être obligatoire dès qu'elle est manifestement contraire aux prescriptions de la conscience.

— Mais, on peut préférer une Constitution à une autre ; alors, que faire ?

— On n'est pas forcé, dit M. Marion, d'aimer une constitution ; mais chacun est tenu d'y obéir, quelque opinion que l'on professe. Lorsque l'autorité politique est légitime et régulièrement établie, nous ne devons ni la méconnaître, ni la braver. Le respect de l'autorité régulière est le lien social sans lequel l'existence même de la société est compromise. Certes, nous pouvons trouver des lois défectueuses, et nous avons le droit de le dire. C'est même plus qu'un droit, c'est un devoir, pour tout esprit éclairé, de travailler à la réformation des lois qu'il trouve injustes ou contraires au bien général.

— Mais par quels moyens ?

— Par la libre discussion, par la parole, par la plume, en un mot, par un appel actif et incessant à la conscience publique. Si le droit et la raison sont pour nous, nous ne pouvons manquer de gagner peu à peu les esprits à notre cause ; elle triomphera alors pacifiquement, mais d'autant plus sûrement et d'une manière plus durable. Nous aurons fait ainsi une bonne action et donné un bon exemple.

C'est surtout dans les États démocratiques ou républicains, c'est-à-dire les États politiques dans lesquels le pouvoir appartient au peuple, que l'obéissance aux lois est nécessaire, parce que c'est là qu'elle est le plus difficile. C'est ce qui a fait dire à Montesquieu que la république est le gouvernement de la vertu. Cela ne signifie pas que dans une république tout le monde soit nécessairement vertueux, ni même que ceux qui gouvernent soient toujours vertueux ; cela veut dire que chez les uns et chez les autres, la sagesse, la modération, le respect des lois, le dévouement à la patrie doivent l'emporter, sans quoi la communauté est en péril. Comme la majorité fait la loi, il faut que la majorité soit moralement saine et suffisamment éclairée, qu'elle sache ce qu'elle veut, et qu'elle veuille avant tout l'ordre et le bien public.

Respect dû aux magistrats. — Devoir de prêter main-forte à l'autorité

12. — Nous avons vu que c'est une obligation morale d'observer les lois de la société dans laquelle on vit, puisqu'il faut, par nécessité et par devoir, appartenir à une société et qu'il n'y en a aucune qui puisse subsister si l'obéissance à ses lois n'est assurée. D'ailleurs, celui qui vit dans une société et qui accepte ses bienfaits, ne fût-ce que la protection dont elle couvre sa personne et ses biens, s'engage implicitement à remplir les conditions sous lesquelles cette protection lui est assurée.

Le même respect qui est dû aux lois s'étend aux magistrats, à ceux qui sont chargés du gouvernement, de la défense de l'État et par qui les lois doivent être interprétées ou mises à exécution.

13. — « Mais il ne suffit pas que nous respections les lois, il faut encore, quand les circonstances le réclament, nous tenir prêts à empêcher qu'elles soient violées par les autres. Sans doute, ce soin regarde avant tout le pouvoir, ou, pour l'appeler de son nom le plus populaire, le gouvernement et ses différents délégués. Mais lorsque, n'ayant pas la force nécessaire à l'accomplissement de leur tâche, les représentants de l'autorité appellent à leur aide les simples citoyens, ceux-ci sont rigoureusement obligés de leur prêter leur concours.

« C'est la loi elle-même, la loi en détresse qui les invite par leur organe à la secourir ou, pour mieux dire, qui les invite à pourvoir à leur propre défense, car la loi, c'est la protection de tous, c'est la sauvegarde de la société. Que la loi soit violée impunément au préjudice d'un seul, c'est la société tout entière qui souffre et qui est menacée. Aussi il n'existe point de préjugé plus aveugle, plus dangereux que celui qui porte la foule à regarder comme des ennemis les ministres subalternes du pouvoir, les agents de police, et comme un innocent persécuté le perturbateur de la paix publique, même le malfaiteur vulgaire qu'ils conduisent en présence de la justice [1]. »

Témoigner défiance et mépris à la police est une grossière injustice ; on oublie qu'elle accomplit une tâche aussi nécessaire que pénible et qu'elle est instituée pour le bien de tous. Il faut savoir au besoin lui prêter main-forte et prendre parti pour elle contre ceux qui troublent l'ordre public.

---

1. A. Franck.

La Guerre

14. — Si je vous demandais ce que vous pensez de la guerre, Élise, que me répondriez-vous ?

— Je vous dirais, Madame, que la guerre est un épouvantable fléau, une bien cruelle nécessité. Il est affreux de penser que les hommes, qui sont tous frères, peuvent se détruire, s'entre-tuer.

— Oui, bien cruelle nécessité, en effet, mon enfant, et pourtant il paraît que ce serait le plus vain de tous les rêves que d'espérer le règne de la paix universelle.

— Et pourquoi donc cela ?

— Parce que la guerre est le fruit naturel des passions humaines et que nous ne pouvons espérer que l'humanité soit un jour sans passions.

Le seul moyen d'assurer la paix sera donc toujours de se tenir prêt à la guerre. C'est à l'ombre seule des baïonnettes que fleurissent la fortune nationale et les fortunes privées. L'armée est la nation elle-même préparée à la protection de son territoire, de son honneur et de sa vie.

Dans l'antiquité, la guerre était l'état habituel du monde et la seule occupation permise à des hommes libres ; chez les peuples modernes, la guerre est devenue une exception, elle est plus rare, mais elle est aussi plus meurtrière à cause du perfectionnement des armes ; le mal qu'elle fait va toujours croissant.

L'idéal serait que tout différend entre deux peuples civilisés fût soumis à l'arbitrage des nations voisines.

— Il y a sans doute des guerres légitimes et permises ?

— Certainement, ce sont les guerres défensives ou réparatrices, celles qui ont pour but de repousser une agression inique ou d'obtenir la réparation d'un dommage, d'un préjudice matériel ou moral.

— J'ai souvent entendu parler de la *Convention de Genève ;* en quoi consiste-t-elle ?

— En temps de paix, quand les passions ne sont pas surexcitées, les nations prennent des précautions contre elles-mêmes, pour empêcher la guerre de prendre de trop vastes proportions ou mettre un frein à des cruautés inutiles.

15. — La Convention de Genève, qui date de l'année 1867, est le code le plus récent du droit international. Voici les principales règles qui président aux rapports des belligérants entre eux ; mais, hélas ! ces règles sont toujours plus ou moins violées :

« La guerre doit être déclarée en forme avant d'être commencée en fait ; on n'emploie que des troupes régulières, ou du moins reconnaissables à un uniforme ; on ne tire que sur ces troupes, et on cesse le feu dès qu'elles posent les armes ; on épargne toute personne désarmée, les femmes, les enfants, les vieillards ; on respecte les propriétés ; quand il faut lever sur les terres de l'ennemi de quoi subsister, on doit procéder par réquisitions régulières, pour qu'il en puisse être tenu compte quand la paix sera signée. On ne bombarde pas les villes ouvertes ; on ne lance pas de projectiles empoisonnés ou de nature à faire des blessures inguérissables ; on relève tous les blessés sans distinction de nationalité, et on donne à tous les mêmes soins ; on s'interdit toute violence envers les infirmiers et les médecins ; on s'engage à respecter la vie et l'honneur des prisonniers et à leur rendre la liberté dès que viendra la paix. »

Par leur nature, les femmes sont disposées à la pitié, à la commisération ; leur cœur ne reste jamais insensible aux souffrances humaines ; leur main délicate est faite pour donner des soins aux malades et soulager leurs maux ; aussi la Convention de Genève les intéresse-t-elle spécialement et a-t-elle toute leur sympathie.

Le Service militaire

16. — La patrie est une mère ; quand sa vie est en péril, tous les enfants doivent se presser autour d'elle et lui faire un rempart de leur corps. Le **service militaire** est donc pour tout Français un devoir rigoureux ; chercher à s'y soustraire est un crime.

— J'ai entendu dire assez souvent ceci : l'armée coûte bien cher au gouvernement, le temps que les jeunes gens passent sous les drapeaux est perdu pour leur carrière ; ne serait-ce pas assez de faire appel aux hommes lorsque la patrie est en danger ?

— Non, mille fois non, ma chère Louise ; c'est une erreur de croire qu'il suffirait de courir à la frontière en cas d'attaque lorsqu'une coalition des puissances étrangères viendrait menacer l'indépendance du pays. On ne saurait trop le répéter : il faut un service militaire régulier, il faut une armée régulière, une armée exercée, aguerrie. Des soldats improvisés, inexpérimentés, sans discipline, ignorant les plus simples manœuvres, inconnus de leurs chefs, ne pourraient défendre convenablement la patrie et s'opposer utilement à l'envahissement du territoire.

Le soldat est rattaché à l'armée par le lien de la discipline. La discipline est une règle sévère destinée à maintenir le soldat dans l'obéissance à ses chefs ; c'est le respect de la hiérarchie, c'est-à-dire la subordination des grades les uns aux autres. La discipline entraîne comme conséquence nécessaire le respect et l'obéissance aux chefs ; elle est une nécessité que la raison commande et que le patriotisme adoucit. Il arrive très rarement que de jeunes Français, — qui n'ont de Français que le nom, — cherchent par tous les moyens possibles à se rendre impropres au service militaire. Ceux qui se rendent coupables d'une telle lâcheté ne méritent que le plus profond mépris. Une de mes élèves a refusé d'épouser un jeune homme qui avait fraudé pour ne point être appelé sous les drapeaux. Je dois avouer que j'ai été fière de sa conduite dans cette circonstance.

L'abandon du drapeau est considéré comme désertion. Or, on ne saurait trop flétrir la désertion, sœur de la trahison ; mais je me hâte d'ajouter que ces cas sont tellement rares en France qu'il vaut mieux n'en point parler. Le courage militaire est l'un des traits distinctifs du caractère français, et l'on voit peu de nos soldats faillir à l'honneur et au devoir.

Le Drapeau

17. — Chaque régiment est représenté par son **drapeau**. Qu'est-ce donc que le drapeau ? C'est un signe de ralliement, c'est une distinction nationale ; mais c'est encore plus que tout cela.

Le drapeau abrite le régiment : on vit sous son ombre, et sous son ombre on meurt ! Dans ses plis glorieux il renferme l'honneur du corps, l'honneur de la France. Il est le point lumineux où se concentrent tous ses regards ; loin de la famille et de la patrie, il rappelle la famille et la patrie, il est la relique du régiment.

Abandonner le drapeau, le trahir, serait plus que honte et lâcheté ; ce serait sacrilège.

> Nos drapeaux malheureux n'en sont que plus sacrés ;
> Quand la patrie en pleurs de deuils l'environne,
> Éternelle infamie à qui les abandonne !
>
> DE JOUY.

Des générations de soldats sont passées sous le drapeau du régiment, et se sont légué comme un pieux héritage cette part de l'honneur national.

« L'histoire du drapeau français est l'histoire de la France.

« Quand, haut et fier, il bat l'air de sa flamme, la France est grande; quand il s'incline, la France chancelle, et, quand il se voile, la France est en deuil.

« Après la conquête de l'Italie, le général Bonaparte fit inscrire sur les drapeaux de quelques corps les noms des batailles mémorables pour les soldats. Tel régiment eut Arcole, tel autre eut Rivoli. La 84e demi-brigade était fière de sa devise : « *Dix contre un* »; la 18e lisait sur son drapeau : « *Brave 18e, je vous connais; l'ennemi ne tiendra pas devant vous* »; et dans les plis de son drapeau la 23e emportait ces magnifiques paroles : « *La 25e s'est couverte de gloire.* »

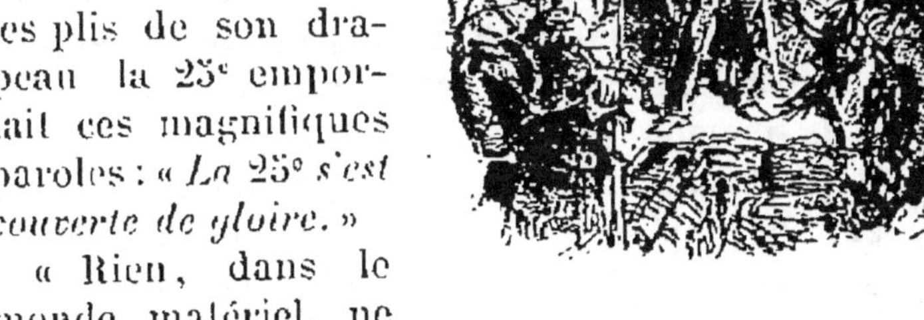

« Rien, dans le monde matériel, ne saurait donner une idée du drapeau ; rien dans la cité ne saurait lui être comparé. Le drapeau reçoit des honneurs que ne reçoivent ni généraux, ni princes; quand il paraît, les tambours battent, la musique salue sa bienvenue, les troupes présentent les armes; on le décore quand le régiment s'est bien battu; au nom de tous, un soldat veille sans cesse auprès de lui.

« Combien de fois, la nuit, sur la terre étrangère, le jeune soldat, les yeux mouillés de larmes en songeant à la patrie absente, n'a-t-il pas été consolé comme un enfant qui aperçoit le portrait de sa mère? Combien de fois le vieux soldat mourant n'a-t-il pas cru trouver, dans les frôlements du drapeau, dans les murmures de ses ondulations, les soupirs et les caresses de la famille! Combien de fois, errants à travers les plaines, égarés, accablés, de pauvres fantassins, près de succomber, n'ont-ils pas fait un suprême effort pour suivre le drapeau du régiment qui allait disparaître à l'horizon! Lorsque au delà des frontières notre œil ne retrouve plus l'aspect des champs de notre enfance, lorsque notre oreille n'est frappée que de sons incompris, lorsque la pensée semble nous fuir pour retourner vers la patrie sur l'aile des souvenirs, lorsque l'espérance elle-même va nous abandonner, la vue du drapeau nous ranime.

« Que les voyageurs, les exilés, les vieux soldats prisonniers de guerre me répondent : n'ont-ils pas senti leurs yeux se mouiller de larmes et leur cœur battre dans la poitrine, en revoyant le drapeau de notre France? Ce drapeau résumait toute leur vie; par un de ces phénomènes moraux sur lesquels l'analyse est impuissante, ce drapeau leur montrait en même temps les coteaux de la maison paternelle, et la vieille mère et toute la famille; ils entendaient les airs chantés au pays; ils aspiraient les parfums de la prairie témoin de leurs premiers jeux; ils embrassaient tout à la fois, tout, depuis le berceau de l'enfant au foyer de la sœur, jusqu'à la croix de bois noir sur la tombe de l'aïeul [1]. »

---

1. Général A.

L'Impôt. — Condamnation de toute fraude
envers l'État

— Ma petite Marthe, dites-moi ce qu'on entend par le mot « impôt ».

18. — On appelle **impôt** ou **contribution** l'argent qu'on est obligé de porter tous les ans chez le percepteur. Si j'osais, je dirais que c'est bien dur de donner ainsi de l'argent dont on a quelquefois si grand besoin...

— Si votre définition avait été plus complète, mon enfant, vous n'auriez pas ajouté votre réflexion, car elle est injuste. On appelle impôts les sommes que payent les citoyens pour subvenir aux charges publiques. Ainsi, l'impôt est un revenu social ; sans l'impôt, l'État n'aurait pas de budget et ne pourrait pas faire fonctionner les services dont il est chargé ; le trésor public se compose de l'argent donné par tous pour protéger les droits de tous. Chaque citoyen doit lui apporter une part proportionnelle à sa fortune, et, en retour des impôts, la nation lui assure la justice et l'exercice légitime de ses droits.

— Il faut donc beaucoup d'argent au gouvernement ?

— Oui, car outre qu'il a à rétribuer tous les fonctionnaires qu'il emploie, tels que les ministres, les ambassadeurs, les généraux, les amiraux, etc., il entretient nos armées de terre et de mer, garnit nos arsenaux, répare nos monuments, nos routes, nos canaux ; il encourage les sciences, les lettres et les arts. En outre, le gouvernement doit servir les pensions de retraite aux anciens militaires et payer l'intérêt de la dette de l'État. C'est donc un devoir de payer l'impôt ; on ne doit pas chercher à y échapper par le mensonge et par la fraude.

— Pourtant, madame, j'ai entendu dire souvent que tromper l'État ce n'est pas tromper.

19. — C'est une erreur, chère enfant ; toute fraude à l'égard de l'État est répréhensible, par exemple, faire de fausses déclarations à l'octroi, passer à la frontière des objets prohibés. Le contrebandier est un voleur comme le braconnier et au même titre. Certaines personnes qui se feraient un scrupule de voler un sou à leur prochain ne s'en font aucun de frustrer le fisc. Or les taxes que l'on n'acquitte point sont tellement nécessaires au budget que, si l'État ne les recouvre pas, il devra augmenter les charges de ceux qui payent régulièrement, et ces derniers seront lésés. Qu'arriverait-il si la fraude se généralisait? le Trésor s'épuiserait et la vie nationale s'interromprait.

— Et qui donc a le droit d'établir les impôts?

— Les impôts sont consentis et votés chaque année par les députés; ils sont ratifiés par le Sénat, puis décrétés par le président de la République. Ce que nous devons tous désirer, c'est que les députés ne votent que des impôts strictement nécessaires et que les produits de ces impôts soient employés à des dépenses véritablement indispensables. Droz l'a dit avec raison : « Le meilleur ministre des Finances est celui qui fait le moins payer. »

Le Vote

LES FEMMES ET LA POLITIQUE.

20. — Le **vote** ne regarde que les hommes, puisque les femmes, — heureusement pour leur tranquillité, — n'ont pas de droits politiques; mais comme les femmes se trouvent mêlées à toutes les graves questions qui agitent la société et que souvent leurs avis sont justes et sages, elles doivent être tenues au courant des devoirs des hommes afin qu'au besoin elles puissent leur donner de bons conseils.

— Mais, est-ce que les femmes peuvent avoir une opinion politique?

— Il serait certainement ridicule, ma chère Pauline, de vouloir désintéresser complètement les femmes des affaires de leur pays ; elles peuvent donc avoir une opinion politique, mais il ne faut pas qu'elles en fassent parade. Une femme qui parle sans cesse politique provoque la raillerie autour d'elle, il est préférable qu'elle se taise sur ce point et se contente de *penser*. La femme, dans la famille, a une mission essentiellement conciliatrice, elle doit éviter les conversations qui pourraient amener des discussions vives et pénibles ; son rôle, comme je ne cesse de vous le répéter, mesdemoiselles, est de conseiller, d'apaiser et d'inspirer. Comme l'a écrit finement Mme de Rémusat : « Le spectacle de l'exercice des libertés publiques passionne les femmes et parfois les attire, mais sans les entraîner. Elles aiment à se placer à côté du jeu, mais elles ne tiennent pas les cartes ; elles veulent avoir part à l'intérêt, non à l'action. »

— En fin de compte, la femme n'est pas l'égale de l'homme, car celui-ci a tous les emplois publics, tous les privilèges.

21. — Mon enfant, ne nous plaignons pas de notre lot, ce serait injuste. Dieu, en nous plaçant sur la terre, ne nous a donné ni les mêmes aptitudes qu'à l'homme, ni les mêmes devoirs, ni les mêmes besoins, ni la même mission à remplir ; on peut dire qu'entre l'homme et la femme il n'y a ni supériorité ni infériorité, mais différence d'attributions. Ceux qui ont vraiment le souci de la dignité de la femme repoussent également une assimilation chimérique et une injuste et disgracieuse subordination. Écoutez ce que les écrivains pensent du rôle des femmes dans la vie et vous n'en désirerez pas d'autre :

« Le but de toutes les institutions, dit Talleyrand, doit être le bonheur du plus grand nombre. Tout ce qui s'en écarte est une erreur, tout ce qui y conduit une vérité. Si l'exclusion des emplois publics prononcée contre les femmes est pour les deux sexes un moyen d'augmenter la somme de leur bonheur mutuel, c'est dès lors une loi que toutes les sociétés ont dû reconnaître et consacrer. Toute autre ambition serait un renversement des destinations premières, et les femmes n'auraient jamais intérêt à changer la délégation qu'elles ont reçue. Il me semble incontestable que le bonheur sérieux, surtout celui des femmes, demande qu'elles n'aspirent point à l'exercice des droits. Loin du tumulte des affaires, ah! sans doute, il reste aux femmes un beau partage dans la vie!... »

Mme de Staël a dit bien justement : On a raison d'exclure les femmes des affaires publiques; rien n'est plus opposé à leur vocation naturelle que tout ce qui leur donnerait des rapports de rivalité avec les hommes. Les vertus d'éclat ne sont point le partage des femmes, mais bien les vertus simples et paisibles. La renommée ne se charge point de nous. Des intérêts considérés en grand occupent l'homme; il défend ceux de la famille entière, de la cité, de la patrie.

Quel est le rôle particulier des femmes? Selon Mme Necker de Saussure, elles sont appelées à perfectionner la vie privée dans les limites imposées par la loi de Dieu.

— Mais revenons au vote; vous savez ce qu'on entend par *voter*, n'est-ce pas, Pauline?

22. — Oui ; voter, c'est désigner les hommes que l'on choisit pour être députés, conseillers municipaux, conseillers généraux, etc. On appelle *électeurs* ceux qui ont le droit de voter.

Le droit de voter s'appelle aussi le droit de suffrage, et le *suffrage universel* est l'instrument de la souveraineté nationale, puisque chaque électeur en déposant son bulletin dans l'urne dispose de la paix, de la prospérité, de la moralité du pays par le choix qu'il fait de ses mandataires.

— Est-ce qu'on est libre de voter ou de ne pas voter?

— Le vote est moralement obligatoire. Bien coupables sont ceux qui, par indifférence et insouciance, ne vont pas voter chaque fois qu'ils sont appelés à le faire et qui se désintéressent des affaires publiques.

23. — Le vote doit être libre, consciencieux, désintéressé et éclairé. Ainsi, l'électeur ne doit céder à aucune influence, à aucune intimidation; il doit rester libre devant les promesses comme devant les menaces; il doit voter selon sa conscience, s'éclairer sur les candidats, choisir les plus honnêtes, les plus capables; faire taire les intérêts privés et les considérations de famille.

Nos droits

24. — A nos devoirs envers l'État correspondent nécessairement ceux de l'État envers nous; ce sont nos **droits**. On appelle *liberté politique* l'ensemble des garanties qui assurent à chaque citoyen l'exercice légitime de ses droits. Ces droits nous allons les énumérer.

1° La *liberté individuelle* ou le droit d'aller, de venir, de disposer de sa personne comme on l'entend, pourvu qu'on respecte la liberté des autres et qu'on obéisse à la loi. Ainsi, on ne peut être arrêté arbitrairement ou emprisonné sans jugement.

2° La *liberté du travail* ou le droit de se servir de ses facultés physiques pour subvenir à ses besoins, d'employer comme on le désire son intelligence et ses bras. Nous sommes libres de choisir le métier qui nous plaît, de livrer notre travail au prix qui nous convient, libres aussi de travailler seul ou de nous associer à d'autres personnes, ce qui constitue le *droit d'association*.

3° La *liberté de conscience*, c'est-à-dire le libre exercice de notre religion. — De la liberté de conscience découle la *liberté des cultes*.

4° Nous avons encore d'autres droits dont la jouissance nous est garantie par la protection de l'État. Ainsi, l'État doit protéger *notre vie, nos biens, notre domicile*.

Si quelqu'un nous menace ou nous attaque, la justice intervient pour nous défendre et punir le coupable.

La propriété est inviolable et ne peut jamais être confisquée. Si l'on exproprie nos biens pour cause d'utilité publique, comme le tracé d'une rue, d'une route, d'un chemin de fer, etc., ce ne peut-être qu'en vertu d'une loi et moyennant une juste et préalable indemnité.

Notre domicile est également inviolable, nul ne peut y pénétrer sans notre autorisation.

— Pourtant il arrive quelquefois que les magistrats, les gendarmes entrent de force dans les habitations...

— Oui, mais alors c'est qu'il y a des raisons majeures, c'est que les habitants se sont rendus coupables de faits qui nécessitent une enquête ou une instruction judiciaire, et dans ce cas il n'y a point violation de domicile.

Terminons cet entretien par cette réflexion bien juste d'un écrivain : Plus les citoyens d'un pays ont de droits, plus ils ont de devoirs. On disait autrefois : *Noblesse oblige;* cela signifiait : un noble doit se conduire mieux qu'un autre, pour rester digne de sa noblesse. Il faut dire aujourd'hui : *Liberté oblige;* ce qui signifie qu'un citoyen libre doit se conduire irréprochablement pour être digne de la liberté.

Devise de la République :

LIBERTÉ — ÉGALITÉ — FRATERNITÉ

I. — LIBERTÉ

25. — Je désirerais savoir, mesdemoiselles, si vous avez des idées justes sur la signification des trois mots de la devise républicaine. Voyons, Marguerite, qu'entendez-vous par la **liberté ?**

— Être libre, c'est être son maître, c'est pouvoir disposer de ses actions, de ce qu'on possède, aller où l'on veut, faire ce qui plaît.

— Alors, mon enfant, suivant vos idées, la liberté consiste à faire tout ce qu'on désire, tout ce qui passe par la tête.

— Je sens bien que, quoique libre, il y a certaines actions que nous ne devons pas faire, et que nous avons des lois à respecter.

— En effet, si l'homme vivait isolé, il pourrait faire ce que bon lui semble ; mais du moment où il vit en société, il ne peut exercer sa liberté que dans la mesure où elle ne gêne pas la liberté de ses semblables. On peut donc donner cette définition : La liberté consiste, pour chacun, dans l'exercice légitime de tous ses droits et le respect de la liberté d'autrui.

> La liberté n'est pas ce penchant de nature
> De repousser tout frein, de haïr tout pouvoir ;
> Elle est le droit d'agir comme on doit le vouloir :
> La justice est sa règle et la loi sa mesure.

II. — ÉGALITÉ.

— **Égalité :** que signifie ce mot ?
— Il signifie que nous sommes tous égaux...

— Allons, c'est bien, chère enfant ; ainsi, nous avons tous la même santé, la même force, la même intelligence, la même position... Voilà la parfaite égalité, n'est-ce pas ?

— Oh ! non, je sais qu'il y a beaucoup d'inégalités naturelles, je veux dire seulement que tous les hommes qui font partie de la société civile sont égaux devant la loi.

— A la bonne heure ! nous avions besoin de cette explication ; disons donc ceci : les hommes naissent égaux devant Dieu ; ils le sont devant la loi, et ils le demeurent, quelles que soient les inégalités qui résultent du travail, du talent et de la vertu. Ainsi donc, la loi doit être la même pour tous, soit qu'elle protège, soit qu'elle punisse. Tous les citoyens, étant égaux à ses yeux, sont également admissibles à toutes dignités, places et emplois publics, selon leur capacité.

— Il me semble que ceci est très juste, Madame.

— Oui, il est juste que les mêmes droits soient confiés à tous ceux qui n'en sont pas indignes ; que les mêmes charges et les mêmes obligations soient également réparties entre tous ceux qui peuvent les supporter. Dans l'ancienne société, les Français formaient trois grandes classes : le clergé, la noblesse et le tiers état ; cette distinction avait des inconvénients et donnait lieu à des récriminations de toute sorte.

L'éducation est le meilleur moyen d'atténuer les inégalités naturelles qui existent entre les hommes.

— Un jour, j'entendais un ouvrier dire qu'il faudrait établir aussi l'égalité des biens et qu'alors tout le monde serait également heureux.

— Cet homme disait une sottise, une grande niaiserie. « Supposons, écrit M. Marion, que, oubliant ce qu'est la propriété, à savoir un droit des individus, la meilleure garantie de l'ordre public et une source de bonheur pour la communauté, on vienne porter atteinte au droit de transmission ; supposons que l'État, comme beaucoup de socialistes[1] l'ont rêvé, procède de quelque autre manière à la distribution des biens : quelle place pour l'arbitraire ! quelle source de mécontentements et de réclamations ! quel désordre dans les esprits ! On voudra que tous aient une portion égale : mais la population d'un pays ne varie-t-elle pas d'un jour à l'autre, et le travail de distribution ne sera-t-il pas sans cesse à refaire ?

«Imaginons qu'on ait, par impossible, satisfait pour un instant à toutes les prétentions : dans cette société, à cet instant, il n'y a ni plus d'opulence, ni plus de misère ; chacun jouit du nécessaire et possède ce minimum de propriété qui assure, comme nous l'avons dit, avec la sécurité du lendemain, ce qui vaut mieux encore, la dignité et l'indépendance du caractère : voilà certes un état de choses très désirable ; combien de temps cela va-t-il durer ? Combien de temps le paresseux, l'ivrogne, le prodigue mettront-ils à aliéner leur propriété ? et combien de temps faudra-t-il pour que les biens de nouveau s'accumulent aux mains de ceux qui travaillent et qui épargnent ?

«L'inégalité des biens reparaîtrait donc du jour au lendemain, quand même on pourrait la faire cesser pour un moment ; elle reparaîtrait aussi sûrement et aussi vite que la paresse, l'incurie et l'imprévoyance. Elle est aussi incurable, aussi profondément naturelle que les inégalités physiques, intellectuelles et morales. »

L'egalité des biens n'est donc pas réalisable et il n'est pas vrai non plus qu'elle soit un droit. La propriété est un droit moral, un droit sacré, et, au point de vue social, une institution utile entre toutes. Mais il faut ajouter que la propriété oblige ceux qui la détiennent ; le riche doit pratiquer largement la bienfaisance, sa charité doit

---

1. On appelle *socialiste* celui qui voudrait des réformes profondes dans l'ordre social, qui voudrait transformer la propriété

être intelligente et généreuse. Le riche qui oublie cela manque à son devoir. bien qu'il faille respecter son droit dans l'usage qu'il en fait. En d'autres termes, disons que l'inconvénient de l'inégalité des biens entre les hommes ne peut être corrigé qu'en joignant à la vertu de justice, qui prescrit le respect de la propriété, la vertu de charité, qui vient en aide à ceux qui souffrent.

III. — FRATERNITÉ

> La fraternité, bien comprise et pratiquée, suffirait seule à garantir tous les droits par l'accomplissement de tous les devoirs.

— Pauline, dites-nous ce qu'on entend par le mot **fraternité.**

— Ce mot vient de *frère ;* les hommes doivent s'aimer *fraternellement,* comme des frères.

— C'est cela même. « Fraternité! s'écrie M. de Gérando, chaîne universelle qui descends du ciel et nous unis tous ici-bas, pour nous rattacher à notre Créateur!

« Fraternité, sans toi la liberté et l'égalité ne sont que de vains mots!»

Si elles se séparent de toi ou se bornent à emprunter ton masque, la liberté n'est plus que la plus violente de toutes les tyrannies, l'égalité le plus insultant de tous les privilèges.

Qui dit sincèrement et pratique la fraternité, dit par cela même et pratique la liberté et l'égalité.

La fraternité ne comporte aucun asservissement direct ou indirect de l'homme; car l'homme en état de servage n'est plus le frère de son dominateur. La fraternité nous fait un devoir de respecter et de protéger dans nos frères tous les droits que nous revendiquons pour nous-mêmes; c'est donc en elle que la liberté trouve les conditions de son existence et sa plus sûre garantie.

La fraternité est inconciliable avec un privilège quelconque entre enfants nés d'un même père, soumis à une même loi, appelés à une même et immortelle destinée : elle est donc la base même de l'égalité.

La sagesse antique n'avait pu s'élever qu'à une fraternité pour ainsi dire négative, en disant : Ne fais pas à ton semblable ce que tu ne voudrais pas qu'il te fît. Comme ce précepte étroit se transforme et s'agrandit dans la morale évangélique! « Traitez les hommes de la manière dont vous voudriez vous-même être traité par eux. — Faites-leur tout ce que vous voulez qu'ils vous fassent. »

La véritable fraternité n'est pas seulement un vague instinct d'humanité, un fugitif élan de sympathie pour nos semblables, elle s'inspire de l'amour de Dieu et y puise la force et la persistance du dévouement.

La fraternité, c'est l'union des cœurs et des esprits, c'est l'extinction des haines et des dissensions, c'est la paix au sein de l'humanité.

La fraternité, c'est la conciliation de l'amour de la patrie avec l'amour de l'humanité.

INSTRUCTION CIVIQUE

*Les élèves devront lire une première fois le texte sans se préoc-
cuper du questionnaire; puis, dans une seconde lecture, elles pren-
dront chaque question l'une après l'autre et chercheront la réponse
au numéro correspondant. Cet exercice, sous la forme catéchétique,
sera suffisant et permettra aux aspirantes de répondre convenablement dans les examens du certificat d'études primaires, comme à
ceux du brevet élémentaire.*

QUESTIONNAIRE

1. Que signifie le mot civique? — **2.** Quel est le but de l'instruction
civique? — **3.** Montrez l'utilité de cette étude. — **4.** Pourquoi est-il nécessaire que les femmes connaissent les devoirs du citoyen? — **5.** Qu'appelle-
t-on Constitution? — **6.** Dites ce qu'on entend par les mots: patrie, État,
gouvernement et nation.

— Nous venons, mesdemoiselles, de terminer nos causeries sur l'*éducation morale*, il nous reste à nous entretenir de l'**instruction civique**.

— Madame, que signifie donc le mot *civique*, s'il vous
plaît?

1. — Ce mot, dérivé du latin *civis*, citoyen, signifie
« qui concerne le citoyen ».

2. — L'instruction civique a pour but de faire connaître les devoirs et les droits du citoyen; elle comprend
encore l'étude de la constitution du pays, de l'organisation des pouvoirs publics, du fonctionnement des admi-
nistrations, de la hiérarchie militaire, judiciaire, etc.

3. — Dans un pays de suffrage universel, où tout
citoyen majeur prend une part plus ou moins active aux
affaires du gouvernement et de l'administration, cette
étude est indispensable.

— Mais la femme n'a pas beaucoup de devoirs civiques à remplir puisqu'elle a peu de droits...

4. — La femme, ma chère Marguerite, n'a pas les
mêmes devoirs à remplir que l'homme, puisqu'elle n'a

pas de droits politiques ; malgré cela, il est bon qu'elle connaisse tous les devoirs du citoyen. Comme l'a si bien dit Mme Guizot : « Si la femme n'a pas d'influence immédiate sur les affaires, elle y prend une part indirecte en obtenant de l'empire sur ceux qui les conduisent. La femme n'exécute pas, mais elle conseille, elle inspire. » De plus, il y a certains devoirs qui lui incombent comme à l'homme, et il ne lui est pas permis d'ignorer la constitution de son pays. Nous allons donc traiter sommairement ces sujets.

5. — La *constitution* est la loi fondamentale de l'État ; elle détermine la forme du gouvernement, organise les pouvoirs publics et règle leurs rapports entre eux et avec la nation.

— Les mots État, nation, patrie, gouvernement sont sans doute synonymes?

6. — La *patrie* est le pays où l'on est né ; l'*État* est la nation organisée en *gouvernement ;* on appelle *nation* tous les habitants d'un même pays vivant sous le même gouvernement.

Nous devons aimer notre patrie, obéir à l'État, pour assurer le bonheur et la prospérité de la nation.

ORGANISATION POLITIQUE DE LA FRANCE

L'État. — Pouvoir législatif. — Pouvoir exécutif

QUESTIONNAIRE

1. Quel est le gouvernement actuel de la France? — 2. Comment s'appelle le chef de l'État? — 3. Quelles sont les attributions du Président de la République? — 4. Ou réside le véritable pouvoir? — 5. Combien y a t-il de Chambres? — 6. Comment sont élus les députés et quel est leur nombre? — 7. De combien de membres se compose le Sénat et comment sont élus les sénateurs? — 8. Énumérez les diverses opérations que doivent ou peuvent faire les Chambres. — 9. Nommez une prérogative de la Chambre des députés. — 10. Qu'arriverait-il s'il y avait désaccord entre les deux pouvoirs? — 11. De combien de pouvoirs se compose l'organisation politique de notre pays? — 12. Qu'est-ce que le pouvoir législatif? — 13. Qu'est-ce que le pouvoir exécutif? — 14. Qu'est-ce que le pouvoir judiciaire? — 15. Qu'entend-on par le suffrage universel? — 16. Qu'est-ce que le suffrage restreint? — 17. Quand est-ce que le suffrage est direct? — 18. Qu'appelle-t-on le suffrage à plusieurs degrés? — 19. Qu'entend-on par scrutin de liste? — 20. Quand vote-t-on au scrutin uninominal? — 21. Qu'appelle-t-on majorité absolue?

— Marie, dites-nous quel est le gouvernement actuel de la France.

1. — La France est en *république*. Ce mot signifie la chose publique.

— Oui, et la constitution qui nous régit a été votée par l'Assemblée nationale siégeant à Versailles, le 25 février 1875. Le peuple exerce la souveraineté par l'intermédiaire de délégués élus par lui et pour un certain temps.

2. — Le chef de l'État est le *Président* de la République. Il est élu pour sept ans par les deux Chambres, c'est-à-dire par le Sénat et la Chambre des députés réunis en *Assemblée nationale* ou *Congrès*.

— Quelles sont donc les attributions du Président de la République?

3. — Le Président a l'initiative des lois, concurrem-

ment avec les membres des deux Chambres; il promulgue [1] les lois lorsqu'elles ont été votées par les deux chambres; il en surveille et en assure l'exécution; il a le droit de faire grâce; il dispose de la force armée; il nomme à tous les emplois civils et militaires; il choisit les ministres et préside aux solennités nationales. Les envoyés et les ambassadeurs des puissances étrangères sont accrédités auprès de lui.

— Le Président a des pouvoirs très étendus, il me semble...

4. — Tous ces pouvoirs paraissent grands; mais en réalité le véritable pouvoir est dans les Chambres, c'est-à-dire dans les corps élus par le pays et qui forment ce qu'on appelle la *représentation nationale.*

5. — Comme je vous le disais tout à l'heure, il y a deux chambres : le *Sénat* et la *Chambre des députés.*

6. — Les députés siègent à Paris et sont élus pour quatre ans par le suffrage universel direct. Ils sont au nombre de 584 environ, y compris les députés de l'Algérie et des colonies. Chaque arrondissement élit un ou plusieurs députés.

7. — Le Sénat se compose de 300 membres, élus par les départements et les colonies, et renouvelables par tiers tous les trois ans. Une loi de 1884 a supprimé les sénateurs *inamovibles* que le Sénat, aux termes de la constitution de 1874, élisait à vie.

Les sénateurs sont élus par un corps spécial d'électeurs composé des députés du département, des conseillers généraux, des conseillers d'arrondissement et de délégués de chaque commune nommés par le conseil municipal. Le nombre de sénateurs attribués à chaque département est fixé par la loi et ne peut varier.

8. — Les opérations que doivent ou peuvent faire les

---

1. La loi n'est obligatoire que lorsqu'elle a été *promulguée*, lorsqu'elle a pu, par une publication solennelle, parvenir à la connaissance de tous ceux qu'elle intéresse.

Chambres sont au nombre de six, dit M. Jules Simon :

1° Elles constituent chaque année leur bureau respectif; elles nomment un président, des vice-présidents, des secrétaires, ainsi que des administrateurs qui, sous le nom de *questeurs*, commandent aux employés et aux gens de service.

2° Elles votent chaque année la loi de finances qu'on appelle *budget*.

3° Elles peuvent voter d'autres lois, soit sur la proposition du gouvernement, soit sur l'initiative d'un sénateur ou d'un député.

4° Elles peuvent adresser des questions ou des interpellations aux ministres.

5° Elles peuvent, en *congrès*, reviser la constitution.

6° Enfin, elles se réunissent, quand il y a lieu, pour élire en commun le Président de la République.

9. — La Chambre des députés discute toujours la première les lois de finances.

10. S'il y a un désaccord entre le pouvoir exécutif et la Chambre des députés, ou bien entre la Chambre et le Sénat, le Président de la République peut dissoudre la Chambre avec l'autorisation du Sénat. Après la dissolution, on fait appel au suffrage universel pour de nouvelles élections.

11. — L'organisation politique de notre pays se compose de trois pouvoirs :

12. — Le Sénat et la Chambre des députés ou le *pouvoir législatif*, c'est-à-dire le pouvoir de faire des lois.

13. — Le Président de la République et les ministres ont le *pouvoir exécutif*, c'est-à-dire le pouvoir de faire exécuter les lois. Ce pouvoir est représenté au chef-lieu de chaque département par le préfet, et dans chaque commune par le maire.

14. — La justice donne lieu à un troisième pouvoir appelé le *pouvoir judiciaire;* il est exercé par des magistrats, juges et tribunaux de tous les degrés. Ce pouvoir rend des arrêts et des jugements qui sont obligatoires pour tous ceux qui en sont l'objet.

Je me résume : le pouvoir législatif fait la loi, le pouvoir exécutif en assure l'exécution, le pouvoir judiciaire venge la loi quand elle est outragée.

— A propos de l'organisation politique, voudriez-vous bien, Madame, nous donner encore quelques explications sur certains mots qui ont retenti cent fois à nos oreilles : suffrage universel, suffrage restreint, scrutin de liste, majorité absolue, etc.?

— Volontiers, chère Marie, et j'espère qu'alors votre éducation sur ce sujet sera complète. Si vous entendez

Sénat

parler politique, si on lit un journal devant vous, vous pourrez au moins comprendre ce dont il est question.

15. — Le suffrage *universel* est la faculté accordée à tout citoyen majeur, âgé de 21 ans, et qui n'a pas été privé de ses droits politiques, de prendre part au vote.

16. — Le suffrage *restreint* est celui où certaines catégories de citoyens ne sont pas admises à voter. Pour être électeur dans ce système, il faut payer une certaine somme de contributions ou avoir une certaine notoriété. Ainsi les sénateurs sont nommés en vertu du suffrage restreint, et non en vertu du suffrage universel.

17. — Le suffrage est *direct* quand les électeurs nomment eux-mêmes les personnes qui doivent les représenter, comme les conseillers municipaux, les députés.

18. — Le suffrage est à *plusieurs degrés* quand les électeurs se bornent à désigner les personnes qui devront faire l'élection définitive. C'est encore le cas des séna-teurs, qui ne sont pas élus par tous les électeurs, mais seulement par des électeurs spécialement désignés par la loi; c'est une élection à deux degrés.

19. — On vote au *scrutin de liste* quand tous les dépu-tés d'un département sont portés sur un seul bulletin.

Chambre des Deputes.

20. — On vote au *scrutin unino-minal* quand on ne met qu'un seul nom sur le bulletin, chaque circonscription choisissant sépa-rément son dé-puté. Les élec-tions se font aujourd'hui au scrutin uninominal.

21. — On appelle *majorité absolue* la moitié plus un des suffrages.

Les Ministères

1. Qu'appelle-t-on ministres et quel est leur nombre? — 2. Quelles sont les attributions du ministre de la Justice et des Cultes? — 3. Combien y a-t-il de sortes de tribunaux? — 4. Qu'appelle-t-on tribunaux civils et tribunaux criminels? — 5. Quels sont les tribunaux civils? — 6. Qu'entend-on par le mot appel? — 7. Quels sont les tribunaux criminels? — 8. Que savez-vous sur les cours d'assises? — 9. Que veulent dire ces mots : le ministère public et le parquet? — 10. Qu'entend on par ces expressions : magistrature debout et magistrature assise? — 11. Quels noms donne-t-on aux membres des différents tribunaux? — 12. Qu'est-ce que la Cour de cassation?

1. — Chacun des actes du Président de la République doit être contresigné par un *ministre*, c'est-à-dire par un haut fonctionnaire chargé d'une des branches de l'admi-nistration, d'un des grands services publics.

Les ministres dépendent des Chambres, ils sont responsables devant elles de leurs actes administratifs et politiques. Ils restent au pouvoir aussi longtemps que la majorité de la Chambre des députés leur témoigne sa confiance par ses votes; dans le cas contraire, ils se retirent et un membre de la majorité forme un nouveau cabinet.

— J'entends souvent parler du ministre de l'Instruction publique, du ministre de la Guerre, etc.; il y a donc un grand nombre de ministres?

— Leur nombre peut varier, parce que l'on rattache parfois un ministère à un autre. Aujourd'hui, il y a en France onze ministères. Nous allons donner sommairement les attributions de chaque ministre.

2. — 1° **Le ministre de la Justice et des Cultes,** appelé aussi *garde des sceaux* [1], a dans ses attributions tout ce qui concerne les tribunaux et les magistrats qui rendent la justice.

3. — Il y a deux sortes de tribunaux : les tribunaux *civils* et les tribunaux *criminels*.

4. — Les tribunaux civils jugent les contestations entre particuliers. Les tribunaux criminels jugent les contraventions, les délits et les crimes. Les *contraventions* sont des infractions légères aux lois, les *délits* sont des infractions plus graves que les contraventions et moins graves que les *crimes*.

5. — Quels sont donc les tribunaux civils?

— Les tribunaux civils sont : le tribunal du *juge de paix*, qui siège au chef-lieu de canton; le tribunal *de première instance*, qui siège au chef-lieu d'arrondissement; — la *cour d'appel*, où les jugements rendus par les tribunaux de première instance peuvent être revisés sur l'appel d'une des parties.

---

[1] *Garde des sceaux*, chargé de la garde des sceaux de l'État ; autrefois cette fonction était conférée aux chanceliers.

6. — Qu'entend-on par ce mot *appel?*

— L'appel est un recours à un tribunal supérieur quand la cause a été jugée une première fois par un tribunal inférieur. Il y a 26 cours d'appel.

— Il nous reste à connaître maintenant les tribunaux criminels.

7. — Les tribunaux criminels sont : les tribunaux de *simple police*, qui jugent les contraventions : c'est là l'office des juges de paix ; — les tribunaux *correctionnels*, qui jugent les délits ; ils se composent de magistrats qui forment le tribunal de première instance ; — les *cours d'appel*, qui réforment ou confirment les jugements du tribunal de première instance ; — les *cours d'assises*, où se jugent les crimes.

Ajoutons ceci : Les conseils de guerre jugent les militaires. Les tribunaux de commerce jugent les affaires commerciales. Les conseils des prud'hommes règlent les différends qui s'élèvent entre patrons et ouvriers.

8. — Les sessions des cours d'assises ont lieu quatre fois par an, au chef-lieu du département. La cour est assistée par des *jurés*, c'est-à-dire par douze citoyens honorables, étrangers à la magistrature, qui prononcent sur la culpabilité ou la non culpabilité de l'accusé et déclarent s'il y a lieu de lui appliquer une peine : la réclusion, les travaux forcés ou la peine de mort. Les cours d'assises ont été instituées en 1808.

— Il existe certains termes employés en justice et dont je voudrais bien aussi avoir la signification, ceux-ci par exemple : parquet, ministère public, magistrature debout, magistrature assise, cour de cassation.

— Rien de plus facile, ma chère Marguerite, que de satisfaire votre désir. Le *parquet* est l'espace de la salle du tribunal qui est devant les juges et qui est séparé du public par une barre ; c'est pourquoi l'on dit souvent : tel accusé a comparu à la barre du tribunal. On appelle encore *parquet* le lieu où les officiers du ministère public tiennent leurs séances pour recevoir les communications qui les concernent; on peut être mandé au parquet du procureur de la République, etc.

9. — Il y a des magistrats qui représentent les intérêts de la société devant les tribunaux; ils forment ce qu'on appelle le *ministère public* ou le *parquet*.

10. — Ces magistrats forment ce qu'on appelle la *magistrature debout*, parce qu'ils sont debout lorsqu'ils parlent dans le parquet. Les juges, eux, restent assis, même pour rendre leurs jugements; ils constituent, ainsi que les conseillers, la *magistrature assise*.

— Ainsi, auprès des magistrats qui sont chargés d'appliquer la loi aux coupables, d'autres magistrats requièrent ou réclament l'application de la loi, et ce sont ces derniers magistrats qu'on appelle le ministère public?

— Justement, ma chère Clémence, et cette seconde magistrature est ainsi appelée parce qu'elle agit au nom du public, au nom de la société, qui doit être protégée contre les malfaiteurs.

11. — Le ministère public est représenté auprès des tribunaux de première instance et des tribunaux correctionnels par un *procureur de la République* et par un *substitut;* auprès des cours d'appel, par un *procureur genéral* et par un ou plusieurs *avocats généraux;* auprès de la cour de cassation, par un *procureur général* et par des *avocats généraux.* Les avocats généraux sont ainsi nommés parce qu'ils sont les avocats de la loi, c'est-à-dire de tous.

— Il nous reste à parler de la cour de cassation.

12. — La *cour de cassation* est un tribunal suprême qui, sans entrer dans l'examen du fond de la décision qui lui est soumise, examine seulement si cette décision est ou non conforme à la loi. Elle *casse* les décisions qui lui paraissent irrégulières ou illégales et renvoie l'affaire devant d'autres juges.

Les membres des cours d'appel et de cassation se nomment *conseillers;* ceux des tribunaux *juges.*

Les Ministères (*suite*).

1. Quelles sont les attributions du ministre de l'Intérieur? — 2. Quelles sont les attributions du ministre de l'Instruction publique? — 3. Nommez les trois degrés ou ordres de l'enseignement. — 4. Qu'est-ce que l'enseignement primaire? — 5. Qu'est-ce que l'enseignement secondaire? — 6. Qu'est-ce que l'enseignement supérieur? — 7. Combien y a-t-il d'académies en France et par qui sont-elles administrées? — 8. Quelles sont les attributions du ministre de l'Instruction publique en tant que ministre des Beaux-Arts? — 9. Qu'entend-on par beaux-arts? — 10. A quel ministère est rattachée aujourd'hui la direction des cultes? — 11. Qu'est-ce que le Concordat? — 12. Quelles sont les attributions du ministre de la Guerre? — Quelle est la durée du service militaire? — 13. Maintenant quel est le but du tirage au sort? — 14. Quels sont les hommes qui peuvent ne faire qu'un an au lieu de trois dans l'armée active? — 15. De quoi chaque corps d'armée se compose-t-il? — 16. Nommez les différents grades hiérarchiques de l'armée. — 17. Nommez les différentes écoles qui relèvent du ministre de la Guerre.

1. — Le ministre de l'Intérieur est chargé de l'administration *intérieure* du pays ; il assure l'exécution des lois ; il a sous sa dépendance les préfets, les sous-préfets et les maires. Il a dans ses mains la police ; il est responsable de l'ordre et de la tranquillité, et a la direction des prisons, des hôpitaux, etc.

2. — Le ministre de l'Instruction publique a dans ses attributions tout ce qui relève de l'enseignement. Il est assisté du Conseil supérieur.

**3. — Il y a trois degrés d'enseignement : l'enseignement primaire, l'enseignement secondaire classique ou spécial et l'enseignement supérieur.

**4. — L'enseignement *primaire*, qui prépare au certificat d'études, est donné par les instituteurs et institutrices dans les écoles primaires.

**5. — L'enseignement *secondaire*, qui prépare au grade de bachelier ès lettres ou ès sciences, est donné par des professeurs licenciés ou agrégés dans les collèges, les lycées et les établissements libres. Il comporte deux sections : l'enseignement classique *ancien* et l'enseignement classique *moderne*.

**6. — L'enseignement *supérieur* est donné par des professeurs dans les facultés de droit, de médecine, de sciences et de lettres. Ils sont pourvus du grade de docteur.

7. — La France est divisée en dix-sept académies, dont chacune est administrée par un recteur assisté d'un conseil académique.

Dans chaque département est un inspecteur d'académie assisté d'un conseil départemental. Chaque arrondissement est pourvu d'un ou de plusieurs inspecteurs primaires.

8. — Le ministre de l'Instruction publique est en même temps **ministre des Beaux-Arts**. Il veille à la conservation des musées, des bibliothèques, des monuments historiques et des richesses artistiques que possède la France.

— Qu'entend-on par *beaux-arts?*

9. — Par beaux-arts on entend : la peinture, la sculpture, l'architecture, la musique.

10. — **La Direction des Cultes** est rattachée aujourd'hui au ministère de la Justice. Avant la Révolution, la religion catholique était la religion de l'État; actuellement l'État reconnaît trois cultes : le culte catholique, le culte protestant et le culte israélite.

— Et qu'est-ce qui règle les rapports entre l'Église et l'État?

11. — Les rapports entre l'Église et l'État sont réglés par le *Concordat.* On appelle ainsi le traité intervenu le 15 juillet 1801 entre le pape Pie VII et Bonaparte, alors premier consul.

12. — **Le ministre de la Guerre** est le chef de l'armée; il nomme à tous les grades militaires et est chargé de la défense du territoire.

Le service militaire personnel est obligatoire pour tous les Français; les individus infirmes en sont seuls absolument dispensés.

13. — La durée du service est de vingt-cinq ans, qui se décomposent ainsi : trois ans dans l'*armée active*, sept ans dans la *réserve de l'armée active*, six ans dans l'*armée territoriale*, neuf ans dans la *réserve de l'armée territoriale*.

14. — Bien que tous les Français soient soumis aux obligations militaires, on procède cependant à un tirage au sort ; mais cette formalité a seulement pour but de compléter l'effectif de l'armée de mer, dans lequel sont incorporés les jeunes gens à qui sont échus les derniers numéros.

15. — L'aîné d'orphelins, le fils unique ou l'aîné des fils d'une femme veuve, d'un père aveugle ou entré dans sa soixante-dixième année, l'aîné des fils d'une famille de sept enfants, les hommes dont un frère est déjà présent à l'armée, ceux dont le frère est mort sous les drapeaux, ne sont astreints qu'à faire un an dans l'armée active. Mais en temps de guerre tous ces jeunes gens peuvent être rappelés.

En temps de paix, après un an de présence sous les drapeaux, certains jeunes gens sont envoyés en congé dans leurs foyers sur leur demande, jusqu'à la date de leur passage dans la réserve ; ce sont ceux qui se sont engagés pour dix ans dans l'instruction publique, les professeurs, les instituteurs, ceux qui se destinent à être prêtres ou pasteurs, ou à acquérir certains diplômes (docteurs en médecine, en droit, diplôme d'ingénieur), etc.

Ceux qui manquent à leurs engagements ou qui n'ont pas obtenu leur grade à l'âge fixé par la loi doivent accomplir les deux ans de service dont ils avaient été dispensés.

De plus, les hommes dispensés à un titre quelconque sont astreints au payement d'une taxe annuelle, fixée par la loi.

16. — On distingue dans chaque corps d'armée, et il

y en a dix-neuf : l'*infanterie*, la *cavalerie*, l'*artillerie* et le *génie*.

— A quoi sert donc le génie ?

— Le génie est spécialement chargé de la construction, de la défense et de l'attaque des places fortes.

Je n'ai pas besoin de vous dire que la *gendarmerie* (gendarmes) est spécialement chargée de maintenir l'ordre dans le pays ; elle a un effectif d'environ 30,000 hommes.

— Pourriez-vous, Clémence, me citer les grades de l'armée dans l'ordre hiérarchique ?

— Cela m'est facile, car mon frère aîné, qui est à l'École de Saint-Cyr, m'a nommé souvent les grades qu'il aurait à conquérir avant de devenir... maréchal de France !

17. — Le premier grade est celui de *caporal ;* après viennent successivement ceux de : *sergent, sous-lieutenant, lieutenant, capitaine, commandant, lieutenant-colonel, colonel, général de brigade, général de division,* enfin *maréchal de France.*

— C'est bien ; mais il faut dire aussi que dans la cavalerie les grades de caporal et de sergent portent le nom de *brigadier* et de *maréchal des logis.*

81. — Du ministère de la Guerre relèvent l'École polytechnique, les Écoles militaires de Saint-Cyr, de Saumur, de La Flèche, etc.

Les Ministères (*suite*).

1. Quelles sont les attributions du ministre des Finances? — 2. Nommez les principaux agents qui dépendent de ce ministère. — 3. Quelle est la fonction de la cour des Comptes? — 4. Quelles sont les attributions du ministre des Travaux publics? — 5. Qu'est-ce que l'École des ponts et chaussées? — 6. Qu'est-ce que l'École centrale des arts et manufactures? — 7. Quelles sont les attributions du ministre du Commerce, de l'Industrie, des Postes et Télégraphes? — 8. Celles du ministre de l'Agriculture? — 9. Celles du ministre de la Marine? — 10. Celles du ministre des Colonies? — 11. Celles du ministre des Affaires étrangères?

1. — Le ministre des Finances est chargé du trésor public et fait tous les payements de l'État. Il perçoit les impôts, les droits d'enregistrement et de timbre, les droits de douane. Il prépare le budget et le soumet au Parlement.

2. — Les agents qui dépendent du ministère des Finances sont fort nombreux; je vous citerai seulement ceux qui *perçoivent* ou reçoivent les contributions directes [1] : les *percepteurs*, dans les principales communes; les *receveurs particuliers*, au chef-lieu d'arrondissement; le *trésorier-payeur général*, au chef-lieu du département.

3. — Les recettes et les dépenses de l'État sont vérifiées par la *Cour des Comptes*, qui siège à Paris.

4. — Le ministre des Travaux publics entretient ou construit les voies de communication : routes, chemins de fer, ponts, canaux; il commande et dirige les grands travaux publics; il a sous ses ordres les ingénieurs des ponts et chaussées et des mines.

Il y a *un ingénieur en chef* par département et un *ingénieur ordinaire* par arrondissement. Au-dessous des ingénieurs sont les *conducteurs* des ponts et chaussées, les *piqueurs*, les *cantonniers*, etc.

---

1 Les *Contributions directes* sont celles qui frappent directement la personne du contribuable, ses propriétés, son commerce et ses revenus. — Les *Contributions indirectes* sont celles qui frappent indirectement les consommateurs ; tels sont les impôts sur le sel, le café, le sucre, les boissons, etc.

5. — *L'École des ponts et chaussées*, à Paris, reçoit les élèves qui, sortis les premiers [de l'École polytechnique, veulent se préparer aux fonctions d'ingénieurs de l'État.

6. — *L'École centrale des arts et manufactures* est destinée à former des directeurs d'usines et de manufactures, des chefs de grandes entreprises de travaux publics, des ingénieurs et des professeurs pour l'enseignement industriel.

7. — Le ministre du Commerce, de l'Industrie, des Postes et Télégraphes veille aux intérêts du commerce et de l'industrie ; il prépare les traités de commerce, les lois de douane.

Du ministère du Commerce dépendent les écoles d'Arts et Métiers et le Conservatoire des Arts et Métiers.

Un sous-secrétaire d'État des *Postes et Télégraphes*, dépendant du ministère du Commerce, est chargé d'établir, d'entretenir et de diriger les communications par la poste et par le télégraphe.

8. — Le ministre de l'Agriculture veille aux intérêts généraux de l'agriculture ; il organise les concours agricoles, les concours régionaux et les expositions.

9. — Le ministre de la Marine est le chef de la flotte ; il a sous sa direction les soldats de marine, les vaisseaux de guerre, les arsenaux maritimes, les ports de guerre, etc. Une école navale, établie dans la rade de Brest, sur le *vaisseau-école*, prépare les officiers de marine pour la flotte de l'État.

10. — Le ministre des Colonies est chargé de la défense des Colonies, de leur administration et de celle des établissements pénitentiaires entretenus dans les possessions françaises.

11. — Le ministre des Affaires étrangères est chargé des relations de la France avec les puissances étrangères. Il protège au dehors nos nationaux, il est en rapport avec les ambassadeurs des autres nations qui résident en France, et est renseigné par ses agents sur ce qui se passe dans les cours étrangères, sur les dispositions des souverains et des peuples.

— Ce ministère est très important, il me semble?

— Mais oui; le ministre des Affaires étrangères négocie encore les traités politiques et commerciaux.

Les intérêts politiques des nations sont représentés par des *ambassadeurs* ou des ministres plénipotentiaires; les intérêts commerciaux sont représentés par des *consuls* généraux, consuls, vice-consuls, agents consulaires.

ORGANISATION ADMINISTRATIVE DE LA FRANCE

La Commune

1. Qu'est-ce qu'une commune? — 2. Par qui la commune est-elle administrée? — 3. Quelle est la législation particulière de la Ville de Paris? — 4. Qu'entend on en disant que le maire est officier de l'état civil? — 5. Combien y a-t-il en France de départements, d'arrondissements, de cantons et de communes? — 6. Qu'est-ce qu'un canton? — 7. Qu'est-ce qu'un arrondissement? — 8. Quelles sont les attributions d'un sous-préfet? — 9. Quelles sont les attributions des conseils d'arrondissement? — 10. Qu'est-ce qu'un département? — 11. Quelles sont les attributions du préfet? — 12. Qu'appelle-t-on Conseil général? — 13. Quelles sont les attributions du Conseil général?

— Eugénie, savez-vous ce qu'on entend par le mot *commune?*

1. — La commune est la ville ou le village que nous habitons; c'est la réunion des habitants d'un territoire déterminé ayant une vie commune, des intérêts communs.

— Bien. La commune est la plus petite circonscription administrative jouissant de la personnalité civile. On entend par là que la commune est regardée comme une personne civile, qu'elle peut posséder, acquérir, hériter et plaider lorsque ses intérêts l'y obligent. Toutes les communes de France, quelle que soit leur population, sont organisées de la même manière et ont la même administration.

2. — La commune est administrée par le *maire,* assisté d'un ou de plusieurs *adjoints*, et par le *conseil municipal.*

Le conseil municipal a pour mission d'aider, d'éclairer et de contrôler l'administration du maire. La durée des fonctions de maire et de conseiller municipal est de quatre ans. Les conseillers municipaux sont nommés par les électeurs de la commune; leur nombre varie suivant la population. Le maire est élu par le conseil municipal.

3. — A Paris, il y a un maire et plusieurs adjoints pour chacun des vingt arrondissements. Ils sont choisis par le gouvernement. Il y a incompatibilité entre les fonctions de maire ou d'adjoint d'arrondissement et celles de conseiller municipal de la ville de Paris.

Paris a un conseil municipal composé de quatre-vingts membres, élus à raison de quatre conseillers municipaux pour chacun des vingt arrondissements.

Le maire est à la fois le représentant du gouvernement auprès de la commune et le représentant de la commune auprès du gouvernement; il est tout ensemble un fonctionnaire de l'État et l'élu de ses concitoyens.

— Alors le maire remplit des fonctions importantes dans la commune?

— Certainement, et voilà pourquoi il est essentiel de ne nommer à ce poste que des hommes éclairés, dévoués et consciencieux.

4. — Le maire est *officier de l'état civil,* c'est-à-dire qu'il rédige ou fait rédiger par son secrétaire les actes de naissance, de mariage et de décès; il fait exécuter les lois, est chargé d'assurer le maintien de l'ordre dans les rues et les lieux de réunion ; il représente la commune dans tous les actes où elle intervient ; enfin, il présente au conseil municipal le budget des recettes et des dépenses. Le conseil examine, discute et vote.

Les délibérations du conseil doivent être approuvées par le préfet, dans la majorité des cas.

Le Canton. — L'Arrondissement

— Vous rappelez-vous, Eugénie, combien il y a de communes, de cantons, d'arrondissements et de départements en France ?

5. — Oui, Madame, ma Géographie m'a appris qu'il y a 86 départements, 362 arrondissements, environ 3,000 cantons et 36,000 communes. Plusieurs communes forment un canton ; plusieurs cantons forment un arrondissement ; plusieurs arrondissements forment un département.

6. — Le *canton* est une division territoriale, mais non une division administrative. C'est le siège d'une justice de paix et une circonscription électorale pour le conseil général et le conseil d'arrondissement.

C'est au chef-lieu de canton qu'a lieu le tirage au sort et que siège le conseil de revision.

7. — L'*arrondissement* est une circonscription territoriale à la tête de laquelle est un *sous-préfet*.

8. — Le sous-préfet remplace le préfet dans quelques-unes de ses fonctions ; par exemple, il préside au tirage au sort, il veille à ce que les lois soient observées par les conseils municipaux et les maires. En réalité, il n'a pas d'autorité propre, il n'est qu'un intermédiaire entre les maires de son arrondissement et le préfet.

9. — Au chef-lieu de chaque arrondissement, appelé *sous-préfecture*, siège un conseil d'arrondissement. Ce conseil émet des vœux sur les besoins de l'arrondissement, prépare les affaires qui intéressent la région et fournit des renseignements au conseil général et au préfet.

Le Département

10. — Le *département* est une circonscription administrative à la tête de laquelle se trouve un *préfet*.

— Ainsi, le préfet est pour le département ce que le maire est pour la commune ?

11. — Justement; comme représentant de l'État, il fait exécuter les lois, prend les mesures néces

Les membres du conseil sont élus par le suffrage universel.

saires pour assurer l'ordre public, prépare le budget du département avec le concours du conseil général. De plus, le préfet s'occupe de ce qui regarde la construction des routes, des canaux, préside les conseils de revision, etc. Il est nommé par le chef de l'État et dépend principalement du ministre de l'Intérieur.

Le préfet est assisté dans ses fonctions par un secrétaire général et un conseil de préfecture.

Ce dernier aide le préfet de ses conseils et sert de tribunal en certains cas de conflit relatifs aux élections ou aux réclamations des citoyens au sujet des impôts.

— Mais, Madame, vous ne nous parlez pas du conseil général. Mon père est conseiller général, c'est pourquoi je vous fais cette question.

12. — J'y réponds avec plaisir, chère enfant. Le *conseil général* est une assemblée délibérante, c'est une image des chambres législatives. Chaque département possède ce « petit parlement » composé de membres élus pour six ans par le suffrage universel à raison d'un membre pour chaque canton. Il tient deux sessions par an ; chaque membre du conseil général est de droit électeur sénatorial.

— Quelles sont les attributions du conseil général ?

13. — Le conseil général arrête le budget du département, qui lui est proposé par le préfet ; il donne son avis sur tous les services départementaux dont est chargé le préfet et émet des vœux qui sont transmis par le préfet au ministre de l'Intérieur.

L'État, le département, la commune, voilà les trois éléments dont se compose notre vie nationale.

NOTIONS D'ÉCONOMIE POLITIQUE

I. — PRODUCTION DE LA RICHESSE

1. Qu'est-ce que l'Économie politique ? — 2. Qu'est-ce que l'Économie domestique ? — 3. Qu'est-ce qu'on entend par richesse ? — 4. Combien y a-t-il de sortes de richesses ? — 5. Comment s'acquièrent les richesses ? — 6. — Quel est l'avantage de la concurrence ? — 7. Que signifie le mot capital ? — 8. En quoi consiste le capital ? — 9. A quoi sert la monnaie ? — 10. En quoi consiste le commerce ? — 11. Qu'entend-on par salaire ? — 12. Qu'appelle-t-on intérêt, profit, crédit, épargne ? — 13. Quels sont les principaux instruments de crédit ? — 14. Que doit-on observer pour la dépense ? — 15. Qu'est-ce qu'on appelle sociétés de prévoyance. — 16. En quoi consiste l'assurance sur la vie et quels sont ses avantages ? — 17. Qu'appelle-t-on caisses de retraite pour la vieillesse ? — 18. Quelles précautions faut-il prendre envers les sociétés de prévoyance ?

— **Économie politique !** voici encore un sujet nouveau pour vous, mes petites amies ; qu'est-ce que ces deux mots peuvent bien signifier ? Répondez, Hortense.

— Il me serait impossible de vous répondre, Madame ;

ces mots ne me disent absolument rien à l'esprit, et il me semble bizarre que le mot *politique* se trouve lié à l'*économie*.

— Il en est de la science quelquefois comme des fantômes qui effrayent de loin les enfants : quand on s'en approche, les fantômes s'évanouissent. Cette science, que vous ne sauriez définir, ne vous est pourtant point connue. De même que M. Jourdain faisait de la prose sans le savoir, vous faites de l'économie politique sans vous en douter. Nous ne pouvons vivre sans en faire, elle se mêle à toutes nos actions.

« Chaque jour, dit M. Frédéric Passy, nous travaillons, nous consommons, nous achetons, nous vendons, nous prêtons, nous empruntons, nous recevons un salaire ou en payons un, nous possédons, nous transmettons, nous héritons, *nous vivons* en un mot, car tous ces actes sont les conditions mêmes de l'entretien et du développement de la vie sociale, qui se compose d'un incessant échange de services. C'est, à proprement parler, la trame dont cette vie est faite.

« Eh bien, tous ces actes sont des actes économiques. Comme tout en ce monde, tous ces actes ont leurs lois. Et il n'est pas indifférent d'observer ou de violer ces lois, base de la prospérité individuelle et de la prospérité sociale, qui ne se sépare pas de la prospérité individuelle. Pour les observer, il faut les connaître, et pour les connaître, il faut les étudier. »

Après ces considérations générales, voyons les différentes définitions qu'on a données de l'économie politique ; elles feront la lumière complète dans votre esprit.

1. — L'économie politique est la science qui montre comment la richesse se forme, se distribue et se consomme. Elle enseigne comment les intérêts matériels se créent, se développent et s'organisent ; son but est de rendre l'aisance aussi générale qu'il est possible, de nous fournir le moyen d'utiliser nos ressources pour satisfaire aux nécessités de la vie, à nos besoins divers.

— Et quelle différence y a-t-il entre l'économie domestique et l'économie politique?

2. — L'*économie domestique* ou *privée* est la sage administration des ménages; elle nous enseigne à régler convenablement les consommations de la famille. On dit économie domestique pour l'administration d'une fortune privée, et économie politique pour l'administration de la fortune nationale.

3. — En morale, *richesse* signifie superflu, fortune. En économie politique, ce mot est employé pour désigner tout ce qui est utile à la satisfaction de nos besoins physiques, moraux et intellectuels. Ainsi, la richesse est tout ce qui peut nous être utile. Le pain que nous mangeons, les vêtements que nous portons sont des richesses, de même que l'argent qui sert à acheter les objets dont nous avons besoin.

4. — Il y a deux sortes de richesses : les richesses *naturelles*, que l'homme tire de la nature, et les richesses *artificielles* ou sociales, qui se sont produites par lui.

L'homme ne crée ni la pierre ni le marbre; mais avec la pierre et le marbre, il construit des maisons et des palais; la matière est son esclave docile; il sait faire produire à la terre ses plus riches moissons; son travail n'est pas une création, mais une transformation, une appropriation des richesses naturelles à ses besoins physiques et intellectuels.

5. — Les richesses s'acquièrent par la production. Produire, c'est créer ou augmenter l'utilité des choses.

Les *matières premières*, le *travail* et le *capital* sont les trois agents principaux de la production.

Le travail est multiple comme les besoins qui le nécessitent, comme les aptitudes de ceux qui s'y livrent; de là la nécessité de diviser le travail. Si chacun de nous était obligé de produire tout ce qui lui est nécessaire, la condition de tous serait absolument misérable.

Avez-vous jamais réfléchi au travail compliqué auquel il faudrait vous livrer pour vous procurer l'aiguille dont vous avez besoin et la plume de fer dont vous vous servez ?

L'ouvrier qui se livre toujours au même travail y devient beaucoup plus habile. La division du travail raisonnablement établie, sans excès, est la source de bien des progrès ; elle augmente la quantité et la qualité des produits, elle diminue les frais de revient.

6. — La production est plus grande quand le travail est libre ; la liberté du travail amène la *concurrence*, autre source de progrès.

— J'ai pourtant entendu des commerçants se plaindre bien amèrement de la concurrence.

— Cela ne m'étonne pas, chère enfant, car la concurrence contraint les commerçants à baisser leurs prix jusqu'à ce qu'il ne leur reste plus qu'un bénéfice indispensable ; elle est donc tout au profit du consommateur.

Mais ce n'est point assez de travailler, il faut épargner afin de pouvoir parer au chômage, à une maladie, à une perte. Ce que l'on met ainsi de côté, ce que l'on épargne, en un mot, s'appelle le *capital*.

7. — Le capital est la réserve d'une partie du fruit du travail antérieur en vue du travail et des besoins à venir. Le capital est du travail accumulé. Le travail et le capital sont indispensables à la production de la richesse, ils sont indissolublement unis et ne peuvent rien l'un sans l'autre. L'union du capital et du travail en vue de la production prend le nom d'*association*, c'est la véritable source des progrès de l'humanité.

8. — Le capital ne consiste pas seulement en une somme d'argent ; il peut consister aussi en marchandises, terres, maisons, etc. Or ce capital, soit que nous l'ayons acquis par notre travail, soit que nous l'ayons reçu par héritage de nos parents, est notre propriété.

La propriété est aussi sacrée, aussi inviolable que le travail et le capital.

II. — Circulation des richesses

L'homme, renfermé dans le genre de travail qui est en rapport avec ses goûts et ses aptitudes, produit beaucoup plus que pour sa consommation, plus qu'il ne lui en faut pour lui et sa famille ; aussi cherche-t-il à échanger le produit de son travail contre d'autres produits qui lui sont nécessaires, il fait des *échanges*. Mais au lieu des échanges en nature, qui seraient souvent très difficiles, on a imaginé la *monnaie*, qui représente la valeur des objets qu'on cède et celle des objets qu'on se procurera à la place.

9. — Ainsi, la monnaie n'est pas la richesse : elle sert seulement pour aider aux échanges et faire circuler les richesses ?

10. — Parfaitement. Les échanges qui se font au moyen de la monnaie constituent le *commerce*. Le commerce consiste à offrir des produits, des marchandises, ou à en demander ; il met à la disposition de chacun, pour la satisfaction de ses besoins, les produits du monde entier. Plus l'offre est abondante, plus les prix s'abaissent : plus la demande est nombreuse, plus les prix s'élèvent.

11. — Le *salaire*, c'est-à-dire le prix payé à chacun pour sa peine et son travail, est régi par la loi de l'offre et de la demande, comme cela a lieu pour le prix des marchandises.

— Ainsi, il y a augmentation de salaire si le travail est abondant et l'ouvrier rare, il y a diminution dans le cas contraire ?

— C'est cela même. L'industrie et le commerce ne peuvent voir que le service dans l'individu ; ajoutons que la doctrine de l'égalité des salaires est une utopie dangereuse; chacun craindrait de faire plus que son voisin et ne ferait rien.

12. — Si tout travailleur a droit à un salaire, celui qui prête son capital, qui en donne la jouissance, a droit aussi à un bénéfice, à un profit qui s'appelle *l'intérêt*. Le *profit* est la part du capital dans la production.

Le *crédit* est la confiance accordée à celui qui emprunte par celui qui prête. La confiance est fondée sur une bonne réputation de probité, d'activité, d'ordre et de moralité.

13. — Les principaux établissements de crédit sont les *billets de commerce* et de *banque*. tous les *titres* négociables. Ces titres ne créent pas la valeur, ils n'augmentent pas la richesse, mais ils en favorisent la circulation.

La plus modeste épargne conservée, répétée, grossie, peut devenir la source d'un capital important. Avoir un capital, c'est bien; mais il ne peut rester improductif, il est donc de toute nécessité de lui chercher un placement sûr. L'argent est difficile à gagner, il ne faut pas le risquer. Parmi les bons placements, je vous citerai entre autres : les caisses d'épargne, les rentes sur l'État, les obligations de chemins de fer. Ou peut placer aussi sur hypothèques [1].

III. — Consommation de la richesse

14. — La richesse est faite pour être consommée ou, si vous aimez mieux, pour être dépensée. La *dépense*, c'est la consommation des richesses, la satisfaction donnée aux besoins, le stimulant du travail après en avoir été la nécessité. Il ne faut rien dépenser mal à propos,

---

1. *Hypothèque*, Voir page 307.

voilà la règle la plus essentielle de l'économie. Toute dépense doit se justifier par une réelle nécessité. Il faut regarder à un sou lorsque la dépense est superflue et ne pas hésiter à employer 100 francs à un usage profitable. Une sage épargne vous fait éviter le fléau des dettes et des créanciers.

Sociétés de prévoyance

— Quel bonheur! nous en avons fini avec l'économie politique. Ce que vous nous avez dit de cette science, Madame, peut être fort utile; mais, à coup sûr, ce n'est pas attrayant, — surtout pour des têtes comme les nôtres...

— Dans la vie, ma chère petite, l'utile doit passer avant l'agréable, et au moment d'entreprendre une chose, nous ne devons pas dire : Quel plaisir en retirerai-je? mais : Quel profit?

Pourtant, afin de ne pas mettre votre bonne volonté à une trop longue épreuve, je veux me borner à vous dire quelques mots sur les *sociétés de prévoyance.*

15. — Ces sociétés ont pour but de garantir l'homme contre les malheurs qui peuvent lui arriver, elles sont des applications du contrat d'assurance.

Il existe des assurances maritimes contre les accidents qui peuvent arriver en mer aux navires ou aux marchandises qu'ils portent; il y a aussi les assurances terrestres contre l'incendie, la grêle, le feu du ciel, l'inondation; il existe enfin des assurances sur la vie et de nombreuses sociétés de secours mutuels. Ces sociétés secourent ceux de leurs membres qui sont hors d'état de travailler par suite de maladies, d'infirmités ou d'accidents.

16. — Voyons ce qu'on entend par assurance sur la

vic et caisse de retraite pour la vieillesse. L'*assurance sur la vie* est un contrat par lequel une *compagnie* s'engage à payer, lors du décès de l'*assuré*, à quelque époque que ce décès ait lieu, un capital déterminé à sa veuve, à ses enfants ou à telle personne désignée. Pour prix de ce contrat, l'assuré paye à la compagnie une prime annuelle fixée en raison de son âge et du chiffre de la somme qu'il veut laisser après lui.

En se faisant assurer pour un capital en rapport avec sa position, le père de famille est certain de laisser sa famille à l'abri du besoin ; et cette tranquillité, acquise moyennant un faible sacrifice annuel, lui permettra de vaquer à ses occupations avec une liberté d'esprit dont il ne jouirait pas sans cet acte de prévoyance.

17. — La *Caisse de retraites pour la vieillesse* est gérée par l'État et placée sous sa garantie.

Elle a pour objet la constitution, au profit de toute personne âgée de plus de trois ans, d'une rente payable jusqu'à son décès, à partir d'une année d'âge fixée, de cinquante à soixante-cinq ans, au choix du déposant.

Elle permet :

A celui qui vit de son travail, de s'assurer, moyennant des versements successifs, une pension viagère pour ses vieux jours ;

A celui qui, ayant atteint ou dépassé l'âge de cinquante ans, peut réaliser un petit capital, de le transformer en une rente viagère ;

Au père de famille, de mettre ses enfants à l'abri de tout événement pour la fin de leur carrière ;

Aux enfants, d'assurer des moyens d'existence à leurs vieux parents.

17. — Les sociétés de prévoyance peuvent rendre de grands services, l'important pour celui qui s'assure est de s'adresser à des compagnies offrant toute sécurité ; celles qui sont placées sous la garantie de l'État sont de ce nombre.

NOTIONS ÉLÉMENTAIRES
DE DROIT PRATIQUE

1. Qu'entend-on par le droit pratique? — 2. Quelles sont les conséquences de cet axiome : nul n'est censé ignorer la loi. — 3. Quelle est l'utilité du droit? — 4. Comment se divise le droit français? — 5. Qu'appelle-t-on lois? — 6. Qu'appelle-t-on codes? — 7. Qu'est-ce que les actes de l'état civil? — 8. Quelles sont les formalités à remplir pour dresser l'acte de naissance d'un enfant? — 9. Quelles sont les formalités à remplir avant la célébration d'un mariage? — 10. Que doit contenir l'acte de décès? — 11. Quelles précautions doit-on prendre quand on fait dresser des actes? — 12. Qu'appelle-t-on mineur? — 13. Qu'est-ce qu'un tuteur? — 14. Qu'entend-on par conseil judiciaire?

1. — Nous voici arrivées à la dernière partie du programme : *Notions très élémentaires de droit pratique.*

— Ah! mon Dieu! est-ce qu'on voudrait faire de nous des docteurs en droit, des femmes capables d'être notaires ou avoués?

— Non, chère enfant; mais on voudrait faire de vous des femmes qui connussent la signification des principaux termes employés dans les affaires, qui comprissent l'esprit des principales lois et les principes de justice sur lesquels elles reposent. C'est l'ignorance de ces principes qui est pour nous la source de mille ennuis et qui prépare la matière de la plupart des procès.

2. — D'ailleurs, il est un axiome inscrit en tête de nos codes qui nous montre la nécessité de cette étude : *Nul n'est censé ignorer la loi.* Cette maxime est d'une haute importance, car elle constitue la base de l'état social. « Celui qui ignore les lois, dit M. Picot, ressemble à l'aveugle qui marche sans bâton et sans guide au milieu des périls. Viole-t-il une loi? S'il dit qu'il ne connaissait ni cette loi ni la peine encourue, le juge ne l'écoute point et il le punit. »

— Mais, c'est injuste cela. Comment! je fais un acte que je ne crois pas défendu, et on me punit comme si je l'avais su!

— Vous pourriez être de bonne foi, ma chère Marguerite ; mais combien d'hommes invoqueraient leur ignorance pour justifier de mauvaises actions !

3. — Je continue, et je dis que l'étude du *droit* donne un esprit plus éclairé, plus ferme et plus juste, et fait qu'on gère ses affaires avec prudence et sagesse.

4. — On divise le droit français en droit public et en droit privé. Le droit *public* est celui qui règle la constitution de l'État et les rapports de l'État avec les particuliers. Le droit *privé* est celui qui règle les rapports des particuliers entre eux.

5. — Les règles du droit sont appelées *lois*. Les lois sont des règles générales de conduite tracées par une autorité à laquelle on est tenu d'obéir ; elles sont nécessaires et obligatoires pour tous.

6. — Le droit privé est divisé en plusieurs parties, qui sont des recueils de lois appelés *Codes*. Il y a le Code civil ou Code Napoléon, le Code de commerce, le Code pénal, etc. — Le Code civil est un recueil de lois qui traitent des personnes, des choses et des différentes manières d'acquérir la propriété.

Les Actes de l'état civil

7. — Qu'appelle-t-on *actes de l'état civil ?*

— On appelle ainsi des écrits rédigés en double par le maire sur des registres de papier timbré [1], et qui constatent les trois grandes phases de l'existence : la naissance, le mariage, le décès. Un des doubles est déposé aux archives de la commune, l'autre au greffe du tribunal de première instance.

Les actes de l'état civil doivent énoncer : l'année, le

---

1. Le timbre est un impôt établi sur tous les papiers destinés aux actes civils et judiciaires, et aux écritures qui peuvent être produites en justice et y faire foi

jour et l'heure où ils sont dressés ; les prénoms, nom, âge, profession et domicile de tous.ceux qui y sont dénommés. Les témoins nécessaires à ces actes doivent avoir vingt et un ans accomplis. Les femmes ne peuvent servir de témoins dans ces circonstances.

Ces actes ne peuvent être produits et faire foi dans un autre arrondissement que si la signature du maire qui a délivré l'extrait a été *légalisée* [1] par le président du tribunal civil ou par le juge de paix. Moyennant une petite somme on peut toujours en obtenir des extraits. Tout citoyen est intéressé à s'assurer de la parfaite régularité des actes qui le concernent, lui et les siens [2].

NAISSANCE

8. — Quand un enfant vient au monde, sa naissance doit être déclarée dans les trois jours à l'officier de l'état civil par le père ou, à son défaut, par les personnes qui ont assisté à sa naissance.

— Et qu'arriverait-il si l'on ne déclarait pas la naissance dans le délai voulu ?

— Les personnes responsables seraient passibles d'amende et même d'emprisonnement.

— C'est sans doute très compliqué un acte de naissance ?

— Non, chère enfant ; mais il faut qu'il soit exact et rédigé dans les termes voulus, car il a de l'importance : on a souvent besoin de le produire dans le cours de la vie. Il est rédigé en présence de deux témoins et doit

1. La *légalisation* est l'attestation par un fonctionnaire compétent de l'authenticité des signatures apposées à un acte.

2. Toutes les fois qu'il y a lieu à rectifier un acte de l'état civil, soit parce que les noms ont été mal orthographiés, soit parce que les prénoms ont été omis ou transposés, etc., il est nécessaire de s'adresser par le ministère d'un avoué au tribunal de l'arrondissement, au greffe duquel le double des registres a été déposé, qui seul peut en ordonner la rectification.

Le mariage à la mairie.

énoncer le jour, l'heure et le lieu de la naissance, le sexe de l'enfant et les prénoms qui lui sont donnés, les prénoms, nom, profession et domicile des père et mère et ceux des témoins.

On prouve la filiation et la parenté par les actes de naissance. Du jour où l'enfant est inscrit sur les registres de l'état civil, il fait partie de la société, et lorsqu'il a vingt et un ans, il est déclaré *majeur* et est capable de tous les actes de la vie civile. Alors la société lui donne les droits et lui impose les devoirs communs à tous les citoyens.

MARIAGE

9. — Savez-vous, Pauline, à quel âge il est permis de se marier ?

— Quand on est majeur, probablement.

— Non, vous vous trompez, mon enfant : la femme peut contracter mariage à quinze ans accomplis et l'homme à dix-huit ans.

— Mais on est encore de véritables enfants à cet âge !

— Oui, et malgré la raison précoce que certaines

personnes peuvent avoir, on peut dire en général qu'il est fâcheux de se marier si jeune; aussi ces mariages sont des exceptions.

Le mariage est chose grave et importante, et il est bon de ne point s'engager à la légère dans ces liens; voilà pourquoi les parents sensés ne consentent pas au mariage de leurs enfants avant que ceux-ci aient atteint un âge convenable.

— Alors, on ne peut pas se marier sans le consentement de ses parents?

— Heureusement non. Le fils qui n'a pas vingt-cinq ans accomplis, et la fille qui n'a pas atteint l'âge de vingt et un ans ne peuvent contracter mariage sans le consentement de leurs père et mère. En cas de dissentiment, le consentement du père suffit. Si les parents sont morts, il faut le consentement des grands parents.

— Passé l'âge de vingt et un ans et de vingt-cinq ans, le consentement des parents n'est donc plus utile?

— Après cet âge les enfants sont tenus, si leurs parents refusent de donner leur consentement, de leur adresser par un notaire des *actes respectueux*. Un mois après, le mariage peut être célébré.

Dans ma longue carrière, j'ai pu constater que les enfants qui se mariaient malgré la volonté de leurs parents avaient à le regretter un jour. Les parents, qui ont l'expérience, voient plus loin et plus juste que leurs enfants.

— Il y a sans doute beaucoup de formalités à remplir avant le mariage?

— Oui, la loi prend les précautions les plus minutieuses pour assurer la sincérité du mariage, car le mariage est la source de la famille, et la famille est le base et le soutien de l'État.

Le mariage est précédé de publications qui sont faites deux dimanches consécutifs à la mairie du domicile des deux futurs époux et des personnes sous l'autorité desquelles ils se trouvent. Le mariage ne peut être célébré avant le troisième jour depuis et non compris celui de la seconde publication. Il doit s'écouler au moins onze journées complètes ou jours francs.

Le mariage est célébré publiquement devant l'officier de l'état civil du domicile de l'un des deux époux, dans la maison commune, et en présence de quatre témoins parents ou non-parents. Le mariage civil précède le mariage religieux.

DÉCÈS

Lorsque nous venons au monde, on dresse notre acte de naissance; quand nous le quittons, on dresse un acte de décès. L'acte de décès est dressé par l'officier de l'état civil sur la déclaration de deux témoins, les deux plus proches parents ou voisins.

— Que doit contenir l'acte de décès?

10. — Cet acte doit contenir les prénoms, nom, âge, profession et domicile du décédé, et autant que possible les prénoms et nom de ses parents et son lieu de naissance.

— Quelles formalités y a-t-il à remplir pour procéder à l'inhumation d'une personne décédée?

— Aucune inhumation ne peut être faite sans une autorisation de l'officier de l'état civil, et seulement vingt-quatre heures après le décès. Ce délai est prescrit pour prévenir le danger des inhumations précipitées. Ici une réflexion utile à propos des actes de l'état civil.

11. — On ne saurait trop prendre de précautions pour que les détails relatifs à ces actes soient de la plus grande exactitude. Les noms mal orthographiés, les prénoms intervertis, c'est-à-dire placés dans un autre ordre que celui de l'acte de naissance, sont autant de nids à chicane, de matière à procès.

Protection des mineurs. — Interdiction

12. — On appelle *mineur* un individu qui n'a pas vingt et un ans. Durant sa minorité, l'enfant est sous la puissance de ses parents.

13. — Lorsque l'enfant a le malheur de perdre ses parents, de rester orphelin, la loi lui nomme un tuteur chargé de veiller à son éducation, d'administrer ses biens et de le représenter dans tous les actes de la vie civile.

Le tuteur est assisté d'un conseil de famille ; il est surveillé et peut être contrôlé par un subrogé tuteur.

Le mineur *émancipé* est celui qui, avant vingt et un ans, est déclaré apte à veiller sur ses propres intérêts, à gérer ses biens.

L'*interdit* est le majeur qui a été privé de ses droits pour cause d'idiotisme ou de folie et qui a été pourvu d'un tuteur.

14. — Le majeur prodigue ou incapable de gérer ses biens est pourvu d'un conseil judiciaire.

La Propriété

1. Qu'appelle-t-on biens ? — 2. Qu'entend-on par biens meubles et biens immeubles ? — 3. Qu'est-ce que la propriété ? — 4. Qu'est-ce que l'usufruit ? — 5. Qu'est-ce que la nue propriété ? — 6. Qu'appelle-t-on servitude ? — 7. Qu'est-ce qu'un mur mitoyen ? — 8. Comment s'acquiert la propriété ? — 9. Qu'appelle-t-on succession ? — 10. Qu'est-ce qu'une donation entre vifs ? — 11. Quelle différence y a-t-il entre le donateur et le donataire ? — 12. Qu'appelle-t-on testament ? — 13. Qu'est-ce qu'un legs ?. — 14. Qu'est-ce que le testament olographe ?

Nous travaillons tous pour acquérir des biens, et, comme l'a dit Lamartine, l'homme moderne tient plus à ses biens qu'à sa vie même. Ses biens sont sa vie d'abord, puis la vie de sa femme, de ses enfants, de sa postérité.

— Qu'est-ce qu'on appelle *biens ?*

1. — On appelle biens des choses susceptibles d'estimation qui peuvent appartenir en propre à un homme ou à une société. Les biens se divisent en meubles et immeubles.

2. — Les biens *meubles* sont ceux qui peuvent se déplacer, être transportés d'un endroit dans un autre ; tels sont : les objets mobiliers, l'argent comptant, les bijoux, les créances, les actions et obligations commerciales et industrielles, les rentes sur l'État.

Les biens *immeubles* sont ceux qui ne peuvent être changés de place et transportés d'un lieu dans un autre ; tels sont : les terres, les bois, les maisons, etc.

3. — La *propriété* est le droit de jouir et de disposer d'une chose selon sa convenance, pourvu qu'on ne contrevienne pas aux lois.

4. — L'*usufruit* est le droit d'user de choses dont un autre a la propriété, comme en userait le propriétaire lui-même.

5. — En cas d'usufruit, le droit du propriétaire s'appelle *nue propriété*.

6. — On appelle *servitude* une charge imposée sur un héritage pour l'usage et l'utilité d'un héritage appartenant à un autre propriétaire. Ainsi la mitoyenneté des murs et des haies, les droits de vue, d'égout, de passage sont des servitudes.

— Il me semble avoir entendu dire que la mitoyenneté était la source de bien des procès ou au moins de querelles entre voisins.

— C'est vrai, et le moyen d'éviter ces querelles, ce serait que chacun connût ses droits.

7. — Les murs et les haies qui appartiennent *en commun* aux deux propriétaires de maisons ou terrains contigus sont dits *mitoyens*. Tout mur est réputé mitoyen s'il n'y a preuve du contraire. La réparation des murs mitoyens est à la charge des copropriétaires ; ceux-ci ont le droit d'appuyer des treillages, des espaliers contre un mur mitoyen. Mais tout copropriétaire peut faire bâtir contre ce mur mitoyen et même y placer des poutres.

Au contraire, on ne peut en aucune façon se servir d'un mur qui n'est pas mitoyen ; mais tout propriétaire joignant un mur a la faculté de le rendre mitoyen en tout ou en partie en remboursant au maître du mur la moitié de la valeur du mur et du sol.

Il faut savoir aussi qu'on ne peut planter des arbres et des haies qu'à une certaine distance de la propriété voisine, ordinairement 2 mètres pour les arbres à hautes tiges, 0^m,50 pour les autres arbres et les haies.

8. — La propriété s'acquiert par *succession*, par *donation entre vifs*, par *testament*, par *convention* et par *prescription*.

9. — On appelle *succession* une transmission de biens d'une personne décédée à un ou plusieurs vivants, qui deviennent héritiers. La succession appartient aux parents les plus proches.

— Et si le défunt ne laisse pas d'héritiers, qu'advient-il?

Dans ce cas, la succession est réputée vacante et appartient à l'État.

Toute succession doit être déclarée dans les six mois du décès au bureau de l'enregistrement de la situation des biens. Les droits de mutation par décès varient suivant les degrés de parenté. Ainsi, les enfants héritiers de leurs père et mère payent 1 fr. 25 par 100 francs. Entre mari et femme, on paye 3 fr. 75 ; entre frères et sœurs, 8 fr. 13 ; entre personnes non parentes, 11 fr. 25.

10. — La donation *entre vifs* est un acte par lequel le donateur se dépouille actuellement et irrévocablement de la chose donnée au profit du donataire, qui l'accepte.

11. — Quelle différence y a-t-il donc entre le *donateur* et le *donataire?* Je croyais que ces mots avaient le même sens.

— Pas du tout. Le donateur est celui qui donne, le donataire est celui qui reçoit, à qui il est donné.

— J'ai entendu souvent parler du testament ; qu'entend-on par là?

12. — Le *testament* est l'acte par lequel une personne dispose, pour le temps où elle n'existera plus, de tout ou partie de ses biens.

— Et qu'appelle-t-on *legs?*

13. — C'est le don fait par testament ; la loi reconnaît le legs universel, le legs à titre universel et le legs particulier.

14. — Il y a plusieurs formes de testament. Le testament *olographe* est celui qui est écrit en entier, daté et signé, de la main du testateur. S'il est écrit sur papier non timbré, il est valable ; mais le droit de timbre sera payé plus tard avec une amende.

Après la mort du testateur, le testament olographe doit être présenté au président du tribunal ; le président l'ouvre, en dresse l'état et en ordonne le dépôt chez un notaire, afin que celui-ci en puisse délivrer des expéditions aux personnes intéressées.

On peut toujours modifier ou révoquer son testament.

Contrats les plus usuels

1. Qu'est-ce qu'un contrat? — 2. Qu'appelle-t-on vente? — 3. Qu'est-ce qu'un échange ? — 4. Qu'appelle-t-on louage? — 5. Qu'entend-on par mandat ou procuration ? — 6. Qu'appelle-t-on cautionnement? — 7. Qu'est-ce que le nantissement? — 8. Qu'est-ce que la prescription? — 9. Qu'est-ce que le privilège? — 10. Qu'entend-on par hypothèque? — 11. Citez les lois de police les plus nécessaires à connaître.

1. — Le **contrat** est une convention par laquelle une ou plusieurs personnes s'obligent, envers une ou plusieurs autres, à donner, à faire ou à ne pas faire quelque chose.

2. — La **vente** est un contrat par lequel une partie,

appelée *vendeur*, s'engage à livrer une chose moyennant un certain prix que l'autre partie, appelée *acheteur*, s'engage à payer.

3. — **L'échange** est un contrat par lequel deux personnes se donnent réciproquement une chose pour une autre.

4. — Le **louage** est un contrat par lequel une partie s'engage à faire jouir d'une chose l'autre partie moyennant un certain prix que celle-ci s'oblige à payer. Celui qui doit procurer la jouissance est appelé *bailleur* et celui qui doit payer le prix est appelé *preneur*. Lorsqu'il s'agit de maison ou de ferme, le preneur s'appelle *locataire* ou *fermier*.

5. — Le **mandat** ou **procuration** est un acte par lequel une personne donne à une autre personne le droit de faire quelque chose pour elle et en son nom ; par exemple de plaider, vendre, administrer. Celui qui donne le pouvoir est appelé *mandant*, celui qui le reçoit se nomme *mandataire*.

6. — Le **cautionnement** est un acte par lequel une personne s'engage ou s'oblige pour une autre ou solidairement avec elle. Celle qui se rend caution d'une obligation se soumet envers le créancier à satisfaire à cette obligation, si le débiteur n'y satisfait pas lui-même. C'est chose grave de se porter caution pour une personne, c'est en ce sens qu'on dit vulgairement : Qui répond paye.

7. — Le **nantissement** est un contrat par lequel le débiteur remet une chose mobilière ou immobilière à son créancier pour sûreté de sa dette.

Expliquons maintenant ce qu'on entend par *prescription*, *privilège* et *hypothèque*.

8. — La **prescription** est un moyen d'acquérir la propriété d'une chose ou de se libérer d'une dette par un certain laps de temps et sous les conditions déterminées par la loi.

Ainsi, un homme possède un pré pendant trente années consécutives sans qu'on lui ait contesté sa propriété ; cet homme est considéré comme le véritable propriétaire. Si un créancier reste cinq ans sans réclamer sa dette à son débiteur, ce dernier peut lui opposer la prescription et refuser de le payer. Sa conscience reste seul juge.

Les actions des maîtres et des professeurs pour les leçons données au mois, des hôteliers et des traiteurs pour logement et nourriture, des ouvriers pour leurs salaires se prescrivent par six mois.

Les actions des médecins et des pharmaciens, des marchands en détail, des maîtres de pension ou d'apprentissage, des domestiques pour leurs salaires se prescrivent par un an.

Les intérêts des sommes d'argent, les termes de loyer et de fermage, les arrérages de pensions et de rentes viagères se prescrivent par cinq ans. Lorsqu'un rentier reste plus de cinq ans sans réclamer des rentes sur l'État, il y a prescription pour les termes échus, et on lui refuse l'argent auquel il aurait eu droit plus tôt ; en un mot ses rentes sont perdues pour lui.

9. — Le **privilège** est un droit que la qualité de la créance donne à un créancier d'être préféré aux autres créanciers, même hypothécaires. Tels sont les frais de justice, les frais funéraires, les frais de dernière maladie, les salaires des gens de service, les fournitures de subsistances faites au débiteur ou à sa famille, etc.

10. — L'**hypothèque** est un droit qui est conféré soit par une convention, soit par un jugement, sur un immeuble déterminé ou sur tous les immeubles d'une personne et en vertu duquel le créancier peut se faire payer sur le prix de l'immeuble ou des immeubles affectés à la sûreté de sa créance par préférence aux créanciers qui n'ont pas stipulé la même garantie ou ne la tiennent pas de la loi.

L'hypothèque est donc conventionnelle ou judiciaire.

Les hypothèques doivent être *inscrites* au bureau des hypothèques de l'arrondissement dans lequel se trouvent les immeubles ; elles doivent être renouvelées tous les dix ans à peine de déchéance. Elles sont *rayées* du consentement des parties ou en vertu d'un jugement si la *mainlevée* est refusée à tort. Il y a des hypothèques *légales*, qui résultent de la force seule de la loi : celles des femmes mariées sur les biens de leurs maris ; celles des mineurs et interdits sur les biens de leurs tuteurs, etc.

Les lois de police

LES PLUS INDISPENSABLES A CONNAITRE

> Semblable à une mère pleine de prudence, la loi de police a tout prévu, tout ordonné pour le bien de tous, elle protège l'ordre, la liberté, la propriété, la sécurité individuelle, la santé publique.
>
> L. DE LAMY

11. — Que de fois, mes petites amies, vous avez dit ou pensé que le règlement est chose insupportable dans les classes, et que les élèves sont vraiment à plaindre d'avoir toujours une épée de Damoclès, — sous forme de punitions ou pensums, — suspendue au-dessus de leur tête ! Les mêmes plaintes que vous faites entendre dans ces moments de mécontentement sont parfois proférées par des soldats au sujet de la discipline et par des citoyens au sujet de l'application des lois. Eh bien, ai-je besoin de vous expliquer que les enfants, les soldats et les citoyens qui murmurent dans ces circonstances sont tout à fait déraisonnables ? Voyons, mes enfants, j'en appelle à votre bonne foi : que serait votre classe si chacune de vous faisait ce qu'il lui plaît ; ne serait-ce pas la cour du roi Pétaud ? Que deviendrait l'armée sans une discipline sévère et la société sans lois ?

ce serait partout la confusion, le désordre. Si l'on réfléchissait que les lois ont été faites dans notre propre intérêt, on ne voudrait jamais les enfreindre, on les respecterait jusque dans leurs plus minutieuses applications.

Donc, comme le disait mon vieil oncle le juge de paix, soyons vigilants, regardons où nous marchons et prenous garde aux nombreux *halte-là* que, sous forme de lois, nous rencontrons sur notre passage.

— Madame, il nous semble qu'il nous serait utile de connaître les lois de police qui regardent spécialement les ménagères, les mères de famille; vous seriez bien bonne

Un agent nous a dressé procès-verbal. (V. *page* 310.)

de nous en parler et de répondre à nos questions à ce sujet.

— Très volontiers, ma chère Marie, et je serai enchantée si je puis vous éviter les visites désagréables du garde champêtre, du commissaire de police et même... du gendarme.

— Cet hiver, nous avons eu un *feu de cheminée;* à

peine étions-nous remis de notre frayeur, qu'un agent de police est arrivé et nous a dressé procès-verbal ; pourquoi cela ?

— Parce qu'un feu de cheminée peut faire naître un incendie et devenir ainsi un danger pour les voisins. L'agent est donc venu vous rappeler à vos devoirs.

La loi ordonne de faire nettoyer les fours et les cheminées des maisons et usines aussi souvent que cela est nécessaire. Les ménagères ne sauraient trop prendre de précautions pour éviter les causes d'incendie. Il ne faut point oublier que quand le feu prend chez soi et se communique chez les voisins, on est tenu de réparer les dommages qu'on leur a causés.

— Nous avons une voisine peu endurante ; lorsque nos *poules* vont par hasard *picorer dans son jardin*, elle se met dans une grande colère et menace de les tuer. En a-t-elle le droit ?

— Les ménagères sont tenues de veiller sur leurs volailles et leurs pigeons, afin que ces volatiles n'aillent pas sur le terrain d'autrui et ne nuisent pas aux récoltes. Celui qui, à la campagne, trouve des volailles sur son terrain, peut les tuer *sur le lieu même du dégât ;* mais il n'a pas le droit de les poursuivre ni de les enlever quand il les a tuées. Dans les villes, où les intérêts de l'agriculture n'ont point à être protégés, il n'est pas permis de tuer les volailles qui s'introduisent dans les jardins : on ne peut que les chasser.

— Il y a quelques jours, le garde champêtre s'est permis de nous réprimander parce que nous n'avions pas *échenillé* les arbres de notre jardin. Est-ce que cela le regarde ?

— Mais certainement. Chacun est libre de cultiver son jardin comme il l'entend ; pourtant le garde champêtre a le droit d'intervenir s'il aperçoit, au mois de mars, des nids de chenilles sur les arbres. L'échenillage doit être fait avant le 20 février de chaque année. Cette opération ne concerne que les jardins, les vergers, les haies, les buissons et les arbres fruitiers. On est tenu de brûler sur-le-champ, en prenant les précautions nécessaires, les *bourres* et *toiles* qui ont été trouvées. Bien loin de vous plaindre du garde champêtre dans cette circonstance, vous devriez le bénir, puisque c'est grâce à lui que vous pourrez manger des cerises, des pommes et autres fruits de vos récoltes.

— L'autre semaine, nous avons eu des *troupes de passage;* nous étions heureux de voir les beaux uniformes des soldats, d'entendre la musique; mais la femme d'un de nos voisins était furieuse quand elle a vu arriver deux fantassins chez elle, et elle voulait à toute force les renvoyer. En avait-elle le droit?

— Non, certes, et la conduite de votre voisine est blâmable. C'est un devoir pour une femme de recevoir convenablement chez elle les soldats de passage; ces hommes méritent notre reconnaissance, puisqu'ils sont au service de la patrie.

En traversant les bourgs, villes et villages, les troupes doivent être logées chez l'habitant, sans distinction de personnes. Les soldats ont droit à un lit garni, à deux chaises ou à un banc. Ils ont droit aussi au feu, à la lumière et aux ustensiles nécessaires pour faire la cuisine. Les officiers ont droit à une chambre garnie, c'est-à-dire ayant tous les meubles nécessaires, puis à un lit pour leur domestique.

— Chaque année, au moment de la moisson et des vendanges, il s'élève des difficultés pour le *glanage* et le *grappillage;* quelle est la règle sur ce point?

— Les glaneurs et grappilleurs ne peuvent entrer dans les champs ou dans les vignes qu'après les récoltes enlevées et seulement entre le lever et le coucher du soleil. Ils n'ont pas le droit de pénétrer dans un champ moissonné tant que les terres contiguës à ce champ ne sont pas encore moissonnées elles-mêmes. Le propriétaire ne peut s'opposer au glanage *deux jours pleins* après l'enlèvement des gerbes.

— Pendant les vacances, nous avons fait un petit voyage aux environs de notre pays ; nous sommes revenus le soir un peu tard. Mon père conduisait la voiture ; nous étions très gais, nous chantions même, lorsque tout à coup on arrête notre cheval, et le tricorne d'un gendarme apparaît à nos yeux effrayés : « Je vous dresse procès-verbal, dit l'homme au tricorne, vous n'avez pas de lanterne. » Ce gendarme a été un véritable trouble-fête.

— Oui, mais ce fonctionnaire remplissait son devoir et veillait à votre sécurité. Toutes les *voitures circulant la nuit doivent être éclairées par une ou deux lanternes.* S'il n'y en a qu'une, il faut qu'elle soit placée à droite et à l'avant de la voiture. — Les conducteurs sont obligés de se ranger à droite à l'approche d'une autre voiture, en laissant libre à celle-ci au moins la moitié de la chaussée. Disons encore que la loi exige que toutes les voitures circulant sur les routes ou sur les chemins soient munies d'une *plaque métallique* portant les nom, prénom, profession et domicile du propriétaire. Il n'est pas besoin de vous expliquer l'utilité de ces diverses prescriptions.

A propos des infractions aux lois de police, je dois ajouter que nous ne sommes pas seulement responsables des actes répréhensibles que nous commettons, mais que nous pouvons avoir quelquefois à répondre aussi des actes des autres.

— Comment ! on peut être responsable d'actions qu'on n'a pas commises ? cela me semble fort singulier.

— Ne jugez pas si promptement, ma petite Margue-
te, et vous verrez que là encore la loi a raison. Elle
limite ainsi les responsabilités. Les parents sont responsables des dégâts que peuvent commettre leurs enfants,
et les maîtres sont responsables des dégâts commis
par leurs serviteurs et par les animaux qui leur appartiennent.

— Je me demande comment des enfants peuvent se
rendre coupables de contraventions et de délits.

— Je vais vous citer quelques actes tombant sous le
coup de la loi.

Souvent, dans les campagnes, les enfants ont le tort
de se livrer au *maraudage* des fruits. Or il est défendu
non seulement de cueillir des fruits sur l'arbre, mais
encore de ramasser ceux qui sont tombés dessous.

— Il est sans doute moins mal de ramasser que de
cueillir?

— La nuance est délicate; mais dans les deux cas
on fait tort au propriétaire. En fait de probité, on ne
saurait être trop scrupuleux, et comme le dit le proverbe : Qui commence par voler un œuf, finit par voler
un bœuf.

Voici encore d'autres méfaits dont peuvent se rendre
coupables les enfants et qui rendent leurs parents passibles d'amendes plus ou moins fortes.

Enlever ou déchirer des affiches apposées par l'administration.

Couper ou mutiler des arbres dans les bois et forêts,
le long des routes et des chemins.

Allumer du feu dans les champs à moins de cent
mètres des maisons, bois, bruyères, vergers, haies,
meules de paille ou de foin.

Faire partir des pétards au milieu de la foule ou
sous les pieds des chevaux.

Tirer des petites pièces d'artifice sans permission de
l'autorité et près des habitations.

Traverser des terrains ensemencés, couper du blé en vert, cueillir des bluets et des fleurs dans les champs de blé.

'Exciter les chiens, maltraiter les animaux domestiques, jeter des pierres, etc.

— Je croyais que faire partir des pétards était un jeu permis ; on ne peut donc pas s'amuser ?

— Si, mon enfant, on peut s'amuser ; mais il faut que les divertissements ne soient pas dangereux et ne gênent pas autrui.

Que de fois, par exemple, des pétards ont occasionné des accidents ! Cela se comprend : si un cheval ombrageux vient à passer au moment de l'explosion, il peut s'emporter, et les personnes qui se trouvent dans la voiture courent les plus grands dangers.

Il est bon que vous sachiez encore ceci, mesdemoiselles :

Les boulangers sont tenus de peser leur pain comme on pèse les autres marchandises et de donner exactement le poids demandé.

Les laitières ne doivent introduire dans leur lait ni eau, ni aucune autre substance étrangère.

Les reçus au-dessus de dix francs doivent porter un timbre-quittance de dix centimes. En ne se conformant pas à cette prescription, on devient passible d'une amende de cinquante francs.

Les monnaies nationales d'or et d'argent ont *cours forcé*, c'est-à-dire qu'on ne peut les refuser en payement.

Quant aux monnaies de billon, on ne peut les employer dans les payements que comme appoint de la pièce de cinq francs.

Qu'ajouterai-je ? Les eaux ménagères et de toilette ne doivent pas être lancées dans la rue ; les pots de fleurs qui ornent les fenêtres doivent être assujettis solidement par des fils de fer, etc.

Nous ne parlerons pas plus longuement du *droit usuel;* ce que nous en avons dit suffit pour vous faire comprendre la nécessité de cette étude et vous donner des idées générales mais justes sur cette matière importante.

Vous savez, mes amies, que dans mes entretiens je cherche moins à vous instruire qu'à vous inspirer le désir d'apprendre par vous-mêmes. La science acquise ainsi est, à mon avis, de beaucoup la meilleure et la plus profitable.

Je vous mets sur le chemin, je vous indique les objets que vous rencontrerez, les différents points de vue qui se montreront à vos regards; à vous d'en faire votre profit, et à moi la joie d'avoir pu vous être utile.

RÉSUMÉ DE L'ENSEIGNEMENT MORAL

IMPORTANCE DE L'ENSEIGNEMENT MORAL [1]

Qu'est-ce que la morale ?

La morale est la science du devoir.

Qu'est-ce que le devoir ?

Le devoir est ce qui se *doit*, ce à quoi l'on est obligé par la raison, par la morale, par la loi ou par la bienséance.

Quel est le but de l'enseignement moral ?

Le but de l'enseignement moral est de développer en nous le cœur et la conscience, d'incliner notre volonté vers le bien, vers tout ce qui est juste et bon.

Qu'est-ce que la conscience ?

La conscience est la voix intime que Dieu a mise en nous, la faculté que nous possédons de discerner le bien du mal. Elle nous fait connaître ce qui est bien et nous oblige à le faire ; elle nous fait connaître ce qui est mal et nous ordonne de l'éviter.

---

1. Il n'y a pas de science qui passe avant l'éducation morale. (M. A. Burdeau.)

Avons-nous la liberté de choisir entre le bien et le mal?

Oui, nous sommes libres de choisir le bien ou le mal, mais sous notre propre responsabilité.

Qu'entend-on par responsabilité?

Par responsabilité on entend que lorsque nous agissons en connaissance de cause, avec intention, nous devons répondre de l'acte que nous accomplissons. Si l'acte est bon, nous éprouvons de la joie, c'est notre récompense; si l'acte est mauvais, nous avons le remords dans notre cœur, c'est notre châtiment.

Quels sont les devoirs que nous avons à remplir?

Nous avons à remplir des devoirs envers la famille et la société, envers nous-mêmes et nos semblables, envers la patrie et Dieu.

LA FAMILLE

Devoirs des enfants envers leurs parents

Qu'est-ce que la famille?

La famille est la société des personnes unies par les liens du sang et ceux de l'affection : le père, la mère, les enfants, les grands parents, etc.

Quels sont les devoirs des membres d'une même famille?

Les membres d'une même famille doivent se soutenir entre eux, travailler pour le bien commun, n'avoir qu'un cœur et qu'une âme.

Qu'est-ce qu'avoir l'esprit de famille?

Avoir l'esprit de famille, c'est se plaire sous le toit paternel, c'est avoir les idées et les goûts de ses parents ; c'est aimer tous les siens et les protéger autant qu'on le peut.

Dites le rôle des membres d'une même famille.

Le père, par son travail, subvient aux besoins de tous ; la mère, par son dévouement, assure le bonheur du foyer domestique ; l'enfant, par ses caresses, son affection, sa docilité envers ses parents, devient leur douce récompense.

Qu'entend-on par piété filiale?

On appelle «piété filiale» l'amour des enfants pour leurs parents ; c'est la première des vertus privées.

La piété filiale comprend l'amour proprement dit, l'obéissance, le respect et la reconnaissance.

Pourquoi les parents ont-ils droit à l'amour, à l'obéissance, au respect et à la reconnaissance de leurs enfants?

Aimer nos parents, quoi de plus doux ! Nous recevons d'eux l'existence, les soins de chaque jour et une tendresse si profonde...

Obéir à nos parents, quoi de plus légitime ! Ils ont la raison, l'expérience et ne veulent que notre bonheur.

Respecter nos parents, quoi de plus juste ! Ils seront toujours au-dessus de nous par leur âge, leur expérience et par les bienfaits dont ils nous comblent.

Être reconnaissant à nos parents, quoi de plus naturel ! Ils travaillent pour nous, vont au-devant de nos désirs et n'attendent d'autre récompense de nous que de nous voir heureux.

Comment un enfant prouve-t-il sa reconnaissance envers ses parents?

Un enfant prouve sa reconnaissance envers ses parents en mettant de l'empressement à leur complaire et à leur rendre service, en les aidant dans leurs travaux, en les soi-

En famille.

gnant dans leurs maladies, en les consolant dans leurs
chagrins, en les entourant de soins dans leur vieillesse et
en leur fournissant tout ce dont ils pourraient avoir besoin.

Grands parents — Frères et sœurs

*Quels sont les devoirs des enfants envers leurs grands
parents.*

Les devoirs des enfants envers leurs grands parents sont
les mêmes que ceux qu'ils ont à remplir envers leur père
et leur mère. De plus, ils leur doivent des attentions et des
prévenances plus délicates encore à cause de leur grand
âge.

Enfants! soyons un rayon de joie pour ceux qui nous
aiment tant et qui bientôt vont quitter la vie.

Quels sont nos devoirs envers les vieillards?

Nous devons respecter les vieillards, les écouter avec déférence, nous lever à leur approche, leur céder le pas, la meilleure place, et ne jamais rire des manies ou travers qu'ils peuvent avoir.

Comment doivent se conduire ensemble des frères et des sœurs?

Les frères et les sœurs doivent s'aimer de tout cœur et rester toujours unis. Ils doivent se faire des concessions mutuelles, être complaisants les uns pour les autres et s'entrerendre tous les services qui sont en leur pouvoir.

Quels sont les devoirs particuliers des aînés?

Les aînés doivent venir en aide à leurs cadets, les protéger et leur donner le bon exemple. De leur conduite dépend souvent la conduite des autres frères et sœurs.

Les aînés doivent seconder leurs parents dans leur tâche de l'éducation, et si ceux-ci viennent à mourir, ils doivent les remplacer dans la mesure du possible.

Devoirs de l'enfant à l'école

Quel est le but de l'école?

Le but de l'école est de développer l'intelligence de l'enfant et de lui faire acquérir le savoir dont il aura besoin plus tard pour occuper une place honorable dans la société et pouvoir se rendre utile à ses concitoyens.

Quels sont les devoirs d'une écolière?

Une bonne écolière est exacte, assidue à la classe.— Sans

assiduité aucun progrès n'est possible. — De plus, elle travaille avec courage et s'applique consciencieusement à tous ses devoirs.

Comment une écolière doit-elle se conduire envers sa maîtresse ?

Une bonne écolière obéit à sa maîtresse avec promptitude et sans réplique. Elle lui témoigne son respect, en toute circonstance, se montre toujours envers elle confiante, affectueuse et reconnaissante. Elle ne murmure pas quand elle reçoit une réprimande ou une punition.

Quelle doit être la conduite des écolières envers leurs compagnes ?

Les écolières doivent être bonnes les unes envers les autres, complaisantes, obligeantes et s'aimer comme des sœurs. Elles doivent aussi aider et protéger les plus faibles et donner le bon exemple à toutes.

Quels défauts les écolières doivent-elles éviter ?

Les écolières doivent éviter les taquineries, les querelles et les rapports, les délations et la jalousie. La jalousie est un bien vilain défaut ; mais l'émulation qui consiste à vouloir égaler et même surpasser celles qui font bien et réussissent dans leurs études, est une qualité.

Devoirs envers nos semblables

Quels sont les devoirs que nous avons à remplir envers nos semblables ?

Nous devons observer envers nos semblables la justice et la charité : la justice en nous abstenant de leur faire aucun mal ; la charité en leur faisant tout le bien possible.

Quelles formules peut-on employer pour résumer nos devoirs envers les autres hommes?

Les formules qui résument nos devoirs envers nos semblables sont celles-ci : ne faites pas aux autres ce que vous ne voudriez pas qu'on vous fît; faites pour les autres ce que vous voudriez qu'on fît pour vous.

Nommez les principaux devoirs de justice envers autrui.

Nos principaux devoirs de justice consistent à ne porter atteinte ni à la vie, ni à la personne, ni aux biens, ni à la réputation d'autrui. On peut, en d'autres termes, expliquer ainsi ces devoirs : tu ne tueras pas, car la vie de l'homme doit être sacrée pour l'homme; tu ne voleras pas, car le vol est une action honteuse; tu n'attenteras pas à la réputation et à l'honneur de ton prochain, car l'honneur est une propriété morale à laquelle il est aussi criminel de porter atteinte qu'à la propriété matérielle.

Peut-on se faire justice à soi-même?

Il n'est pas permis de se faire justice à soi-même, il faut laisser ce soin aux lois de son pays.

Devoirs envers soi-même

Pourquoi devons-nous avoir soin de notre corps?

Le corps a été donné à l'homme comme le premier serviteur de l'âme, or un bon serviteur doit être robuste; voilà pourquoi nous devons entretenir la vigueur du corps par l'hygiène et développer ses forces par la gymnastique; la science de la santé fait partie de la morale.

Qu'entend-on par la propreté?

La propreté consiste à avoir un soin tout particulier de

son corps, de ses vêtements et en général de tous les objets qui sont à notre usage. La propreté doit s'étendre à la préparation et à la conservation des aliments.

Quels sont les avantages de la propreté?

La propreté embellit et transforme tout; elle rend la pauvreté moins pénible, attire la bienveillance et donne une bonne opinion de celui qui la pratique. Nos semblables nous jugent souvent sur les apparences de notre physionomie et de notre tenue. Faisons en sorte que notre extérieur dénote la dignité de notre nature; pratiquons cette vertu d'une délicatesse exquise : la décence, la pudeur.

Quelles sont les suites de la malpropreté?

La malpropreté éloigne de nous et dégoûte nos semblables, elle prédispose à la plupart des maladies et favorise leur contagion.

La malpropreté est pour le corps ce qu'est la rouille pour le fer : elle l'use et le détruit.

Qu'est-ce que la tempérance?

La tempérance est une vertu qui éloigne des excès et modère les passions; elle retient dans de justes bornes nos désirs et nos sentiments. Tout excès est indigne de l'homme. La tempérance nous préserve de deux vices bien humiliants : la gourmandise et surtout l'ivrognerie, qu'il suffit de nommer pour en donner l'horreur.

Qu'est-ce que la sobriété?

La sobriété est la tempérance dans le boire et dans le manger. Elle consiste à donner au corps simplement la nourriture qui lui est nécessaire pour la vie, sans aller jamais jusqu'à l'abus. Il faut manger pour vivre et non vivre pour manger.

LA PRÉVOYANCE

Travail — Ordre — Économie — Jeu

L'indépendance est un des plus grands biens de la vie, or, pour l'obtenir, il faut être prévoyant, travailler avec courage, avoir de l'ordre, de l'économie et ne pas se laisser aller à la passion funeste du jeu.

Qu'est-ce que le travail?

Le travail est l'emploi intelligent et utile de toutes les forces de l'esprit et du corps; il préserve du plus rude esclavage, celui de la misère, et procure les plaisirs les plus vrais.

Pourquoi devons-nous travailler?

Nous devons travailler pour payer notre dette à notre famille, à la société, à ceux qui nous ont transmis le fruit de leurs travaux pour que nous le transmettions à d'autres, augmenté du fruit de notre travail. Le travail porte avec lui sa récompense. Le travail des mains est aussi honorable que le travail de l'esprit.

En quoi consiste l'ordre?

L'ordre est l'arrangement régulier des choses, il consiste à donner une place convenable à chaque objet et à faire chaque chose à son temps, à son heure. C'est une qualité très nécessaire, elle économise le temps et la place.

Qu'entend-on par l'économie?

L'économie consiste à ne faire aucune dépense inutile, à régler sagement sa dépense et à la proportionner à son revenu.

Montrez l'utilité de l'économie.

L'économie est indispensable dans toutes les situations de la vie; elle consiste à savoir user des choses sans en abuser, à épargner sans se montrer avare, à ménager pour avoir assez, à conserver enfin pour avoir toujours.

Sans l'économie, il n'y a point de grandes richesses, avec l'économie il n'y en a point de petites.

Qu'est-ce que le jeu [1] ?

Le jeu est une passion funeste qui porte l'homme aux plus grands excès : à la ruine de sa famille et au déshonneur. C'est un gouffre qui n'a ni fond ni rivage. Il nous dérobe trois excellentes choses : le temps, l'argent et la conscience.

Nos devoirs envers la patrie

Qu'est-ce que la patrie?

La patrie est le pays où sont nés nos parents et où nous-mêmes nous sommes nés. C'est le nom sacré qui exprime la fusion volontaire de tous les intérêts en un seul intérêt, de toutes les vies en une seule vie perpétuellement durable.

Que devons-nous à la patrie?

Nous devons aimer notre patrie comme on aime une mère et au besoin nous devons nous dévouer et nous sacrifier pour elle.

---

1. Sous le nom de jeu, nous entendons ici les jeux dangereux, intéressés, où l'on perd de l'argent, et non les amusements innocents et permis.

Comment prouve-t-on son amour à la patrie?

Chacun prouve son amour à la patrie en obéissant à ses lois. De plus, l'homme lui donne son sang sur le champ de bataille; la femme lui donne ses fils qu'elle a élevés en futurs et vaillants défenseurs de la France, l'enfant lui donne ses efforts pour devenir un homme de bien, un bon citoyen, un brave soldat.

Quels sont, en général, les devoirs de la femme envers la patrie?

La femme vraiment française apprend à ses fils à chérir leur patrie, elle fait naître en eux des idées de dévouement et d'abnégation. Bien loin d'amollir leur courage par des pleurs ou de lâches réflexions, elle leur communique l'énergie dont ils auront besoin au jour des grands sacrifices. En un mot, elle dépose dans leur âme des sentiments de pur patriotisme, qui, au jour voulu, transforment des soldats en héros. Respect aux mères dont les fils sont morts pour la France!

Qu'est-ce que le drapeau?

Le drapeau est un signe de ralliement, c'est l'emblème de la patrie. Nous devons respecter ce symbole de la liberté et de l'honneur, et le saluer quand il passe devant nous.

L'Ame

De quoi l'homme se compose-t-il?

L'homme se compose d'un corps et d'une âme. Le corps est comme le vêtement de l'âme, il est matériel. L'âme est ce qui en nous aime, pense, veut et sent; elle est immatérielle.

L'âme a-t-elle une fin comme le corps ?

Notre âme est une, elle est simple et sans parties, elle ne saurait donc se décomposer. L'âme ne vieillit pas avec notre corps, ne périt pas avec lui, elle est immortelle.

Quelle conséquence devons-nous tirer de l'immortalité de l'âme ?

L'immortalité de l'âme, avec châtiment ou récompense, nous est assurée par la justice de Dieu, dont la Providence ne peut supporter comme définitives les iniquités de cette vie, où nous voyons si souvent la vertu persécutée et le vice triomphant. Il existe une autre vie où sont récompensées les bonnes actions et punies les mauvaises. « Quiconque croît à la vertu, à l'honnêteté, à la conscience, à la responsabilité, doit croire à l'immortalité. » (L. MABILLEAU.)

Devoirs envers Dieu

Qu'est-ce que Dieu ?

Dieu est le père de tous les hommes, le créateur et le conservateur de l'univers.

Quels sont les attributs de Dieu ?

Dieu est l'être parfait par excellence ; il est éternel, tout-puissant, infiniment juste et bon.

Quels sont nos devoirs envers Dieu ?

Nos devoirs envers Dieu consistent à le connaître ; à l'aimer et à le servir.

Qu'est-ce que connaître Dieu?

Connaître Dieu, c'est étudier ses œuvres, lui faire hommage de notre intelligence, appliquer notre esprit à méditer sur sa puissance et ses perfections. Plus on a d'instruction, mieux on peut connaître et comprendre les œuvres admirables de Dieu.

Qu'est-ce qu'aimer Dieu?

Aimer Dieu, c'est lui faire hommage de notre cœur. Comment ne pas aimer notre suprême bienfaiteur, celui qui a tout fait pour nous dans le monde !

Qu'est-ce que la prière?

La prière est une élévation de l'âme vers Dieu pour lui demander ce dont nous avons besoin et le remercier de ses bienfaits.

Qu'est-ce que servir Dieu?

Servir Dieu, c'est se soumettre à ses ordres, accomplir sa volonté. Or, la volonté de Dieu est que la justice se fasse, que le bien se réalise et que la vertu soit pratiquée.

Qu'appelle-t-on culte?

Le culte est la pratique de nos devoirs envers Dieu.

Comment doit-on prononcer le nom de Dieu?

« Ce grand nom, dit un écrivain qui a consolé et fortifié mille et mille générations d'hommes, ce nom devant lequel tous les hommes de tous les temps se sont inclinés, ne doit pas être prononcé à la légère; il ne faut pas le mêler avec familiarité dans nos discours ou dans nos jeux, nous devons l'entourer de notre respect et de notre vénération. »

Devoirs envers les serviteurs.

Nommez les devoirs des maîtres envers les serviteurs.

Les maîtres doivent considérer leurs serviteurs comme leurs égaux devant Dieu ; ils doivent par conséquent les traiter avec justice, avec bonté et même avec politesse. Il faut qu'ils sachent apprécier leurs efforts et leur en tenir compte.

Dites encore d'autres obligations des maîtres.

Les maîtres doivent payer régulièrement le salaire de leurs domestiques, leur donner de bons exemples, de bons conseils et veiller autant que possible sur leur conduite. Traitons nos serviteurs comme nous voudrions être traités si nous étions à leur place.

Quels sont les devoirs généraux des serviteurs envers leurs maîtres ?

Les bons serviteurs obéissent ponctuellement à leurs maîtres dans ce qui regarde leur service ; ils prennent leurs intérêts, leur sont dévoués et se montrent reconnaissants des bontés qu'on a pour eux.

Nommez encore certaines qualités que doivent posséder les serviteurs.

Les bons serviteurs ont une probité intègre, ils sont polis, travailleurs, ne gaspillent ni le temps ni le bien des maîtres, ne cherchent pas à surprendre les secrets, évitent les racontars et les commérages. En se conduisant ainsi, ils deviennent presque des membres de la famille.

Devoirs envers les animaux

Quels sont nos devoirs envers les animaux?

Les animaux sentent et souffrent comme nous; comme nous, ils ressentent du plaisir et de la douleur; dès lors, nous ne devons exercer envers eux aucun acte de cruauté. Ayons pitié de tout ce qui vit et respire.

Quelle remarque a-t-on faite sur les enfants qui maltraitent les animaux?

L'enfant qui se montre cruel envers les animaux se montrera dur envers ses camarades; celui que les souffrances d'une pauvre bête n'émeut pas restera insensible devant les souffrances de ses semblables.

N'est-il pas permis de détruire certains animaux?

Il est permis de détruire les animaux nuisibles et malfaisants; nous pouvons même tuer ceux qui sont utiles à notre alimentation, mais sans leur infliger de douleurs inutiles. Si l'homme a le droit de faire travailler certains animaux, son devoir est de ne pas les accabler d'un travail au-dessus de leurs forces.

Peut-on détruire les petits oiseaux?

Les petits oiseaux sont très utiles; ils rendent d'immenses services à l'agriculture, ils détruisent des milliers d'insectes pour nourrir leurs petits, et, bien loin de les détruire, il faudrait les multiplier.

Qu'appelle-t-on loi Grammont?

On appelle loi Grammont, la loi du 2 juillet 1850, qui a pour but de protéger les animaux.

Il ne faut pas détruire les oiseaux. (V. page 300.)

« Seront punis d'une amende de 5 à 15 francs et pourront l'être de un à cinq jours de prison ceux qui auront
exercé publiquement et abusivement des mauvais traitements envers les animaux domestiques. »

Le Bonheur

> Ceux là sont les plus heureux qui ont
> l'âme plus forte, l'esprit plus sain, le cœur
> plus chaud, la conscience plus nette.
>
> F. SARCEY.

*Mon enfant, que me répondriez-vous si je vous deman-
dais ce qu'on entend par le bonheur ?*

Le bonheur, suivant moi, est la réalisation de tous les
désirs. Être heureux, c'est donc n'avoir rien à souhaiter, à
désirer.

Pensez-vous que le bonheur soit chose commune ?

Non, le bonheur parfait n'existe pas sur la terre, c'est un

état de pleine satisfaction que nous ne pouvons jamais obtenir.

Mais la richesse, la gloire, les honneurs, les plaisirs, ne sont-ils par pas eux-mêmes des gages de bonheur?

Non, le bonheur est chose relative, il ne dépend pas d'une position, nous le tirons de nous-même, de notre caractère, des dispositions de notre cœur. Les riches, au milieu de leur opulence et au sein de leurs plaisirs, les ambitieux au faîte des honneurs, les conquérants après leurs victoires, tournent souvent leurs regards désenchantés vers ceux qui vivent en paix, dans une position modeste, loin des agitations du monde.

N'existe-t-il pas cependant certaines conditions qui, sans procurer le bonheur, peuvent rendre relativement heureux?

L'homme qui n'a rien à se reprocher, qui possède la santé, l'estime de ses semblables et dont la position répondant à ses goûts lui permet d'élever honorablement sa famille, et d'arriver un jour à l'indépendance, est bien près du bonheur...

Résumez les moyens de se procurer tout le bonheur possible.

Pour posséder le bonheur, il faut d'abord être en paix avec Dieu et avec sa conscience; puis il faut modérer ses désirs, aimer sa condition, regarder toujours au-dessous de soi et non au-dessus, travailler au bonheur de ses semblables. aimer son devoir et y chercher son plaisir.

Que doit se dire l'homme qui malgré ses efforts n'est point heureux, même par la vertu?

L'homme vertueux que le malheur accable doit se persuader que le but de la vie humaine est au delà du monde terrestre et qu'il retrouvera après sa mort, dans une autre vie, le bonheur qu'il n'a pu goûter ici-bas et que lui doit la justice de Dieu.

En quoi consiste le bonheur pour une jeune fille?

Le bonheur, pour une jeune fille, consiste surtout dans le reflet de bonheur qu'elle donne, car, avant tout, elle doit rendre heureux ceux qui l'entourent. C'est là sa belle et douce mission.

TABLE DES MATIÈRES

INSTRUCTION CIVIQUE

NOTIONS ÉLÉMENTAIRES DE DROIT PRATIQUE

BIBLIOTHEQUE NATIONALE DE FRANCE
3 7511 003396775 2

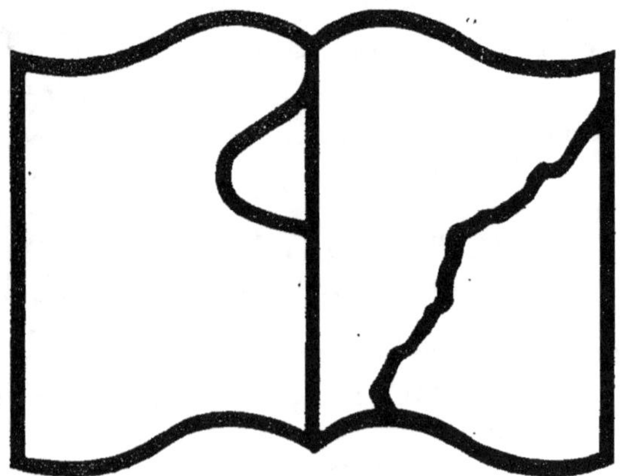

Texte détérioré — reliure défectueuse

NF Z 43-120-11

www.ingramcontent.com/pod-product-compliance
Lightning Source LLC
LaVergne TN
LVHW050204030726
842520LV00002B/385